LA TRILOGIA MEDICEA

LA TRILOGIA MEDICEA

美第奇家族三部曲

第三部

CATERINA DE' MEDICI

STORIA SEGRETA DI UNA FAIDA
FAMIGLIARE

凯瑟琳·德·美第奇

黑皇后秘史

Marcello Simonetta

［意］马尔切洛·西莫内塔 著

周梦雪 译

张文斐 审校

中国出版集团有限公司

世界图书出版公司
西安　北京　上海　广州

序　言

在我看来，这些时刻至关重要且值得铭记，其他历史学家却大多对此讳莫如深。正如我所言，我希望将其记载下来，我将以真相为基石畅所欲言，不偏倚任何一位君主，我将化身真理之师，正如我一生所践行那般——让灵魂获得自由。

——乔瓦尼·吉罗拉莫·德·罗西，《通史》（未出版）

历史通常由胜利者书写。但在接下来的故事中，主人公并不知晓自己将赢得胜利，他们对失败常怀恐惧（如凯瑟琳·德·美第奇），又或者一败涂地（如斯特罗齐家族）。

1519 年，尚在襁褓中的凯瑟琳·德·美第奇（Caterina de' Medici）便失去双亲，沦为孤儿。她自幼在斯特罗齐家族长大，与表亲关系颇为亲厚。1527 年，凯瑟琳却再次孑然一身，失去庇护，沦为家族宿敌的人质，被囚禁在一处女修道院中。1533 年，她嫁给了瓦卢瓦的亨利（Enrico di Valois）——法国国王之子，但亨利却爱上了一个比她年长的女人。1544 年，经历十年膝下无子的时光后，凯瑟琳成功诞下第一个儿子，但这个孩子随后被交由亨利的情人抚养。1545 年，她不慎跌下马背，背部险些撕裂。1554 年，凯瑟琳的远房表亲科西莫·德·美第奇（Cosimo de' Medici）向其发难，这场战争最终以悲剧收尾。1559 年，她成为一名寡妇，终于有了喘息的机会。

从那一刻起，黑皇后的传说开始萌芽。她成了巫术的操纵者，因权力变为铁石心肠的女人。在她生命的最后几年，她成为一名狂热的宗教徒，因圣巴尔托洛梅奥之夜（1572 年 8 月 23 日至 24 日）那场臭名昭著的大屠杀而为人熟知。在这场宗教战争中，世俗暴力得到了极致体现。（然而这场对胡格诺派的残酷清洗，真的是由她授命的吗？）

其实此书并不会涉及那一时期，而将聚焦于年轻时期的凯瑟琳，讲述她如何从小女孩摇身一变成为王妃、继而成为王太后的传奇故事，以及在实现这样的蜕变之前，她所经历的漫长而痛苦的蛰伏期。这是属于一名八岁孤女的故事，听起来似乎不太真实，她明明只是偌大棋局中一颗小小的棋子，却在将来某一天成了法国王后。从她的童年时期开始，美第奇家族的各族系便与佛罗伦萨另一个声势显赫的家族——斯特罗齐家族——的命运交织在一起，世仇之间互相残杀。斯特罗齐家族是"意大利自由"的没落后裔，这是一群绝望之徒，兀自以他们的方式彰显自己的强大力量。

《凯瑟琳·德·美第奇：黑皇后秘史》讲述的是 1527 年至 1559 年这一时期发生的故事，即以罗马之劫——文艺复兴末期的惨痛开端——为起点，一直到《卡托-康布雷西和约》的签订为止。和约的签署既象征着意大利战争的结束，也见证了意大利衰落的开始，在接下来三个世纪里，意大利在国际舞台上日渐式微。

本书作为我前两部作品《蒙泰费尔特罗之谜：从帕齐阴谋到西斯廷礼拜堂》和《狐狸与狮子：美第奇家族之谜》的续集，同样以非虚构小说的形式写成。与前两部作品一样，本书记载名流无数，给那些想要重新解读外交信件的读者准备了不少惊喜。这些信件首次被解码破译，并以"加粗"的形式成书面世，远胜于官方版本。

如果读者能够按捺住好奇心，不执着于探究故事结局如何，而是全身心地沉浸其中，就会被书中出其不意、跌宕起伏的情节所吸引，被书中人物表现出的勇敢、怯懦、绝望、狡猾和狂热等令人难以置信的特质所震撼。这是对人性的一次深度剖析，书中人物深陷于历史的洪流中，他们身上展现的人性是多变而复杂的，这也构筑了我们今天所熟知的欧洲史乃至世界史。

目 录

❀

第一部分
深 红

第二部分
红与黑

第三部分
黑上加黑

第一部分

———————

深　红

第一章

仁 慈

（1527—1530）

> 若我把在那残酷地狱里所做过的美事全盘托出，全世界将为之
> 震撼。
>
> ——切利尼，《切利尼自传》（ I, 37 ）[*]

教皇克莱门特与悲惨的罗马之劫

1527 年 5 月，罗马已经从"世界之巅"（ caput mundi ）跌落，沦
为"世界之尾"（ coda mundi ）。[1]"永恒之城"迎来毁灭的绝望。约五
分之一的人口惨遭屠杀，台伯河上漂浮着遇难者的尸骸。教皇克莱门
特七世（ Clemente VII ）——朱利奥·德·美第奇（ Giulio de' Medici ）
——被囚禁于圣天使堡，在距离罗马颇远的安全地带凝视着这座沦
为人间炼狱的城市。

虔诚的天主教徒——查理五世麾下的德国雇佣兵——与并不怎

---

* 见文献来源部分，此处指 Cellini, Benvenuto, *Vita,* a cura di E. Camesasca, Milano 1954，下文
同。——编者注

么信奉天主教的意大利和西班牙士兵一同破城而入，连续数周烧杀抢掠。上及老人，下至婴孩，悉数惨遭屠杀。只要是女人，不论年纪长幼，皆被肆意奸淫。他们把人质的生殖器官吊起来，以此捞取更多的赏金。他们斩去圣徒和圣母雕像的头颅。为了完成任务，他们用火绳枪朝十字架开火，并在梵蒂冈的拉斐尔壁画上刻下赞美马丁·路德的涂鸦……

一位罗马的日记作者描述了罗马之劫的灾难场景，他试图从神迹中寻求慰藉。日记中记载，拉特朗圣彼得大殿中的圣彼得和圣保罗雕像幸免于难。事实上，那些为数不多因被盗走而免遭劫难的圣物，后来也需以黄金赎回。

教皇有大把时间来反思其罪过。可他的罪过到底是什么？不是倨傲，也并非骄奢，正如诸多曾执掌圣彼得教皇宝座的前任教皇一样：他掉入了一个最危险的陷阱——懒散。优柔寡断、犹豫不决的性子让他陷入尴尬的境地。他仅仅做了一个极为消极的决定——蓄长胡子，以此作为忏悔的标志。我们可以在克莱门特七世俊美的面庞上看到他的长胡子，正如 1527 年后，塞巴斯蒂亚诺·德尔·皮翁博（Sebastiano del Piombo）为其绘制的第二幅肖像画那般——修长的尖鼻和深邃的五官，身材干瘦却不失优雅，与拉斐尔笔下其面目粗犷的堂兄利奥十世（Leone X，美第奇家族另一位教皇，于 1513 年至 1521 年间在任）截然不同。

克莱门特并不像他的堂兄那样挥霍无度。他的另一项罪行也并非奢靡浪费，而是吝啬贪婪，尽管他也会放任自己有一些小小的奢侈之举。比如在几年前，他曾委托朱利奥·罗马诺（Giulio Romano）建造了一个私人浴室，以喷泉为装饰，四周壁画上绘有极具挑逗意味的世俗场景，包括海豚、贝壳、仙女、爱神丘比特和其他神话人物。泉水由一尊维纳斯铜像倾倒入池，四散开来。[2] 这里是城堡中最为别致的房间，是一个教皇的"异教闺房"，他将占星术和炼金术的图样文在后背，以此来远离厄运和小人的暗算。

然而，克莱门特并不打算履行殉道的天职。父亲在他未出生时就被刺杀，身上挨了十九刀。这让他对人的脆弱和易逝有着深刻共鸣。或许这就是他对自己生命如此重视的原因。

亡魂的影子流窜于圣天使堡的每间牢房，几个世纪以来，这里一直是教皇的堡垒，而现在成了他的监狱。这里有红衣主教彼得鲁奇（Petrucci）的魂灵，他在一间牢房中被勒死；还有教皇的老师马尔坎托尼奥·尼尼（Marcantonio Nini）和外科医生巴蒂斯塔·达·维尔切利（Battista da Vercelli）的魂魄，他们都被利奥十世所迫害，被监禁、折磨、上绞刑，最后被大卸八块。在利奥十世的敌人中，红衣主教绍利（Sauli）得以幸存，当他从梵蒂冈的地下城出来时，也只剩半口气了。在这些古老的厅室里游荡着的，还有两年前去世的圣天使堡前城主乔瓦尼·鲁切拉伊（Giovanni Rucellai）的幽灵。在他临终之前，利奥十世的堂弟、当时还是红衣主教的朱利奥·德·美第奇的秘书吉安·马泰奥·吉贝蒂（Gian Matteo Giberti）来看望他。

你来做什么，看我死了没有吗？你已经让教皇指定将这座城堡交予谁了吧？我快要死了，我心甘情愿地赴死，也绝不让自己被教皇如此残忍对待，活活饿死。教皇给你一万四千又或是一万六千杜卡特的收入，可他根本不知道你是个什么东西。你向他转告，我相信上帝，用不了多久，他就会羡慕我已经死了；而你将是罪魁祸首，是你把他引向这样的歧途，一条让上帝和魔鬼都为之唾弃的路，你已经让上帝的教会付之一炬。而你还不知悔改，变本加厉！[3]

吉贝蒂从教皇那里得到了所有鲁切拉伊不曾得到的恩惠，鲁切拉伊气愤至极，将他痛骂一顿并加以诅咒。如今，他也许在地狱里与马基雅维利（Machiavelli）为伴，但至少他不必忍受那人间地狱——被占领的罗马。

而教皇克莱门特则在监禁中过着地狱般的生活，他暗自发誓，要解放罗马，夺回佛罗伦萨，向共和党人还有那些喋喋不休谈论自由的无耻狂徒报仇。但他首先要做的，是将自己神圣的身躯从帝国的枷锁中解脱出来。无论以何种代价。

秘书马基雅维利与落空的抱负

尼科洛·马基雅维利是备受教皇青睐的顾问之一，但他并不是教皇最听信的那个人。身为佛罗伦萨共和国的秘书，其身份被屡次提及，以至于我们忘记了在他生命的最后几年，他尽其所能地讨好教皇，正如《佛罗伦萨史》（*Istorie fiorentine*）的题词所写的那样。

在介绍其作品之时，马基雅维利选择了逃避：或许他对美第奇家族的阿谀奉承远远不够，他鲜少提及教皇那死于帕齐阴谋的父亲——朱利亚诺（Giuliano de' Medici）。朱利亚诺最大的功绩莫过于"留下"了那位遗腹子，而孩子的生母不过是一介无人问津的女子。这无意间的播种是否比"豪华者"洛伦佐（Lorenzo il Magnifico）那些震撼又具有进步意义的作品更富价值？

马基雅维利在教廷高声朗读《佛罗伦萨史》的整个章节，此举不仅让他从难得慷慨的教皇那里得到了一百二十枚金币的赏赐，还使他在足足蛰伏了十三年之后，获得了一些重要的任命。彼时，他的顶头上司是教皇的副将——弗朗切斯科·圭契阿迪尼（Francesco Guicciardini），马基雅维利对他了如指掌，知道他将会"耻笑世人所犯的错误，因为他无法将其纠正"。[4] 马基雅维利在给圭契阿迪尼的信中对克莱门特的天真挖苦道："比起近在眼前的万千步兵，教皇宁愿相信纸上谈兵。"[5]

后来便迎来了和罗马之劫的真正对决。马基雅维利当时止在前往佛罗伦萨的路上，因此逃过一劫，但他彼时的同伴曾说："我听到他屡屡叹息，因为在他眼里，罗马是一座自由之城。我想他对自己的行为感到懊悔，因为他极其热爱自由，但他最终屈服于教皇的威压，这让他倍感痛苦。"[6] 马基雅维利的叹息不无道理：他站错了队伍，让自己落入举步维艰的境地。他曾极力反抗美第奇家族，这段颇深的渊源使得他在佛罗伦萨希望落空，没有获得任何政治职位。他将《君主论》（*Principe*）中的告诫视为拯救意大利的最后一簇火苗，但这一切变成了灰烬。他嘲笑教皇"多么有远见卓识"，"肆意"将自治权授予佛罗伦萨，这是无知且愚蠢的，因为"他将不属于自己的东西赐予了别人"。[7]但一切为时已晚。

尼科洛卖力推销其卓绝的智慧，结果却不尽如人意。又有谁说得准是不是太过心灰意冷使其灵感枯竭呢：他试图用连假医生卡利马科（Callimaco）——《曼陀罗》（*Mandragola*）的主人公——都难以想象的药方来自我疗愈，其结果也是致命的。马基雅维利于1527年6月21日逝世。有人认为，他在去世前以基督教徒的方式进行了自我忏悔。

姑父斯特罗齐与他的失利

6月24日，新的佛罗伦萨共和国为城市的守护神施洗者圣约翰举行庆祝活动。这是十五年来美第奇家族第一次缺席。三天前，马基雅维利逝世，他并没有复活，他一定是下了地狱。倘若他生前的梦境应验，他在那里可以与诗人、画家、音乐家和哲学家为伍，还有美女在侧。他对那些可怜的流浪者心生怜悯，他们是天堂的有福之人。临死前，他将临终之梦透露给病榻前的几人：菲利波·斯特罗齐（Filippo Strozzi）、弗朗切斯科·德尔·内罗（Francesco del

Nero）和弗朗切斯科·韦托里（Francesco Vettori）。这些人后来为驱逐美第奇家族后代、私生子伊波利托（Ippolito）和亚历山德罗（Alessandro）*以及代表教皇执政的红衣主教，都做出了或多或少的贡献。

彼时在佛罗伦萨，唯一一个正统的美第奇家族继承人是凯瑟琳，一个在 1519 年的春天失去双亲的八岁孤儿。她的母亲、出身贵族的马德莱娜·德·拉图尔·多韦涅（Madeleine de la Tour d'Auvergne）在她出生不久后便死于产褥感染；她的父亲乌尔比诺公爵洛伦佐二世·德·美第奇（Lorenzo de' Medici junior）则被"法国病毒"，即梅毒，夺走了生命。法式基因镌刻在凯瑟琳的骨血之中，带来福报，也带来祸患。

凯瑟琳由姑姑、也就是洛伦佐的长姐克拉丽斯·德·美第奇（Clarice de' Medici）抚养长大。和母亲阿方西娜·奥尔西尼（Alfonsina Orsini）一样，克拉丽斯也是个无比坚强的女人，她能够忍耐生性不忠的丈夫、无情的母亲，以及两个夺走她合法遗产的吝啬教皇。阿方西娜在遗嘱中对尚在襁褓中的凯瑟琳颇为偏爱，因此克拉丽斯尽管脾气暴躁，还是将她带在自己身边抚养。

无休止的家庭争吵和未来的飘忽不定让凯瑟琳早早明白，动脑子远比一片真心有用。她的命运依附在她的教皇叔父身上，而彼

---

* 伊波利托是朱利亚诺·德·美第奇的私生子，后由叔叔利奥十世和堂叔克莱门特七世抚养长大。亚历山德罗是洛伦佐二世·德·美第奇的私生子（后者是洛伦佐·德·美第奇的孙子），一说为克莱门特七世的私生子，克莱门特七世是洛伦佐·德·美第奇的侄子。——编者注

时教皇的处境并不比她好多少。凯瑟琳的姑父菲利波·斯特罗齐（Filippo Strozzi），也就是克拉丽斯不忠的丈夫，对此也负有责任。虽然他曾向利奥十世和克莱门特七世两位美第奇教皇慷慨解囊，但也成功扭转乾坤，将自己塑造成完美的共和主义者，甚至与教皇的死敌、红衣主教蓬佩奥·科隆纳（Pompeo Colonna）签订阴谋协议，承诺要把美第奇家族赶出佛罗伦萨。他伙同弗朗切斯科·德尔·内罗掐断了领主国库的资金来源，先迫使自己妻子的族亲撤退到波焦阿卡伊阿诺的别墅，再任其流亡，避免了暴力冲突。一时间，菲利波仿佛大获全胜，而彼时的教皇苦于罗马之劫不得脱身，无法对此做出任何反应。

作为佛罗伦萨的精英阶层，菲利波常常与出身优越的反政权领导人来往，但其品味却奢靡而多变。一位消息灵通的知情者透露，菲利波曾有过一些令人不齿的观点，他认为绅士也能够像寻常人一样作奸犯科。于是，他在夜间四处游荡，跟妓女和皮条客插科打诨，溜进赌场打牌掷骰，以出老千为乐。每次输掉赌局后，他就会一边破口大骂，一边翻着白眼撸起袖子，看起来和常混迹于此的老手无异。不过，为了避免被人认出，他乔装打扮，伪装自己的外貌和声音。他并非一位教徒，这一点是公认的。[8]

乐于触碰底线的马基雅维利是菲利波的酒肉朋友，这绝非偶然。他们在一起，应该就像摩尔干提（Morgante）和玛古特（Margutte）——两个出了名的无恶不作、爱凑热闹的巨人。但比起浦尔契（Pulci），菲利波的生活理念似乎受薄伽丘（Boccaccio）的小说和阿雷蒂诺（Aretino）的对话录影响更大。他因偷偷潜入修道院、冒险和妓女通信往来而常常丑闻缠身。这些不轨之事常令克拉丽斯怒火中烧，但随着时间的推移，她学会了对丈夫的拈花惹草睁一只眼闭一只眼。毕竟，家族利益总会凌驾于个人尊严之上。而恰恰是这种永无止境的贪欲，使得菲利波在商业上也动起小心思。他不计后果地进行金融投资，向教皇们借出大量资金，这让他一跃成为欧洲最富有的人之一。

小凯瑟琳一直观察着这对奇怪的夫妻，这种婚姻模式让她在将来面对更大的耻辱时学会了忍气吞声。然而，菲利波天生能言会道，把凯瑟琳当小公主一样宠爱（因为凯瑟琳从法国继承了一笔可观的收入，彼时由她的舅舅、贪婪的奥尔巴尼公爵代为管理）。他总是面带微笑、诙谐幽默，他和蔼可亲、待人谦虚还机智聪明，而且巧舌如簧，在必要之时也能刀善剑。菲利波对自己的孩子慷慨大方，这让凯瑟琳以及同她一起长大的嫡亲表兄妹要风得风、要雨得雨。但对自己，这位"一家之主"却从不奢侈：他不喜炫耀锦衣华服，也从不让仆从跟随。只要那些当权者不找他麻烦，他对政治也毫无兴趣。

尽管菲利波很多时候以自我为中心，但他笃信自己为佛罗伦萨做出的贡献是空前的。他不费一枪一卒，便将这座城市从美第奇家族的暴政下解放出来。问题出在他不愿交出比萨城堡的钥匙，严格上讲，这座城堡属于佛罗伦萨共和国，而他的族亲当时正在此避难。这次失败对他无疑是当头一棒，直接让他从革命家变为灰溜溜的落跑者。

奥兰治亲王和爆炸性的混乱

在罗马，本韦努托·切利尼（Benvenuto Cellini）是唯一一个保持心情愉悦的人，他是一名雕塑家、金匠，也是一个冒险家。一切的混乱失序，在他眼中，都是千载难逢的好机会。他在自传中提到，自己曾多次用各种火器枪械来试验瞄准器，还曾用火绳枪射杀了帝国军队的总司令夏尔三世·德·波旁（Carlo di Borbone），在圣天使城堡的台阶上用小炮击伤了奥兰治亲王菲利贝尔·德·沙隆（Filiberto di Chalons）的面部，但这位即将接任总司令的亲王幸存了下来，并在短时间内再次回到大众视野中。

除了成为切利尼的吹嘘资本，夏尔三世·德·波旁和菲利贝尔·德·沙隆还有一个共同点，那就是他们都曾反叛过国王弗朗索瓦一世（Francesco I）。据称，菲利贝尔沦为安德烈亚·多利亚（Andrea Doria）的俘虏时，曾在牢房的墙上对法国极尽羞辱，以此发泄自己的不满。出狱后，他立刻回到弗朗索瓦一世执掌的军队，开始了昙花一现的职业生涯。出乎意料的是，切利尼的那一击并没能损伤他的大脑，仅让他在数周内无法参与战斗。[9]

与此同时，教皇命切利尼将他的教皇三重冕同教廷财产管理局中的奇珍异宝炼成黄金，缝在衣物褶皱中，侥幸希望没有任何雇佣兵敢搜查圣座的盥洗室。教皇交办这项任务给切利尼时，他的仆人卡瓦利里诺（Cavalierino）也在场。卡瓦利里诺是个出身卑微的法国人，曾是菲利波·斯特罗齐的马倌。克莱门特七世将这位仆人视作心腹，甚至将他的衣物也缝上金子。[10] 在这位仆人的严密监管下，切利尼完成了藏金任务，再次回到佛罗伦萨的父亲身边时，他还带着一些黄金的边角料，俨然一派阔绰浪子的模样。也正是在那之后不久，教皇和他的随从便落入雇佣兵手中。

投降的条件十分屈辱且难以忍受。教皇需支付三十万杜卡特的赔偿，并交出教廷所有的堡垒要塞。帝国军队中不幸被俘的十二人，像十二位使徒一样，被两两捆绑，其中包括吉贝蒂和雅各布·萨尔维亚蒂（Jacopo Salviati），他们惨遭蹂躏和折磨，在鲜花广场模拟被处决的场景，供想要出口恶气的雇佣兵找乐子。

如果整个罗马都在恸哭，那么佛罗伦萨也难绽笑颜。菲利波和其他佛罗伦萨人一度打算"将国家暂寄他人之手"，直到教皇的命运明了。[11] 正义旗手 * 尼科洛·卡波尼（Niccolò Capponi）、投机党弗朗切斯科·韦托里、保守派的弗朗切斯科·圭契阿迪尼以及其他贵族王亲都聚在一起，商讨政府下步该作何打算。

菲利波·斯特罗齐曾不费一兵一卒便成功将其远亲驱赶，但极端主义者却希望血流成河。对菲利波来说，血亲是唯一的阻碍。卡

---

*　中世纪意大利佛罗伦萨共和国行政首脑。——编者注

波尼共和政府的领导人（即正义旗手尼科洛·卡波尼）和大使韦托里都是他的同族，两人皆来自佛罗伦萨。

然而平民对抗美第奇家族密探的呼声高涨，比如"极其凶恶的青年"雅各布·阿拉曼尼（Jacopo Alamanni）就威胁菲利波，警告他看好自己的熟人（指他与卡波尼之间的友谊），以至于让菲利波产生了放弃这座城市的念头。[12]

总之，这个家族渐生嫌隙，或许并非空穴来风。在领主国命令将美第奇家族驱逐出城后，克拉丽斯也随即被要求搬离佛罗伦萨，但很快，她便带着小凯瑟琳回到了美第奇宫。如果早知道这座象征着权力中心的宫殿会引得正义旗手卡波尼和其他人竞相前往，事情或许不会这般引人注目。丑闻的旋涡随之席卷而来，卡波尼被一个平民威胁："你们这是换汤不换药，但人们期盼的是连同药引子全部换掉。"并被警告如果不改掉这个坏毛病，他就会被"碎尸万段"，卡波尼因此决定清空整座宫殿。[13]

就这样，在佛罗伦萨人称乌尔比诺公爵女儿的凯瑟琳被带出城，前往圣露西娅修道院。这个修道院由其父辈祖先建成。[14] 那几个月里，凯瑟琳因一起复杂的案件遭到佛罗伦萨共和国的控告，该案件矛头直指阿方西娜·德·美第奇的继承人，称她将富切基奥半人工湖的一部分湖水抽干，而这片湖泊自 15 世纪以来便是城中鲜鱼的主要来源。[15] 小凯瑟琳因此被判处两千弗罗林的罚款，又因她未能出席法院庭审（彼时她被领主监禁在修道院中，无法出席），最终被判处七千弗罗林的罚款。不得不说，与佛罗伦萨当局对美第奇家族的怒火相比，这点罚款不值一提：要知道教皇还欠着政府二十多万弗罗林。

当凯瑟琳勉强开始适应修道院的宗教生活时，有位不速之客正犹豫不决，不知自己是否应该听从命令，这人便是巴尔达萨雷·卡斯蒂廖内（Baldassarre Castiglione）。

早在二十多年前，他和美第奇家族的命运便相互交织。他的朋友朱利亚诺·德·美第奇建议他迎娶自己的侄女、也就是他的兄弟皮耶罗（Piero）的女儿为妻，但目光长远的阿方西娜从中作梗，她为女儿相中了一位如意郎君——菲利波·斯特罗齐。[16]后来，卡斯蒂廖内和一位体弱多病的帕尔马贵族女子成婚，早早成为鳏夫。他由此发愿，舍弃了乌尔比诺公爵和曼图亚侯爵等世俗爵位，来到克莱门特七世的麾下。

1525年，他被教皇派往马德里，在查理五世（Carlo V）的宫廷担任教廷大使，这次外交任务以失败收场，教皇在盛怒之下，将失败都归咎于他。他唯一的慰藉便在于他把人类和世俗的完美计划寄托在《廷臣论》（Libro del Cortegiano）这本书上。即使他能力出众，但仅凭个人之力也难以完成。哪怕是西班牙的石头也知道，尽管谈判过程十分煎熬，卡斯蒂廖内始终对教皇忠心耿耿。[17]

查理五世凭借其虚伪狡诈，在战略和心理上击败了教皇。他是神圣罗马帝国的继承人，而且还是西班牙国王，因此是天主教的卓越代表。尽管如此，他还是允许路德派雇佣军的军队入侵罗马。他的座右铭是"PLUS ULTRA"（"通向更远方"），这并非巧合。事已至此，现在他必须解决这个问题。

1527 年 12 月 7 日黎明时分，克莱门特成功从罗马出逃。这不仅仅是一次逃亡，还是一次有秩序的离开。一些帝国军队也一同离开了，其中还包括奥兰治亲王，彼时他已经从伤痛中恢复过来。[18]

当天夜里在佛罗伦萨，法国大使克劳德·多迪厄·德·韦利（Claude Dodieu de Vély）在征得领主国的同意后，将凯瑟琳从圣露西娅修道院带走，并将她"蒙着面"带到佛罗伦萨城内的穆拉特修道院，她将留在那里等待进一步的安排。[19]

这个孩子"可爱至极，让每个人都对她疼爱有加"。在修女面前，她"非常友善，和蔼可亲，以至于修女们对她的不适和忧愁深感同情"。她食欲极好，很快就变得丰满圆润。修女们纵容她胡吃海喝，还为她准备杏仁小甜饼。而在将来的某一天，经过无数次演变后，一个简单的意大利食谱会跨越阿尔卑斯山来到法国，化身一派精致的高卢形状，摇身一变成为马卡龙。凯瑟琳嗜吃甜食，或许这是她自我疗愈的方式，尤其是失去克拉丽斯（可能死于癌症），[20] 继而遭到菲利波·斯特罗齐抛弃后。1528 年 5 月，克拉丽斯去世后，菲利波便搬到法国去处理其生意往来。[21] 凯瑟琳彻底地孑然一身，失去了家族支撑。

然而，相比起侄女凯瑟琳，克莱门特似乎有更多的事情要考虑。

失去了梵蒂冈的便利生活，他每日唯一的慰藉便是在奥尔维托耶——在罗马之劫后，克莱门特撤退到了此地——主教座堂欣赏西尼奥雷利（Signorelli）绘制的壁画。在这些壁画中如此生动地呈现出一个假教皇，他或许会思忖这位反基督者是谁。从亚历山大六世到利奥十世，克莱门特脑海中闪过几个貌似合理的人选。即使这个假教皇并非他本人，他也感受到耻辱和挫败，尽管彼时的他尚未意识到自己会将整个基督教廷引向万劫不复之境。克莱门特在奥尔维托耶挖了一口著名的井，被称作"圣帕特里克井"。也许这并非巧合，这口井已经从储备井演变成了劳民伤财和赎罪的代名词了。

蒂雷纳子爵与永无休止的谈判

1528 年春，教皇收到消息称，弗朗索瓦一世大张旗鼓地派奥代·德·弗瓦（Odet de Foi）——人称"洛特雷克"（Lautrec）——来将其释放。蒂雷纳子爵弗朗索瓦·德·拉图尔·多韦涅（François di Turenne de la Tour d'Auvergne）是法国国王麾下最优秀的外交官之一，对欧洲王朝的复杂性谙熟于心。克莱门特随之请蒂雷纳子爵写信给法国君主，信中说道，如若洛特雷克的救援大军经过佛罗伦萨或其周边地区，请其借机要求释放自己的侄女凯瑟琳。这并非凯瑟琳和蒂雷纳（他们之间也是远亲）的命运第一次出现交集：一年前，蒂雷纳作为大使出使英格兰之时，曾向凯瑟琳的舅舅奥尔巴尼公爵约翰·斯图亚特（John Stuart）提议，让凯瑟琳与苏格兰国王的私生子詹姆斯·斯图亚特联姻。此提议遭到教皇的强烈反对，最后无疾而终。[22]

根据教皇和蒂雷纳的战略路线，法国军队转向佛罗伦萨对他们大有裨益，他们可以借此迫使共和党人达成某种协议，抑或是赔偿一大笔钱款。克莱门特认为，如果这还不足以劝服佛罗伦萨人将凯瑟琳释放，查理五世应该命其大使多迪厄·德·韦利向佛罗伦萨领主国进一步施压。若他果真照此行动，教皇将会"极其"满意。[23]

法国人的支持并非源于上帝的恩惠与爱，而是因为教皇极尽所能地讨好。当蒂雷纳建议任命凯瑟琳的另一个远房亲戚、才华横溢的图尔农（Tournon）为红衣主教时，克莱门特欣然同意。为了进一步彰显他的慷慨，他还派出他的贴身仆人前往威尼斯寻找制作红衣主教帽子所需的珍贵的深红色丝绸，在罗马之劫后，这种帽子千金难寻。[24]查理五世命其大使以雇佣兵很可能将凯瑟琳作为人质为借口，向佛罗伦萨施压（尽管没什么用），以期将这位"乌尔比诺小姐"转移至卢卡。[25]

洛特雷克的部队无视佛罗伦萨和凯瑟琳，抵达已被西班牙统治多年（除了 1494 年的短暂插曲）的南方。在普利亚进行了几场激烈的小规模战斗后，军队包围了那不勒斯。与此同时成为王国总督的奥兰治亲王向查理五世吹嘘说，在他们的战壕里，被包围的法国人比他之前在城里看到的还要多。[26]但是一个更为可怕的敌人——瘟疫——阻碍了这些攻击者的步伐。他们的营地四周布满沼泽，盛夏酷暑使他们举步维艰，这支两万五千人的队伍最后只剩下四千士兵在苟延残喘。1528年，圣母升天节的第二天洛特雷克便去世了。他的尸体先是被草率地埋葬了，随后得以安葬在新圣母堂中。他曾向查理五世许诺，他会进入那不勒斯，他的确做到了——只是以长眠于此的方式。

萨卢佐侯爵是唯一幸存的法国上尉，他试图率残部撤退到阿韦尔萨，但西班牙人率领骑兵和奥兰治麾下的步兵步步紧逼，一路追赶逃亡者，迫使他们投降，将他们洗劫一空后，又将其丢给农民摆布，而这些农民因之前惨遭这些侵略者欺压，无情地将他们屠杀了。

帝国的士兵们欣喜若狂地传来战争结束的消息，教皇别无选择，只得昧着良心向折磨他的人宣誓效忠，等待更好的时机复仇。奥兰治亲王自告奋勇提出要成为捍卫教廷的掌舵人，并承诺将恢复美第奇家族对佛罗伦萨的统治。这位亲王狡黠地补充道，他一直都致力于维护教皇与查理五世的盟友关系。[27]

罗马之劫后，克莱门特终于再次踏上这片狼藉的土地。10月，当他带着仅有八百名士兵的护卫队从奥尔维托抵达时，迎接他的是一场暴雨，这仿佛是上天对那几个月暴力行径的泪水。无人提出抗议，因为能够抗议的人已经无法站在这片土地上了。满目疮痍的景象令人难以想象：百分之八十的房屋都空无一人，举目四望皆是废墟。一位来自曼托瓦的目击者写下"如此寂寥"的感慨，因为他在此找不到任何一位故友。[28] 教堂惨遭亵渎，装饰和画作都被洗劫一空，这里自被占领以来，再也没有举行过弥撒仪式。

艺术品和带有袖珍画的手稿类的损失难以估量，教廷财产管理局的账簿也消失不见。这是件坏事，但同时也是件好事。因为一切可以从零开始。克莱门特以高瞻远瞩的宽容模样，赦免了所有的债务人和债权人，包括他的受托人菲利波·斯特罗齐。[29] 这其中带有一层既隐晦又明了的含义：我们对既往一概不咎，现在，为了家族和佛罗伦萨城的利益，让我们重新并肩战斗。[30]

回来后，教皇最为牵挂的事便是将凯瑟琳释放。文雅的秘书焦万·巴蒂斯塔·桑加（Giovan Battista Sanga）用铁拳怀柔的手段，对蒂雷纳子爵进行一番劝说，夸张渲染教皇与乌尔比诺公爵女儿之间血浓于水的深厚感情。让佛罗伦萨共和党人将凯瑟琳释放并不容易，但克莱门特相信他们在代表法国权威的使者面前很难不松口。虽然与唯一的侄女相比，教皇也没有更加珍贵的东西了，但他们也不该自欺欺人地认为教皇会接受这种蛮横无理的态度。即使教皇完全有正当理由赦免佛罗伦萨贵族的什一税，即对教会收入征收百分之十的重税，他也希望他们明白他这样做是"为了公共利益，而非个人所得"[31]。

克莱门特显然不希望被佛罗伦萨商人勒索。他在圣殿中模仿耶稣的愤怒之火，实际上是在策划一场悄无声息却残忍至极的报复；在遭受诸多痛苦后，他已经学会如何展现强硬与温柔。只要圆滑狡诈地游走于各方之间，他可以过得像以前一样滋润。沉浸于作为基督徒的无尽羞愧中，克莱门特给查理五世写了一封真情流露的信：

> 经历这样的海难之后再抵达彼岸，我们也深感欣慰。
> 尽管我们已一无所有，但一看到罗马，我们的悲痛就永无
> 止境地蔓延，为意大利的毁灭，为这座城市的悲惨遭遇，
> 也为我们自身的不幸。我们还能站在这里，也是仅凭着一
> 丝希望，恳请您能给予我们帮助，抚慰意大利和基督教世
> 界的遍体鳞伤，我们将和教廷一同努力，让这个城市逐渐
> 恢复活力。因为，亲爱的孩子，在我们恐惧的目光之下，
> 是一具惨遭撕裂的尸身，没有什么能减轻我们的痛苦，没
> 有什么能让悲痛的城市和教廷复活，除了对和平和安宁的
> 展望。而这些都基于你的克制……[32]

罗马的横尸是否会因为查理五世的克制而得以复活尚且未知，但显而易见的是，教皇已经把目光投向了佛罗伦萨，他需要帝国的支持来不惜一切代价重新征服罗马。

机灵敏捷的蒂雷纳子爵在察觉到事情的动向后，警告奥尔巴尼公爵，若他希望维护在布洛涅大宅的荣誉和利益，他就应该更为谨慎小心地行动。布洛涅大宅是属于凯瑟琳的一份巨额遗产，奥尔巴尼公爵却对这些遗产心怀鬼胎。蒂雷纳子爵告知他私生子伊波利托和亚历山德罗与皇室贵族的各种联姻计划，并强调佛罗伦萨很多人

都向他提及公爵女儿，暗示查理五世让她和法国联姻是一件好事。他们曾恳求蒂雷纳子爵推进此事，因为如果蒂雷纳想要这个女人，他们会很乐意将她奉上。总之，佛罗伦萨人会让凯瑟琳"心甘情愿地进入天堂"，即使这个小女孩并不着急前往。[33]

宗教隐喻在当时并不那么流行，即使在梵蒂冈也是如此。1529 年初，教皇接见了威尼斯大使加斯帕罗·孔塔里尼（Gasparo Contarini），这位未来的红衣主教有着忠诚的精神信仰，他热切地宣扬"基督教共和国"的共同利益。教皇看着他，眼神带着苦涩的讽刺，发泄道："难道您没有看到，这个世界已经沦落到这般田地了吗——最奸诈狡猾、玩弄心机的人大获成功，最富有才华、声名在外的人受到推崇，而那些与之背道而驰的人却说这样的人是好人，这难道是好事吗？"[34]

孔塔里尼无所畏惧地坚称圣书是准确无误的，真理和美德是无懈可击的。得知自己不得不将这些废话宣之于口后，克莱门特不耐烦道，如果所谓的神圣联盟（这些联盟皆致力于反对查理五世）恢复，威尼斯人便能够将他们所拥有的保留下来……而他将继续成为一个"一无所有的好人，没有拿回任何属于自己的东西"。教皇已经没有什么可失去的了，有关家族之事和家族的荣誉是他唯一的执念。

1529 年 2 月，教皇因一场突如其来的重病倒下，这让人不得不往坏处想。关于克莱门特濒死的流言四起，佛罗伦萨人表示他们已经准备好节日焰火来庆祝他的死亡。[35] 就连克莱门特也以为自己将命不久矣，以至于担心起伊波利托和亚历山德罗：他推翻了四年前的设想，[36] 任命十八岁的伊波利托为红衣主教。这孩子并不安分，教会的使命束缚让他旺盛的精力无处施展。而另一边，亚历山德罗则继续他的尘世生活，这让人们开始猜想他并非洛伦佐二世的亲生儿子，而是教皇之子，在克莱门特紧随堂兄利奥十世登上教皇宝座之前便已出生。

与此同时，由于受到"良好"的家族熏陶，凯瑟琳开始学习奉献与索取的基本处世之道。她再次被关进穆拉特修道院，在那样的境况下依然强颜欢笑。鲜少有人敢去看望她。她期待着能从奥尔巴尼的那个吝啬鬼秘书手中收到一些来自法国的礼物。按照蒂雷纳子爵的说法，他从未见过有人在她这样的年龄便对所经历的是非对错有如此强烈的反应。[37] 关于和被囚禁的公爵女儿会面的记载寥寥无几，但毫无疑问，这种超乎常人的敏锐性和敏感度，是凯瑟琳性格中的一个特点，我们不得不注意到这一点，因为随着她的成长，她会慢慢学会把这种情绪隐藏在一堵密不透风的心墙之后。

在巴黎，佛罗伦萨共和国大使巴尔达萨雷·卡尔杜奇（Baldassarre Carducci）略感尴尬。他带着国书去拜访了奥尔巴尼公爵。奥尔巴尼首先谈到公爵女儿的问题，他表明国王和他的母亲路易莎·迪·萨伏依愿意在教皇的批准下对她进行监护。法国君主担心教皇会执意干涉其侄女的命运，从而违背他们的意愿。奥尔巴尼补充道，他对伊波利托被任命为红衣主教感到高兴，但在正式开始教会生涯之前，这位红衣主教恐怕会急于同凯瑟琳"完婚"。这种恶意揣测并非毫无根据，一旦同家族唯一的合法继承人结婚，伊波利托将很容易获得继承权。

巴尔达萨雷·卡尔杜奇迟疑许久表示，他并未收到指示要将凯瑟琳交出。奥尔巴尼也没有进一步的表示，只是敦促要让公爵女儿得到应有的待遇。承诺做到这一点并不难，巴尔达萨雷·卡尔杜奇向他保证，已经"将其安置在基督教最具权威之地，即佛罗伦萨的穆拉特修道院中"，没有比这更加尊贵的待遇了。这显然是夸大其词，奥尔巴尼不想再听他的满口胡言，以处理宫廷事务为由将其打发走。[38]

在阿诺河畔，凯瑟琳——她并没有感到受人尊重——写信给已经离开佛罗伦萨的蒂雷纳子爵和国王本人，鉴于他们频繁表现出的友谊和提供的帮助，她要求他们赐给她最亲近的仆人罗索·里多尔菲（Rosso Ridolfi）的儿子一座修道院。[39]凯瑟琳想通过这个请求来试探自己的影响力，并在狱卒眼皮子底下频繁与法国王室联系，以此寻求更多庇护。

在巴黎和里昂间不断穿梭的菲利波·斯特罗齐也在为巩固与法国的关系而努力。虽然现金短缺，他仍然想通过米开朗琪罗所作《海格力斯国王》（Ercole）来彰显他的慷慨大方，这一精妙绝伦的雕像足以同《大卫》相媲美（它足有巨人屠夫歌利亚的一半之高）。这座雕像最终成为枫丹白露宫一个巨大花园中的装饰（18 世纪后下落不明）。此举的象征意义不言而喻：面对这场不可避免且迫在眉睫的战争，这位佛罗伦萨银行家相信法国的实力。菲利波年轻的长子——皮耶罗·斯特罗齐（Piero Strozzi）——有朝一日将手持法国元帅的指挥棒，背离艺术家的意愿，将"家宅巨人"交给代理人巴蒂斯塔·德拉·帕拉（Battista della Palla）。[40]

骑士卡萨莱与世界和平

格雷戈里奥·卡萨莱（Gregorio Casale）是博洛尼亚的一位有为青年，他很早便在博洛尼亚大学获得法律学位。但他在文艺复兴时期的社会名流中声名鹊起，却并非得益于其法律素养。格雷戈里奥一路平步青云，任职于波河流域王朝，同时负责为亨利八世（Enrico VIII）的狩猎活动搜集珍稀猎鹰、马匹和猎犬。亨利八世这位轻佻肤浅的英国君主对他大加赞赏，在格雷戈里奥刚满二十五岁时，便授予他骑士头衔和令人艳羡的两百金克朗的终身年金。

卡萨莱既优雅又随和，自 1525 年时起便给教皇留下了深刻的印象。他得到教皇的信任，也因此能窥探到教皇的心思。彼时亨利与法国国王的关系极好，因为他在与阿拉贡的凯瑟琳（Caterina d'Aragona，查理五世的姑姑）的离婚案中需要获得法国国王的支持。而作为亨利的代理人，卡萨莱还周到地让当时的法国元帅蒙莫朗西（Montmorency）也知悉了情况。

除了惯常的外交伎俩外，格雷戈里奥还建议蒙莫朗西"切莫错过有利于牵制和拉拢意大利方面的好机会",并将"接回教皇的侄女"作为优先事项放在首位,"佛罗伦萨人声称受国王要求而将她扣留,但事实上扣留住他的侄女并没有任何好处,只会造成不便,进一步激怒教皇,这并不合时宜"。

这是一个相当直接的警告,但法国人并没有认真对待。与此同时,从佛罗伦萨传来消息称,过激派——极端主义的共和党人——全副武装闯入领主宫,以与教皇勾结的罪名驱逐了正义旗手尼科洛·卡波尼,并推举了另一位正义旗手弗朗切斯科·卡尔杜奇(Francesco Carducci)。事情糟糕到了极点。

卡萨莱"非常坚定"地认为教皇绝不会与查理五世为伍,况且他还得到了雅各布·萨尔维亚蒂的担保,此人曾被雇佣兵扣为人质,回归后再度掌权。不过,他也产生了一些疑虑,因为"他的朋友和仆人遭受迫害,所以在这多事之秋,信仰基督教的法国国王最好能告诫佛罗伦萨人不要盲目从众,因为他们这样做就相当于自我毁灭,损人又不利己"[41]。

面对"和平大使"卡萨莱的明智建议,佛罗伦萨和法国都选择充耳不闻。几个月后,情况急转直下。格雷戈里奥曾多次试图说明,教皇对佛罗伦萨人在 1529 年春天任命佩鲁贾人马拉泰斯塔·巴廖尼(Malatesta Baglioni)为雇佣兵队长一事感到多么不满和愤慨,很显然,教皇极其看不惯此人。卡萨莱担心教皇所遭受的冒犯,就如他们任命马拉泰斯塔·巴廖尼为雇佣兵队长一事,还有教皇的侄女被持续监禁在佛罗伦萨（这件事情法国国王也负有责任），这些事情相累积，终有一天会导致克莱门特倒向帝国一边。

如果邦联国的君主们不希望教皇做出支持恺撒的决定，那么他们就不应给教皇任何这样做的理由。可现在看来，卡萨莱所畏惧的事已迫在眉睫，因为帝国军队正热火朝天地为战争做准备，他们不顾和平协议，开始征募新的军队。[42] 克莱门特的耐心似乎已经达到极限：有一次他怒火冲天，终于忍不住对卡萨莱爆发道，他宁愿做查理五世的神甫，甚至是马厩侍从，也不愿意被自己叛逆的臣民和奴仆所嘲弄。[43]

欧洲的众君主正在康布雷西进行谈判，他们一直都把随波逐流的教皇排除在外。谈判决定释放弗朗索瓦一世的两个儿子，并让弗朗索瓦一世（一个鳏夫）迎娶查理五世的姐姐——样貌丑陋的埃莱奥诺拉（Eleonora），作为释放皇室子孙的高昂代价，她的嫁妆被大打折扣。从法国派来的代理新郎正是蒂雷纳子爵本人，他的肥胖体格[44] 完全可以代表他的国王。

但是，在举行康布雷西会议的同时，克莱门特七世与查理五世单独达成了协议，查理五世希望摆脱罗马之劫后笼罩在其身上的骂名。1529 年 6 月 29 日在巴塞罗那签署的和平协议中包含了一些对教皇来说不无好处的条款。[45] 一方面，查理五世不得不将雷焦、摩德纳、切尔维亚和拉文纳归还教皇，将佛罗伦萨交回美第奇家族手中，并将他的亲生女儿玛格丽特（Margherita）嫁给教皇的私生子亚历山德罗，授予其佩内公爵的称号和两万斯库多的收入；另一方面，教皇授予查理五世召集十字军的权利，同时还有征税的权利，以此为其提供资助。

最后，也是协议中最为具体和关键的一点，教皇要立即向奥兰治亲王支付高达十万斯库多的巨款。而后者正带着他从那不勒斯总督府召集到的大队军马，迅速赶往托斯卡纳，借口要去佩鲁贾对付马拉泰斯塔·巴廖尼。有消息称，为了加快行军速度，教皇已经给奥兰治亲王送去一笔四万斯库多的丰厚酬劳，这进一步证实了佛罗伦萨人的猜想，或者更确切地说是恐惧。最后，一位服务于法国国王的意大利外交官得出一个斩钉截铁的结论：

> 现在，教皇这一微妙的举动，让其他人不费吹灰之力便看清了他的秉性和品格。教皇的使命是促成和平，这对于我们的基督教世界不可或缺，然而他现在不仅没有促成和平，还彻底地将和平之路堵死，毕竟那位皇帝*的本性、固执和野心人人有目共睹。教皇为了和平而和皇帝达成盟约，反而导致了基督徒之间的战争，让之前的努力付之一炬。[46]

1529 年 7 月 31 日晚，期待已久的奥兰治亲王终于抵达罗马。

---

* 这里的皇帝指查理五世，下文同。——译者注

几年前围攻圣天使城堡的人，如今在西斯廷教堂受到热烈欢迎，克莱门特七世在那里举行了庄严的弥撒，将教皇和恺撒之间的和平公之于众，并做了祷告："一切都在世间万物和平的原则下进行。"[47]

这是个虚构的故事。罗马人曾说：若你想要和平，就要做好战争的准备。意大利正处于无止境的战争中，教皇以基督教的方式向人们普及了这一概念。彼时的克莱门特俨然一副虚张声势的博弈家模样，他在那位野心勃勃的雇佣兵领头人面前提起，称他将与凯瑟琳成婚，并且成为佛罗伦萨的权贵——这完全是不可能的。他二十八岁，而她才十岁。如果在佛罗伦萨这件事被人知晓，凯瑟琳将会面临莫大的风险：侵略城市的领头人将迎娶令人厌恶的教皇的侄女。教皇也意识到他将凯瑟琳置于了危险的境地，他持续不断地施压，希望将凯瑟琳释放出来，并利用法国大使说服共和党人向他派出代表团。[48]

这次尝试无疾而终，炮声也已四处响起。奥兰治亲王10月底便开始对佛罗伦萨展开包围封锁，他倾其全力投入其中，就像之前进攻罗马那样。

和平谈判在博洛尼亚进行，克莱门特曾去那里会见查理五世。但被派去执行任务的两位佛罗伦萨大使（雅各布·圭契阿迪尼和弗朗切斯科·韦托里）中起码有一位（韦托里）是臭名昭著的双重间谍。他们两人在处理克莱门特之事时没有秉持一丝公道，此举彻底激怒了佛罗伦萨人，他们没收了韦托里和他兄弟们的财产。[49]在马基雅维利的老伙伴间，弥漫着一种机会主义的狡猾氛围：菲利波·斯特罗齐有意从法国回到卢卡，而弗朗切斯科·德尔·内罗在罗马也得到了很好的保护，他因此奉劝韦托里不要回国。[50]

佛罗伦萨共和党人担心最坏的情况会发生，绝望中他们开始进行防御。他们将加固城墙的项目委托给作为军事建筑师的米开朗琪罗。但显然在战场上他们寡不敌众，更别说这可能是场持久战。卡萨莱回忆称，在圣诞节之际，教皇给了奥兰治一些炮火，用以对付佛罗伦萨。[51]

与此同时，查理五世抵达博洛尼亚。1530 年 2 月 24 日，克莱门特在圣白托略大殿为他举行了庄严的加冕仪式。选择这一天并非出于偶然：这天是查理五世的三十岁生日，也是帕维亚战争获胜和法国国王受辱的五周年纪念日。[52]

这两股强大的势力之间建立起的友谊引得众说纷纭：对于两位主角来说，这是对基督教的救赎，克莱门特向切利尼订购的 Ecce homo* 奖章便足以彰显这一点，奖章上描绘的教皇和查理五世正在将一个即将掉落的十字架扶正。[53] 在佛罗伦萨所流传的说法则大相径庭——一幅颇具讽刺寓意的壁画出现在美第奇宫的外墙上，在壁画中，教皇的脖子上挂着绞索，而查理五世挥舞着一把剑，剑刃上刻着耶稣对犹大说的话：朋友，你来此是要做什么呢？[54]

佛罗伦萨一些爱嚼舌根的人通过自吹自擂来宣泄他们的恐惧。

---

* 意为"试观此人"，是《圣经·新约》中耶稣被绑在十字架上鞭打时本丢·彼拉多（Pontius Pilatus）所说的一句十分轻蔑的话。这里应是指头戴荆冕的耶稣像。——译者注

在接下来的几个月里，帝国军队在托斯卡纳城郊变本加厉地烧杀劫掠，佛罗伦萨变得越来越孤立。市民们画在教皇脖子上的绞索毫不留情地勒紧他们的城市周围：冷血无情的牧羊人化身成狼，准备撕咬吞噬他的羊群。[55]

饱受煎熬的并非只有佛罗伦萨人：在与法国大使加布里埃尔·德·格拉蒙（Gabriel de Gramont）的热切交谈中，教皇承认，那场自相残杀使得他精疲力竭，极度不适。在他看来，是侄女的想法打动了他，她的婚姻甚至比他的教皇职位更重要。因为"婚礼是在天堂举行的，而战斗是在尘世间进行的"[56]。而教皇自己也意识到了战争的可怕和残酷，他清楚以自己的名义犯下了多少罪行。如果佛罗伦萨从未存在就好了，[57]或许教皇想说的是佛罗伦萨人，他对他们的怨恨与日俱增。

不过，这种怨恨是双向的。佛罗伦萨人的怒火也愈烧愈旺，他们盘算着在佛罗伦萨保护神施洗者圣约翰的圣日当天毒死教皇。然而，或许出于施洗者或上帝的恩典，教皇免于此劫。带着"小圣酒瓶"的人将毒药混合在克莱门特的食物里，但他在佛罗伦萨城郊便被帝国士兵抓住了。奥兰治亲王得意扬扬地亲自把犯人送到罗马，而教皇也已经从博洛尼亚回来了。酷刑之下，这个倒霉蛋供出了混迹在教皇的厨师和侍者行列中的同伙的名字，这些人都被处以绞刑，沦为野狗的盘中餐。[58]

"你杀了一个死人。"

1530年7月，佛罗伦萨城外围面临的压力与日俱增，劫持教皇侄女以此发动政变的风险也随之增大。

共和国的使者西尔韦斯特罗·阿尔多布兰迪尼（Silvestro Aldobrandini）来到穆拉特修道院，他说为了安全考虑，要将凯瑟琳接到圣露西亚修道院。是为了谁的安全呢？佛罗伦萨已经被包围了九个月。饥饿、战争与瘟疫每天都会夺走数十人的性命。奥兰治亲王亲自指挥城门口的帝国军队，教皇已经向亲王透露将自己的侄女许配给他。但奥兰治亲王能在女孩惨遭强奸或被屠杀之前及时赶到吗？

此外，修道院正在包装有着美第奇家族族徽上球形形状的甜点——这是极其严重的罪行。受萨伏那洛拉暴力的道德主义影响，过激派在佛罗伦萨施以苛政。修道院的这一违法行为给了过激派一个借口，借此惩罚修女和她们"尊贵的客人"。他们指派阿尔多布兰迪尼前来。他是一名坚定的共和主义者，但并非过激派成员，凯瑟琳的眼泪让他心软了。身为一名法律顾问，他深谙法理，并未冲动行事：他想说服凯瑟琳随他一起离去，但这位剃光头发的年轻女孩却盘算着西尔韦斯特罗和她姑父菲利波·斯特罗齐之间的情分，不断抵抗，并声称她想一辈子留在修道院。

穆拉特的小房间是唯一让凯瑟琳有安全感的地方。这里曾住过一位同名的远房亲戚——凯瑟琳·斯福尔扎·里亚里奥·德·美第奇（Caterina Sforza Riario de' Medici）。尽管她是公爵的私生女，但她在很小的时候便嫁给了教皇的侄子。人们将她称为"罗马涅之虎"，因为她是一个有着男子气概的女人——马基雅维利曾称赞凯瑟琳从弗利城墙高处向杀害她第一任丈夫的凶手展示出其性器官一事，当时这一举动让他们目瞪口呆。她掀起裙子，露出她隆起的腹部，向威胁要杀掉她作为人质的儿子的人说："我想生多少就能生多少，但在我最后一个孩子出生之前，你们必将先赴黄泉！"事实也的确如此。

凯瑟琳只听说过马基雅维利：她知道他曾献书给他的父亲洛伦佐二世·德·美第奇（Lorenzo de' Medici）。她还未曾读过这本书，也不该读这本书。修女们偷偷告诉她：佛罗伦萨每个人都觉得他既危险又邪恶。但即使不认识他，凯瑟琳也清楚权力是变幻莫测的，是受命运摆布的。"美德"就在于即使你对未来无能为力，也依然可以辨认好坏。在夜晚时分，孤独的凯瑟琳常常在穆拉特的回廊里凝视夜空，向上帝祈祷，在她内心深处和至高的权位许下约定。

而在不久的将来，她应该只想祈祷不要落入过激党人手中。过激党中的狂热分子提议将她关到妓院去，让她永受欺辱。灾难从怒火中衍生，将佛罗伦萨人的生死交给命运来摆布，法国国王远程的保护已然无济于事了。但阿尔多布兰迪尼的礼貌和优雅让她感到安心和平静，所以当第二天他回到穆拉特修道院，要把她带到圣露西亚修道院时，凯瑟琳没有发一点脾气便跟随他离开，她确信自己不会受到伤害。

谁能想到，这个顽固的小女孩在将来会成为王后，并成为三位君主的母亲呢？而那位不择手段但尚存良心的人，则得益于这一善举，也将成为未来的教皇克莱门特八世（Clemente VIII）的父亲呢？我们永远不会知道上帝之路究竟通向何处！

穿过城市时，女孩清楚地感受到佛罗伦萨的绝望。由于饥饿和恐惧而发出的刺耳的嘶吼腐蚀着城民的自由之梦，而被日渐包围封锁的佛罗伦萨城对她来说只意味着监禁。

弗朗切斯科·费鲁奇（Francesco Ferrucci）指挥的共和国军队进行了一次愚蠢的尝试：8月3日黎明时分，为了得到梦寐以求的粮草军备，他向佩夏进发。但帝国军队通过秘密渠道得知了他们的计划，将他们封锁在介于圣马尔切洛村（已经被洗劫一空）和加维纳纳村之间的死路上。当四千名饥肠辘辘的士兵列成长队在两个村子之间蜿蜒前行时，帝国军队突然来袭。第一次对抗中，佛罗伦萨骑兵的先锋队凭借其强烈的求生欲，成功地突破了敌人的重围。

精心布置了陷阱的奥兰治亲王无法容忍这种屈辱。他被懦弱的西班牙雇佣兵抛弃，几乎是孤身奋战，猛然间才发觉自己被敌人包围。他向敌方首领、人称"马驹"的希腊-罗马尼亚人尼科洛·马西（Niccolò Masi）发起决斗挑战，尼科洛·马西击中了他的头盔，但没能伤到他。尼科洛·马西继而试图撤退，奥兰治亲王穷追不舍，但这时一支火绳枪射中了亲王，他还没来得及叫一声耶稣便死去了。

愤怒的佛罗伦萨人剥去他的盔甲，任其倒在泥地里一丝不挂。那是一具二十八岁年轻人的健壮身躯，肤色雪白，肌肉结实，死去的身体已经僵硬。他被切利尼打得伤痕累累的脸上浮现出痛苦和愤怒的神情。倘若他没有死，他可能会躺在一张床上，凯瑟琳一旦性成熟，便会在他身下失去贞洁。"他有一颗豹子般的心脏，拥有法国人的自由和西班牙人的狡猾，"焦维奥讽刺般地写道（然而西班牙人比他更狡猾，或者说比他更懦弱，在关键时刻背叛了他），"世间荣华易逝。（et sic transit gloria mundi）"[59]

怪异的是，在这场不幸的战争中，双方的领军人奥兰治亲王和佛罗伦萨人弗朗切斯科·费鲁奇几乎死于同一时间。但这位共和党的奥兰治是独自溜进了龙塞斯瓦列斯，还是在马拉泰斯塔的帮助之下潜入的呢？据一些目击者称，在奥兰治身上发现了叛徒马拉泰斯塔的一封信，他向奥兰治亲王密报了佛罗伦萨军队的动向。

正如一句俗语所言，帝国军队首领法布里奇奥·马拉马尔多（Fabrizio Maramaldo）"杀了一个死人"。因为当他经过费鲁奇身边之时，后者已经身负重伤。马拉马尔多命令手下将其干掉。但费鲁奇的"英勇"之死却滋生了后世复兴运动的神话：在一些浪漫主义画家笔下，他摇身变成一位有着浓密秀发、在刽子手手下赤身裸体的俊美青年。人们不知道的是，这种理想化的形象更符合奥兰治亲王，而非这位"秃顶的乡野蛮人""身材高大，皮肤黝黑"、散发着"粗鲁和令人恐惧的气息"……费鲁奇并不是被达丽拉剪掉长发的参孙*：他一早便面临谢顶危机。但是，19世纪受爱国主义熏陶的小说家却对他勇猛无畏的精神大加赞赏。威尔第（Verdi）甚至在自己的一部作品中将其描绘成"伟大的人物"，但碍于波旁王朝的审查制度，这部作品没有完成。在题为《意大利人之歌》（*Fratelli d'Italia*）的国歌创作的诗篇中，马梅利（Mameli）专门为他献上了一节赞歌。[60]正如彼特拉克（Petrarca）和马基雅维利所描述的那样：这是一个神话，它讲述了一位粗鲁、狂热又暴力的人民领袖的事迹，他为了一个尚且不存在的、割裂的、伤痕累累的国家，摇身一变成了牺牲品。

随着费鲁奇部队的溃败，佛罗伦萨失陷在所难免。为了昭示自己的叛离之心，在共和党代表团到访并试图剥夺其指挥权时，作为回应，马拉泰斯塔·巴廖尼刺伤了其中一名代表。消息灵通的卡萨莱在一本未公开的记录中写道，这是一场有预谋的犯罪，并非临时起意。[61]没有了雇佣兵指挥官，他毫不犹豫地将大炮对准了圣神大殿的叛乱区，尽管"像许多从深渊里冒出来的魔鬼一样"的过激派人怒气冲冲，但正如历史学家菲利波·德·内利（Filippo de' Nerli）写给雅各布·萨尔维亚蒂的那样，这座城市的希望已经泯灭了。[62]

1530年8月12日，一个由菲利波的兄弟洛伦佐·斯特罗齐（Lorenzo Strozzi）率领的小型使团，在巴廖尼的陪同下，就无条件投降进行了谈判。再次回到佛罗伦萨，对于多疑者韦托里来说，所

---

* 参孙（Sansone）是《圣经·旧约》里的人物，他拥有上帝赐予的无穷力量，但一旦剃发力量便会丧失。在美色的诱惑下，这一秘密被他的情妇达丽拉（Dalila）套出，被其哄骗剃发并挖去双眼。——译者注

有的政府都散发着"暴政"的恶臭——他坚信最糟糕和最残酷的暴政形式就是愚民政治，他们犯了"扼杀不计其数的灵魂，将无数贞洁女子送往妓院"的罪行。[63] 韦托里过度的厌恶情绪引发身体机能紊乱，使其患上肠炎，过量服用"防治瘟疫的普通药丸"也引发了"长年累月的身体不适"。[64] 来自地狱的马基雅维利笑而不语，他由于便秘药方而早早奔赴黄泉。弗朗切斯科·圭契阿迪尼以无比虔诚的态度求助于神的力量，他告诉萨尔维亚蒂（出于谨慎，他与教皇一同留在罗马），这座城市就是"一个无底的混沌"，"亟须上帝和人类的救援，而这两者无论缺了哪一方，都会无力回天"。[65]

教皇曾发誓他不会再踏入佛罗伦萨，这一次他履行了承诺。谁是克莱门特在城里的眼线呢？所有元老级别的官员纷纷沦为恐怖压迫的工具。而对共和党人施以最严苛的判决的正是韦托里和圭契阿迪尼，这绝非偶然——他们曾遭共和党人讥讽嘲弄，驱逐流放。曾建议将凯瑟琳关进妓院里凌辱蹂躏的莱奥纳尔多·巴尔托利尼（Leonardo Bartolini）缺席了审判。残暴不堪的雅各布·盖拉尔迪（Jacopo Gherardi）作为企图毒害教皇的同谋，和正义旗手卡尔杜奇一起被关押进巴杰罗监狱（Bargello）* 严刑拷打，最后被处以死刑。就连可怜的拉法埃洛·吉罗拉米（Raffaello Girolami）——一个老实厚道的爱国者，也被扔进比萨的地牢任其自生自灭，最后被勒死。

这座城市不仅被教皇扼杀了，更是为流动资金所羁绊，斯特罗齐

---

* 即现在的佛罗伦萨巴杰罗美术馆（Museo Nazionale del Bargello）。——译者注

之类的名流并未对城市予以资助，反而从卢卡给予教皇相当大的军事援助，彻底回到了教皇的怀抱。菲利波深谙其援助所造成的困境，凭借着慈善家的勤奋，他忙于采购粮食。[66] 但当前最为紧要的问题是按照马基雅维利的"现实政治"（Realpolitik）思想在佛罗伦萨施以善政。

马基雅维利临终前，在他病榻前的好友都得以恢复职位，这并非偶然，他们企图对在政治上抑或是经济上遭受的控告和审判予以报复。马基雅维利的前姐夫弗朗切斯科·德尔·内罗在一封密信中对同谋菲利波解释道："教皇已经准备好背叛上帝，只要守旧派肯实施'我们的计划'，教皇让我写信告诉你们，你们应该明白他，他不愿也不适合说出'绞死这个，砍死那个'这样的话。"[67] 即使在这样的情况下，克莱门特也依旧是那副老样子：挑起混乱，而后置身事外。

新上任的统治者担心事情生变，[68] 便派出菲利波前往罗马。菲利波一到罗马便立即写信敦促不久前才当选为佛罗伦萨八人委员会（Otto di Guardia e Balìa）*成员的弗朗切斯科·韦托里，信中写道："为了这个被流氓恶棍引向杀戮的可怜国家，您要用其他证据证明手里这些重要罪犯的罪恶，而不是用言语。"他在信末的附言中坚持索要一份"马基雅维利的演说集，它们非常重要"[69]。

菲利波紧接着举例说明如何将马基雅维利的学说付诸实践。关于如何处置这些罪犯，他已经与教皇商议过无数次。他建议，每个

---

* 佛罗伦萨司法机构，由八人组成，负责佛罗伦萨共和国以及之后佛罗伦萨公国的犯罪事件的审理和治安管理。——编者注

人的可恨之处都有其缘由，诉讼要根据犯人的罪行而定，给事物"增光添彩"极为重要，谁执笔在手，谁就能够轻而易举地翻云覆雨，罔顾事实真相，使事情变得格外瞩目。[70] 也就是说，莱昂·巴蒂斯塔·阿尔伯蒂（Leon Battista Alberti）重拾的绘画透视法被用以服务于政治叙事和司法操纵。若教皇在金钱方面"挥霍无度"，[71] 则菲利波比以往任何时刻都更需要支持他。

克莱门特一如既往地喜怒不形于色：当奥兰治亲王死亡的消息传来时，他没有表现出高兴或是难过。[72] 甚至在这位求婚者在战场毙命之前，他就开始考虑下一步的行动和凯瑟琳的联姻问题了。这与他刚刚拉拢的法国方脱不了干系，尤其是弗朗索瓦一世的孩子，在佛罗伦萨沦陷之前，他们便因《康布雷西和约》的签订，以及黄金的助力而重新获得自由。如今，双方都已经脱离险境，完全可以重新讨论他们之间的联姻。

在与法国驻罗马大使馆的"八卦秘书"尼古拉·兰斯（Nicolas Raince）的私密谈话中，教皇坦言他对凯瑟琳与米兰公爵弗朗切斯科二世·斯福尔扎（Francesco II Sforza）的婚姻犹豫不决，没有法国国王和查理五世的同意这不可能实现。教皇随后询问法国国王次子亨利的年龄，当得知他只有十二岁时，教皇强调："这孩子和我的侄女年龄相当，但我的侄女现在才十一岁，三年之后他们就会到适婚年龄了。"表面假装犹豫的教皇是有先见之明的。他为联姻或许能够成功感到无比高兴，并希望自己能够延年益寿，永葆他的家族安然无恙，永享荣华富贵。这世上没有任何事情比国王在这件事上表现出的意愿更让教皇高兴了。他甚至为国王愿赐予他的无上荣耀而感到无地自容，新晋红衣主教加布里埃尔·德·格拉蒙（Gabriel de Grammont）还为此宽慰了教皇。[73]

若没有红衣主教"阿格拉蒙特"，一切都将一败涂地。

加布里埃尔·德·格拉蒙是个雄心勃勃的四十岁中年人。他曾出使西班牙和英国——正因如此，他近距离地感受到了这片土地的强大。格拉蒙与亨利八世的一次谈话被当地人利用，用以证明其与阿拉贡的凯瑟琳（Caterina d'Aragona）*的婚姻无效。令人啼笑皆非的是凯瑟琳·德·美第奇的婚姻结局也正是取决于这位法国驻罗马的新大使。

在格拉蒙寄给法国宫廷的密信中，他对傀儡教皇的描述甚是不屑。在他看来，教皇总是巧言令色。他还不无讥讽地写道，口头确认联姻赐予了克莱门特"一生中最大的幸福"[74]。

当格拉蒙向弗朗索瓦一世通报罗马的情况时，教皇担心托斯卡纳的局势仍然很不稳定，便把凯瑟琳召到了罗马，她因"脱离虎口"而激动不已。[75]教皇让她住进美第奇宫（现在的夫人宫）中，与雅各布·萨尔维亚蒂和他的妻子卢克雷齐娅（Lucrezia）住在一起，后者是洛伦佐·德·美第奇的女儿，人们认为她是"一个正派的女人，

---

* 阿拉贡的凯瑟琳是亨利八世的第一任王后，也是亨利八世哥哥的遗孀。——编者注

品德高尚"。[76] 红衣主教德·格拉蒙听闻消息立即前往看望乌尔比诺公爵的女儿，他这样描绘她："十二岁的她高挑漂亮，身材姣好，看起来精神饱满"，格拉蒙使团的随员弗朗切斯科·达·蓬特雷莫利（Francesco da Pontremoli）还评论道："教皇将其视若掌上明珠。"[77]

克莱门特在政治上的伪装技巧行之有效，蓬特雷莫利在描述帝国军队的撤退与雇佣兵的离开时写道：

> 截至目前，佛罗伦萨的局面平静至极，由教皇的密友和教廷官员打理佛罗伦萨的事务，因为教皇并不希望利用其权威来干涉政府，他让共和国一切如旧。倘若他愿意，他完全能够间接行使权力。但到目前为止，他都极其恪守原则，忘却了过去遭到的无数冒犯，从上至下，他未谴责任何一个人。

但教皇怎么可能忘却之前所受的冒犯？这种令人安心的形象是故意营造出来的。人们很快就会发现，自己的看法大错特错。

在罕见的关于凯瑟琳在罗马的记录中，一位来自曼托瓦的特使证实，她"天生皮肤白皙，脸蛋圆润，但在我看来她还温柔至极；她总是情绪饱满，头脑机敏，有着不符合其年龄的敏锐和精明"[78]。除去对教皇侄女阿谀奉承的成分，我们可以一窥凯瑟琳的真实形象：沉着端庄，教养良好，时刻准备伺机而动。

剃发之后，凯瑟琳的头发很短，当她因不用再食用腐烂的驴肉和马肉而欣喜若狂、大吃特吃之时，[79] 教皇的另一位客人却遭受着残酷的节食：贝内代托·达·福亚诺（Benedetto da Foiano）是一名教士，身为"抵抗者和过激派人士的领袖和代表人物"[80]，韦托里对其深恶痛绝，他被丢弃在圣天使堡内活活饿死。面对匍匐在地的萨伏那洛拉一派的人士，克莱门特对其践踏凌辱，甚至拒绝赐给他们圣餐面包。1530 年秋天，台伯河那场惊天动地的洪水淹没了整个罗马，动物横尸遍野，淤泥肆意流淌，还有一股"臭气熏天的味道"。有人将其解释为神怒。[81]

当奥尔巴尼公爵抵达永恒之城时，被水淹没的已经不仅仅是道路了。他打着照顾教皇侄女的幌子前来，以期维护自己的利益。格拉蒙在回到法国之前曾警告过国王，凯瑟琳的监护人声名狼藉。多年来，因为各种各样的原因，没有一个人相信过他。[82] 此外，在十年前，彼时的红衣主教朱利奥·德·美第奇曾写信给利奥十世在法国的大使，对凯瑟琳舅舅不合情理的行为提出抗议，称他以凯瑟琳已故母亲内弟的身份出现在奥弗涅，除了掠夺金钱、粮食、美酒和一切他能够带走的东西外，还挥霍无度地滥用"特殊费用"*。[83]

当奥尔巴尼毛遂自荐时，对自己所受诘难仍记忆犹新的教皇毫不信任他——他上演了一出狐狸吃葡萄式的闹剧：我哪里配得上啊，我的"侄女"也高攀不起"这么高贵的姻亲"，"国王之子"应该配

---

* 指凯瑟琳的抚养费。——译者注

"皇帝之女"，或者其他"高贵的国王之女"……[84]

通过红衣主教格拉蒙留给他的密文，秘书向蒙莫朗西报告称，在与奥尔巴尼的会面中，教皇说他希望凯瑟琳嫁给世界上最伟大的君主，但无论如何，他绝不接受任何有损基督教公共利益的事。如果能够遵循这一神圣不可侵犯的原则，他将对上帝和国王感激涕零，因为他深知这是"多么大的荣誉"。作为回报，他将准备赴汤蹈火。他还暗指只有在"国王、皇帝和教皇都达成一致意见"的情况下，才会举行婚礼。如果他们的意见能够达成一致，所有的麻烦都会迎刃而解。

毫无疑问，教皇迫切地希望这桩"婚姻"能够定下来，但若因时机不对而产生意外，导致"无法兑现承诺"，将永远无法"重新达成"，这是显而易见的事实。奥尔巴尼建议"派公爵女儿前往法国"，但克莱门特回应称，他不希望在缺乏保障的情况下本末倒置。[85]

简而言之，教皇在拖延时间，并怀着极大的热情等待德·格拉蒙红衣主教的答复，因为这对基督教共和国大有裨益，对他自己也不无帮助。和两位伟大的人物弗朗索瓦一世和查理五世一起，他将自己也列入这一优秀而光荣的队伍，并将这场联系他与法兰西家族的婚姻视为一个"伟大的梦想"[86]。但谁都无法保证这个计划不会破产。

这便是基督教的宽厚之道，或者说是克莱门特式的基督教："像爱你自己一样爱你的侄女。"

第二章

爱

（1531—1534）

教皇派人将这份大礼送给法国，要知道，法国人可都是大人物……

——切利尼，《切利尼自传》（I, 60）

秘密婚姻

尽管有教皇的口头承诺，罗马和法国之间的紧张关系依然显而易见。在接下来的几个月里，仍然没有任何书面文件来坐实婚姻协议，所有一切都依靠秘书兰斯在其中积极调解，而他在将来的某一天，也会因被指控在任职期间做伪证而丢掉工作。1531 年 4 月，协议敲定并由国王签署，在等待教皇批准之时，克莱门特家族内部的情况却以迅雷不及掩耳之势发生了变化。

威尼斯大使安东尼奥·索里亚诺（Antonio Soriano）在提交给元老院的一份令人印象深刻的关于罗马教廷的报告中评价了这位出自美第奇家族的教皇：

教皇身上所体现出来的一切行为和品质都让人觉得他患上了忧郁症。但诚然，正如所有医生诊断的那样，事实并非如此。医生断定教皇是多血质的暴躁脾气——他的口若悬河正是多血质的典型表现。当然，教皇陛下有一颗冷漠至极的心，这赋予了他非比寻常的内敛和怯弱。不过，我想我在佛罗伦萨人的天性中都发现了这一点。即使佛罗伦萨的年轻人在这次战争中表现得有所不同，但那也只是出于必要罢了。[1]

关于四种体液（血、痰、黄胆和黑胆）的传统理论[2]仍然占据主导地位，这对个人和集体都适用。教皇的身体，就像在解剖实验室中，在公开又隐秘的激情中被开膛剖肚。如果在 1529 年发作疾病时，他那颗"冰冷"的心没有经受住病痛，欧洲的历史将会被重新书写。

令人感到诧异的是，意大利地区之间存在的偏见是根深蒂固的。威尼斯人谴责托斯卡纳人缺乏宽阔的胸襟，这一点被胆小怕事的教皇演绎得淋漓尽致。在这方面，共和党人在围攻期间所展现出的那种傲慢自大的英雄主义仅是一个例外。克莱门特的拖延战胜了他的冲动，现在博弈转到了他的两个侄子之间。

伊波利托·德·美第奇认为自己不像亚历山德罗那样是个私生子，他认为自己是来自卡利的贵族妇女的儿子，而非一个名为西蒙内塔·达·科莱韦基奥（Simonetta da Collevecchio）的女仆之子〔传说她是非洲血统，其母亲很可能是玛丽埃塔·迪·比别纳（Marietta di Bibbiena）]。然而，教皇却将佛罗伦萨交给了亚历山德罗，这是一向不安分的伊波利托不能忍受的。"他疯了，这个家伙，他疯了！他不想当神甫！"教皇气急败坏地对索里亚诺说道。

1531 年春天，这位年轻的红衣主教（伊波利托）也有自己的计划。在梵蒂冈的走廊里，他喃喃自语，打算迎娶堂妹凯瑟琳，"他对她假装浓情蜜意，她却深爱着他；除了他，她不信赖其他任何人，也没有其他人可以满足她的需要"。关于这个十二岁女孩的描述总是极尽溢美之词：性格活泼，态度温和，举止得体。这要归功于她在穆拉特修道院所接受的教育，修道院的修女名声优良，过着圣洁的生活。但是关于凯瑟琳外貌的描写就有些苛刻了："她身材矮小，体态消瘦，脸颊粗糙，她有一双大眼睛，那是美第奇家族的典型特征。"[3]

凸出的双眼是利奥十世的典型特征，伊波利托并没有继承这一点。或许是他母亲——一位来自乌尔比诺的贵族妇女——的血统赋予了他一种几乎令人无法抗拒的魅力。他是一个充满阳刚之气的二十岁英俊少年，他用双眸魅惑凯瑟琳，使其坠入爱河，就像堂兄妹之间时有发生的那样。十年之后，每当她因夫妻生活感到怅然若失，她仍会记得，当她走进这位激情洋溢的年轻人的房间时，他向她展示了他的爱人、美丽的朱莉娅·贡扎加（Giulia Gonzaga）的那些画像。朱莉娅·贡扎加与这位丑陋女孩之间的对比太过明显。这位无耻的堂哥对她没有萌生一丝爱意，仅仅将她视为巩固自己地位的途径。事实上，他想魅惑的是佛罗伦萨城。

洛伦佐·本奇文尼（Lorenzo Bencivenni）是一个效忠于奥尔西尼家族的佛罗伦萨人，头脑十分敏锐。4月在诗人的眼中是最残酷的月份，而洛伦佐·本奇文尼的有关证词为我们提供了事件的不同版本。1531年5月初，本奇文尼为教皇送去一条美丽的鳟鱼，这是他的主人从罗马北部呈给教皇的礼物。当他到达教廷时，他听说红衣主教伊波利托在夜间突然离开。伊波利托匆匆赶到佛罗伦萨，他坚信"法国国王、费拉拉公爵和其他大人物正在那里共同商讨，他们不会希望政权落入亚历山德罗公爵手中……他们一定想让这件事泡汤"。[4] 他并不希望缺席堂兄被废黜的时刻。

然而，在佛罗伦萨，没有发生任何流血事件或是政变。掌握在教皇手中的托斯卡纳要塞在预见到伊波利托的不良企图后，将他拒之门外。用本奇文尼的话来描述，这位红衣主教：

> 不屑于做神甫，他渴望佛罗伦萨的政权，仿佛在他与亚历山德罗公爵之间再也不可能有一丝和平或是善意，这让教皇极为不安，他心力交瘁，但在教皇的审慎和关心下，所有事情都在向着好的方向发展，每团火都将被熄灭，糟糕的事情不会重演，上帝会为了我们的和平而安排好一切。

洛伦佐阁下是对的：教皇的两个侄子之间那道深深的裂痕永远

不会被修复。在佛罗伦萨游荡一圈后，伊波利托"甚至遭到蔑视"[5]。他夹着尾巴回城，他的叔叔对他冷眼相待，善于察言观色和保守秘密的兰斯形容，他这副落魄模样使得教皇也垂头丧气。说到底，还是钱的问题：红衣主教欠下太多债务，这诱使他误入歧途。只要教皇把手伸进钱包，这个放浪的侄子马上就会将其挥霍一空，但俗话说得好，细弱的臂膀反倒容易令人更加进退两难，[6]现在便是如此，凯瑟琳的婚约已经到了确定嫁妆的环节。

德·格拉蒙红衣主教在5月中旬回到罗马后，在几周内便完成了几个月以来都没能完成的工作。怀揣着热切的期待，他首先对将在几年后于特伦托举行的大公会议表达了强硬的态度。弗朗索瓦一世不同意以任何方式召开会议，除非会议在都灵举行，并有他本人在场。对于克莱门特提出的法国国王究竟为何反对皮亚琴察和博洛尼亚的合法问题，格拉蒙回应称，如果米兰公国不属于他，国王陛下就不会放过这个问题。对于教皇所谓国王不需要出席的说法，格拉蒙回答道，他决不允许在国王缺席的情况下举行会议，况且查理五世并不认为他可以对法国人发号施令。[7]

教皇继续以如此傲慢和近乎幼稚的态度来商讨联姻事宜。和奥尔巴尼公爵的谈判在阿尔巴诺结束，教皇搬到了罗马的城堡里，以便能在城外呼吸一下新鲜空气，也为自己开始火速蹿升的脾气降温。协议规定教皇需献上大量弗拉斯卡蒂葡萄酒并支付十三万斯库多金币的巨额嫁妆，除了帕尔马和皮亚琴察外，教皇还需向国王赠送比萨、利沃诺、雷焦、摩德纳和鲁别拉等城市作为嫁妆。[8]在接下来几天，又增加了一系列条款，规定作为"法兰西之子"的新娘要收回她母亲作为奥弗涅伯爵夫人继承的财产以及属于她父亲的乌尔比诺公国。[9]教皇盖印副署的信封被交予格拉蒙和奥尔巴尼公爵。

最重要的条件是，这桩婚姻应该秘密进行（尽管这是一个公开的秘密），以避免教皇在查理五世那里进退维谷。根据由弗朗切斯科·圭契阿迪尼誊写并附有亲笔签名的协议，[10]教皇将奉上家族的珠宝，其中包括后来落入法国、苏格兰和最终落入英国女王手中的华丽珍珠。格拉蒙足以为他的工作感到骄傲。但事实是，承诺的城市，连同牢牢掌握在弗朗切斯科·马里亚·德拉·罗韦雷（Francesco Maria Della Rovere）手中的乌尔比诺公国，都只是烟幕弹：克莱门特七世内心非常清楚，他永远不想也不可能把它们交到国王的手中。

是时候派遣新的谈判代表到罗马结束这场周旋了。

名存实亡的大使

欧塞尔主教弗朗索瓦·德·丁特维尔（François de Dinteville）于1531年8月底抵达罗马。他的兄弟让（Jean）的肖像列于霍尔拜因（Holbein）的名画《大使》（*Gli ambasciatori*）之中。在英国亨利八世的宫廷里，两位法国外交官脚下变形扭曲的头骨则是对丁特维尔家族格言"勿忘你终有一死"的具象化。这句格言也对兄弟俩的命运产生了奇妙的影响。

丁特维尔比让年长九岁，他确实值得被霍尔拜因刻画为永垂不朽（画家极富讽刺意味地在这幅画背景中的绿色窗帘后藏了一个十字架）的形象。在成为主教之前，年长的丁特维尔曾被路易莎·迪·萨伏依选为神甫。但他性情暴躁，因为差点打死一个仆人而惹上麻烦。[11] 在蒙莫朗西的庇护之下，他隐匿了一段时间，之后便以法国国王大使的身份再次出现在罗马。在这样一种不太有利的状况下，他开始执行自己的任务。

教廷内的情况对法国人相当不利。得益于查理五世的众多慷慨承诺，教皇被一群亲皇派簇拥，打破这种格局迫在眉睫（比如，秘书桑加在收到一笔丰厚的退休金后，便远离了教廷）。为了平衡这种局面，最直接的办法便是将凯瑟琳成为奥尔良公爵夫人的消息公之于众，但教皇却不愿这么做。为了尽快扭转局面，在与丁特维尔的第一次亲切会面中，在亲吻脚面的神圣仪式后，教皇对这一提议故作赞赏。大使尚不知晓教廷的虚伪，他匆忙地送上奥尔巴尼公爵赠予教皇的一枚戒指，在他看来这枚戒指"辉煌至极，价值数千斯库多"[12]。但将一颗平庸的珠宝送给像克莱门特这样品位高雅的高级鉴赏家，恰恰佐证了文艺复兴时期的意大利人对法国人粗俗品味的控诉，也让这场婚姻的谈判更加曲折。

除了红衣主教格拉蒙和贪婪的奥尔巴尼提出的金钱奢求之外，教皇还不想让凯瑟琳离开意大利，也不想剥夺她回家的机会。如果她的丈夫先行去世，克莱门特一定有办法在晚年时将凯瑟琳召回意大利，从她和她的孩子那里获得宽慰。丁特维尔当然不会想到，这位仍在壮年的教皇命不久矣，根本没有机会看见这个小女孩的三个孩子有朝一日登上法国王位的样子。他正对那些凯瑟琳应收的土地租金忧心不已——万一凯瑟琳只是嫁给了一个普通的绅士，而不是一个有着皇室血统的王子。

克莱门特承诺将解决奥尔巴尼经手管理的财产的一切问题。他担心，如果这个女孩被骗，她将无法再嫁，从云端跌落谷底，再无法从耻辱中走出来。这并不是针对奥尔良公爵有所保留，他提醒法国大使，查理五世非常嫉妒国王所取得的丰功伟绩，所以他极有可能想要一个更为尊贵的联姻对象。此外，对查理五世隐瞒这样的行动是不明智的，如果查理五世想拿下罗马和佛罗伦萨，法国将干预制衡的企图并不会令人感到惊讶。凯瑟琳还很年轻，不可能按照他的要求放弃她的继承权或把它交给她的监护人奥尔巴尼，正如他所觊觎的那样：即使对于一个不像美第奇家族这般多疑的人来说，这也是一份具有欺诈性的合约。必须遵守已签署的合同，这一点毋庸置疑。[13]

火花渐燃，这让脾气暴躁的法国特使耐心消磨殆尽，他在等待教皇的答复，而教皇正试图"以一种正当的理由"拖延，既不耽误他侄女的离开，也不至于导致他与国王决裂——这是他最担心的事情，还有那令人窒息的十万斯库多的额外嫁妆。[14]

与此同时，亚历山德罗抵达罗马。他和伊波利托做了不少表面功夫，两人都是极度虚伪之人，他们之间绝不可能真正交心。如果不是要和教皇、公爵女儿以及奥尔巴尼公爵共同用餐，他们从不会凑在一堆。奥尔巴尼公爵是唯一一个对这场堂兄弟之间的冷战倍感开心的人，他们互相看不顺眼，就像西班牙和法国那样，蓄势待发，要将对方割喉宰碎。[15]凯瑟琳机警地察觉到了这种紧张的关系，并伴随着这种紧张关系度过了一生。

如今的克莱门特正在犹豫，查理五世的干预使得游走在奉承和威胁之间的教皇难以做出最后的决定。政治风云激烈动荡，有意促和的调停人试图恢复和平局面，但却无功而返。比如，巴黎大主教让·杜·贝莱（Jean du Bellay）曾试图组织国王和皇帝之间的"神圣会面"，尽管这并没有什么说服力，但他依然希望能够重新启动已数次停摆的"基督教世界"。[16]然而，1531 年 9 月 22 日，法国国王的母亲路易莎·迪·萨伏依突然逝世——她和查理五世的姨妈，也就是哈布斯堡的玛格丽特（Margherita d'Asburgo），是两年前《康布雷西和约》（也被称为"两位女士的和平"）的热情推动者——使得和解计划彻底落空。

弗朗索瓦一世是这位权势滔天、意志坚强的女人的独子，他独立掌权的时刻已经来临。他深知，他的儿子与教皇侄女的联姻对于他巩固王朝的统治颇有裨益。尽管如此，在他看来，教皇的言行或多或少有些奇怪：在提出将凯瑟琳送到法国以便与国王的女儿一起抚养后，教皇又反悔称，在与奥尔良公爵的婚事尘埃落定之前，他不想将她送去法国。[17]

到 12 月初，协议仍未达成。丁特维尔处于进退两难的境地，这让他极为恼火，他不得不与教皇这个摇摆不定之人打交道，"他就像老狐狸一般难以信任"[18]。几个月来，为了纾解烦闷的心情，平息心中的怒火，他养成了在罗马城的废墟遗址散心的习惯，[19] 并为他在威尼斯的同行——博学的拉扎尔·德·巴伊夫（Lazare de Baif）——从古代大理石上复刻了航船的图像。丁特维尔还一直同大约三个月前赴法国的奥尔巴尼保持联系，也正是在 1532 年 1 月初写给公爵的一封信中，大使似乎找到了教皇迟迟无法做出决定的原因：教皇对凯瑟琳婚约一事表现得反复无常，每天都在编造新的借口，这不过是一个激怒国王的把戏，为的是让国王自己毁掉婚约。[20]

实际上，就在圣诞节前，弗朗索瓦一世已经大发雷霆，训诫大使在联姻事宜上表现得过于"冷静精明"，故意给人营造协议不作数的感觉。[21] 不仅如此，他还愤怒地让大使转达教皇，从现在开始，不管教皇的态度是好是坏，他都会以同样的态度回应。丁特维尔本人对教皇不断和国王兜圈子的行为感到不解，他深知教皇的胆小懦弱（威尼斯人索里亚诺也发现了这一点），但却对国王表现得十分无礼，他把这种粗鲁的行为归咎于恐惧。

由于克莱门特的不配合，法国大使的成败取决于他能否把伊波利托吸引到阿尔卑斯山的北边：其中一项秘密任务是说服他放弃红衣主教的荣誉。国王知道，这位年轻的美第奇家族成员厌恶自己所处的境况，他热切地希望"离开教会国"。如果他这样做了，弗朗切斯科就会为他提供一桩能够配得上他，给他带来爱情和荣耀的婚姻。[22]
但这一战略操纵是为了掌控克莱门特，以此让他听命于法国人。事实上，丁特维尔在给杜贝莱大主教的信件结尾冷嘲热讽地指出，"对于那些想利用教皇而又不予以任何回报的人，我觉得不会有比这更好的办法了"。[23]

沉思的君主

1532 年 1 月，一些人盘算着如何在不损失太多利益的情况下，以最佳方式利用当下的时机。菲利波·斯特罗齐资助罗马出版商安东尼奥·布拉多（Antonio Blado）出版了《君主论》的第一个印刷版本，以此献给自己——"一位英勇而受人尊敬的人"，并在 1515 年收到了那部著作。如果说马基雅维利意图将此献给一位"拥有实权"的领主，那么印刷商认同在菲利波身上具备一名富有想象力的君主的特性，如果不是缺乏实权，他可以被视作真正的君主。[24]

献词中对凯瑟琳的父亲洛伦佐 * 不加掩饰的批评一览无余，甚至带有讽刺的意味。洛伦佐空有一个君主头衔，却并不兼具完成这一艰巨任务的基本素养，他缺乏反思能力和思考能力。但不管如何，在那几个月里，前共和党人米开朗琪罗正在为他绘制完美的雕塑人像，他将以一种全副武装的"思考者"形象出现在圣洛伦佐新圣器收藏室的美第奇家族的陵墓中。

---

* 指洛伦佐二世·德·美第奇（Lorenzo di Piero de' Medici）。——编者注

如今，共和国的消亡初现端倪，亚历山德罗·德·美第奇——迄今为止谦逊有加的佩内公爵——终于被提名为佛罗伦萨公爵，菲利波被触及痛处，这并非出于他的个人企图，而是正如贝内代托·瓦尔基（Benedetto Varchi）所写，"他既非共和国的首脑，也没有统治的野心，只是想成为统治者的朋友，也不必缴纳苛捐重税，不仅可以配备武器，还可以（随心所欲）做一个为所欲为之人"。[25]

　　彼时的菲利波正与阿拉贡的图利娅（Tullia d'Aragona）厮混，她是当时最有名的妓女。为了兑现夏天和他在一起的承诺，她让他带自己一起去威尼斯。菲利波对她唯命是从，他向朋友扎诺比·布拉奇（Zanobi Bracci）坦言，他不仅仅被这个女人所驯服，还深知自己会为此沦为别人的笑柄。他写道，像图利娅这样的女人，"你越是爱恋、崇敬和爱慕她们，她们就越会折磨你、戏弄你，但我仍然决定开始这场旅行，别人爱怎么说就怎么说"。[26]

　　他的确是一名奴隶，不过只是自己欲望的奴隶罢了。他是一个潇洒的鳏夫，对于将自己一直以来的好色风流公之于众，他毫无顾忌。凯瑟琳并不会对此感到震惊，她曾多次目睹他对克拉丽斯的背叛，但菲利波现在面临一个新的矛盾。他只能接受情妇对其施以的暴政，而在其他事上，他却试图将自己的意志强加给别人，甚至在凯瑟琳的问题上，他也想扮演一个处于主动地位的角色，以免让自己又陷入受人摆布的泥沼。因此，与教皇结盟是不可能了。

　　多年来，菲利波和克莱门特之间的关系并非一成不变。教皇并没有忘记他在 1527 年犯下的罪行，[27] 这不仅导致美第奇家族被驱逐出佛罗伦萨，也让教皇偿付了近一百万杜卡特。1528 年 11 月，教皇原谅了菲利波，当然更多是因为要与这位狡诈的奸商重新打交道，而非为了彰显其宽宏大量的姿态。然而，四年后，教廷负债累累，但两者之间暧昧不清的关系却仍在继续。1532 年春天在佛罗伦萨，菲利波捐献了两万杜卡特用来资助新堡垒的建设，此举虽遭到教皇的死敌——红衣主教科隆纳，也是当时的那不勒斯总督的不断威胁，捐赠最终还是成功了。虽然菲利波这么做是为了博得教皇的好感，但这一行为似乎与他常爱往来之人相背离：有传言称，他常在深夜与放荡不堪、对美第奇家族意图不轨的年轻人厮混。[28]

凯瑟琳显然是双方的焦点：如果不是因为她，教皇和这位银行家会直接将对彼此的深恶痛绝公之于众。但血缘的纽带和金钱的纠葛让双方的利益和责任都聚焦在了这个年轻女孩的身上。如果菲利波现在想要赢得教皇的信任，他就必须为凯瑟琳的嫁妆筹集所需的资金，于是他来到了罗马。

这是一个长期的家族计划，美第奇和斯特罗齐这两大银行世家极其渴望能够上位，他们渴望摆脱高利贷者的名号，获得更高的社会地位。在这件事上，双方都是合谋人和共同责任人——而他们庞大的金融王朝便是成果。对于两个受薄伽丘和马基雅维利熏陶的佛罗伦萨人来说，能够牵着自认比国王更高贵、更狡猾、更现实的"大法兰西人"（正如切利尼所说）的鼻子走，简直是至高无上的嘲讽。

谁会知晓将来有一天，那样的玩笑或许会将他们的继承人送上法国王位呢。

与弗朗索瓦一世的联姻骗局不得不让一切都物归原主。教皇需要采取某些措施取悦查理五世。他因此打消了摧毁佛罗伦萨共和国的念头（让那些期盼他毁掉佛罗伦萨的人大失所望），还授予亚历山德罗公爵封号。此外，他还定下了亚历山德罗与奥地利的玛格丽特（Margherita d'Austria）的婚约，玛格丽特是查理五世与他的情人焦万纳·范·德·盖恩斯特（Giovanna Van der Gheynst）的爱情结晶，而焦万纳是一个花毯商人的女儿（玛格丽特正如其丈夫和公爵夫人一样，私生活混乱不堪，就像弗拉芒挂毯一样"色彩缤纷"）。

1532 年 4 月，在这个节骨眼上，克莱门特决定是时候让凯瑟琳回到佛罗伦萨了，此时她已经蜕变成"一个亭亭玉立的大姑娘"。[29]离开罗马让伊波利托深感失望，因为这宣告着他多年来的梦想已经破灭，他最后的晨祷也无力回天：丁特维尔与教皇达成一致，坚定了自己的立场。就连凯瑟琳的教会监护人圣塞波尔克罗的主教莱奥纳尔多·托尔纳博尼（Leonardo Tornabuoni）——他来自一个坚定拥护美第奇的家族——都证实了他所守护之人即将离开。一切都发生在瞬息之间：法国大使请求教皇允许他向这位年轻的女孩告辞，并向她赠送她的未婚夫奥尔良公爵的画像，但他没有得到任何答复。[30]

凯瑟琳走的是最安全的路线——海路。教皇似乎有意（或者至少他是这样跟奥尔巴尼说的）陪伴他的侄女一段时间，然后再去利沃诺，但航行的大帆船还未备好，所以他的行程被推迟了。[31] 女孩在佛罗伦萨受到市民的热烈欢迎，她所经之处，市民皆夹道相迎，但是她并不想参与摩尔式的舞会，因为那些喧嚣不已的嘈杂使她深感疲惫。[32] 她被安置在位于拉尔加路的一座古老的家族宫殿里，被托付给玛丽亚·萨尔维亚蒂（Maria Salviati）——她是卢克雷齐娅的女儿，也是雇佣兵队长乔瓦尼·德莱·班德·内雷（Giovanni delle Bande Nere）的遗孀，曾在罗马照顾过凯瑟琳。毋庸置疑，凯瑟琳将有机会与她的同庚表弟科西莫接触，科西莫是玛丽亚的独子，几年后会成为佛罗伦萨公爵。

然而，在阿诺河畔的生活一定比台伯河畔的更加煎熬。除了被幽禁在穆拉特修道院的痛苦记忆，这个女孩几乎没有什么朋友或是值得信任的人，譬如亚历山德罗便不在其中。亚历山德罗明白凯瑟琳对他的死对头伊波利托的情愫，便同她保持距离。她孑然一人，应该是一个意志坚强、坚心守志又疑心颇重的少女。因此，在写给教皇的信中，她不单提出要求，还苛求教皇，譬如：她曾向教皇索要一匹马，要像克莱门特送给公爵的那匹一样；她还曾索要过一件大衣，因为当时是 10 月初，天气开始转凉，她写道："我没有大衣可穿。"疑心重重的凯瑟琳在信中说，她已经向财务大臣奥塔维亚诺·德·美第奇（Ottaviano de' Medici）表明了自己的需求，但他很快就把她打发了，并没有满足她的愿望。[33]

凯瑟琳私人生活的这一面显露了她果断但并不任性的脾性。这让她不同于身为红衣主教的表兄——在罗马的他仍然狂躁不安。有一次他被法国人激怒，在愤懑之下，身着盔甲和背心跳进了台伯河，但他的火暴脾气并没有得以平息，反而因此引起了感冒发烧。[34] 医生不敢为他放血，他们害怕危害到他本就因"年轻人的纵情声色"而失调的身体。[35] 他从"法式愤怒"中抽离之后，作为教皇特使为查理五世服务，参加对抗土耳其的战争，并带领一支小部队前往维也纳。弗朗索瓦一世在罗马的大使迅速将此消息传达给他，这对他来说无疑是个打击。好在这封信还带来了一个好消息，那就是红衣主教科隆纳的意外身亡："他死于感冒"——"勿忘你终有一死"是丁特维尔毒辣的格言——"因为在他完成痛苦的治疗前，便遭人偷光了他所有的家具，甚至包括床毯和地毯"[36]。

克莱门特获悉这个消息也如释重负："现在可以名正言顺地说我是教皇了！"[37] 他感叹自己终于摆脱了长期以来的对峙状态。红衣主教庞培·科隆纳——他不仅名为庞培，也是事实上的庞培，如今他的一切都被恺撒教皇所剥夺：副执政官（即副教皇）这个有利可图的头衔落入伊波利托囊中。除了收回一直属于教会的利益之外，克莱门特还没收了他的马场——那是意大利最漂亮的马场[38]。

没收完红衣主教所有的物质财富，教皇仍然不善罢甘休，他决心要让他名声扫地。在典型的美第奇式报复下，偶然之间天命使然，他揭露了红衣主教一个所谓毒害教皇的阴谋。但在酷刑之下，科隆纳的秘书因诺琴佐（Innocenzo）的供词真的值得一信吗？[39] 也许国王也知晓这是一个阴谋？这些消息实际上是针对法国的威胁恐吓，而丁特维尔大概也甘愿去将它们传播。

联姻

1532 年底，在教皇和查理五世在博洛尼亚进行的第二次会面中，这些关键问题被搬上台面。丁特维尔宣布法国红衣主教格拉蒙和图尔农将于 1533 年 1 月抵达。[40] 格拉蒙对查理五世心存芥蒂，他不相信那个法国吹牛大王不同寻常的善意，并怀疑他正在使坏。[41] 这次归咎于使团，那份备受祝福的婚姻协议未能达成，[42] 直到查理五世在佛罗伦萨与教皇确认了王朝联盟后，这场令人疲惫不堪的外交拉锯战才得以结束。

为了让凯瑟琳单调的生活有点乐趣，抑或是为了让她振奋起来，亚历山德罗年轻的未婚妻、奥地利的玛格丽特正式前来拜访。被迫参加那些无聊烦琐又开销不菲的仪式（耗费多达八万斯库多），不难想象这位十几岁女孩的烦闷。谁知道在那种场合，年仅十三岁的凯瑟琳是否减轻了心中的烦闷呢……

在这种戒备森严、仪式典礼无比烦琐的生活中，凯瑟琳时常展现出其调皮捣蛋的天性也就不足为奇了。据传闻，有一次年轻画家乔治·瓦萨里（Giorgio Vasari）奉法国国王之命为凯瑟琳绘制肖像时，她趁着画家离开的瞬间，用黑色的颜料涂满了画布。当她提出抗议时，她的叔叔菲利波·斯特罗齐这位不折不扣的商人（或者说是一个虚张声势的家伙）正在人前大肆谈论嫁妆："嫁妆并不少，尤其是你要是算上不久后教皇将给他侄女的三份厚礼——热那亚、米兰和那不勒斯。你们不觉得这些奇珍异宝甚至堪比国王之女的嫁妆吗？"[43] 教皇没有赐给凯瑟琳任何一样厚礼，这些礼物甚至都不曾在他囊中，但他确实准备了一份令人咋舌的珍宝清单，那是家族遗产的一部分。

1533 年 9 月，准新娘在菲利波、包括玛丽亚·萨尔维亚蒂在内的一些女伴和一大堆佛罗伦萨名流的陪同下，从海路出发前往尼斯。正如她写给叔叔奥尔巴尼公爵的信中所叙述的那样，[44] 她在航行中躲过了长着"黄褐色浓密胡须"[45]的海盗巴巴罗萨（Barbarossa）的魔爪，这位巴巴罗萨臭名昭著，整个地中海地区和教皇都闻之生畏。[46]当她终于抵达尼斯时，旅程暂时告一段落，只等着教皇到来。而萨伏依公爵作为房子的主人，为了讨好查理五世，大肆使绊，反对他们在城里举行婚礼。这一次拒绝让萨伏依家族付出了高昂的代价，不久后在教皇的煽动下，皮埃蒙特被法国人占领。但目前他们的首要之事是给人留下一个好印象。

在尼斯的凯瑟琳请求奥尔巴尼为她寻来一位"善于演奏法式舞曲"的"鼓手"，为了准备婚礼庆典，她们必须勤加练习舞蹈。回想起在海上遇到巴巴罗萨的危险，她还试图展示其礼貌温柔和女性幽默，她打趣道，她和女伴乘坐的那艘船如今再难以独挡海盗，因为失去了"像我们这样的勇猛骑士"的支持。[47]

克莱门特于 10 月 11 日在一小支舰队的护送下抵达马赛港，与凯瑟琳会合。他乘坐的是"蒙莫朗西号"帆船，船上装饰着绣金的红色旗帜。水手的制服也由红色的绫罗绸缎加衬。迎接教皇到来的是一场壮丽非凡的烟花齐鸣。身穿匈牙利式制服的伊波利托担当侍卫首领，[48]他还曾穿着这套制服出现在提香[*]的人物肖像中。事实上，这位教皇特使在维也纳的行动堪称一场灾难。除了完成一些侦察任务和参加小规模的战斗外，这个二十一岁的莽撞少年坐实了他更适合宫廷生活，而非像他的父亲朱利亚诺那样驰骋于战场之上。[49]伊波利托在未经查理五世允许的情况下便自行离去，却在返回的途中被逮捕，并被拘留了几天。和查理五世的"蜜月期"并未持续多久，伊波利托便迫切回到法国的领地。

为了防止晕船，凯瑟琳选择从陆路出发，她于 1533 年 10 月 23 日抵达马赛。她骑一匹红色骏马而至，马鞍上尽是绫罗锦缎，身后还跟着另外六匹披着红色天鹅绒的骏马，驮着十二位身着锦衣华服的少女，而非骑士。一位马赛的资产阶级分子直截了当地评论道，这一切优雅的炫耀和"赏心悦目"，都由"圣彼得的钥匙"来悉数买单。[50]

根据一位证人的描述，公爵女儿严格遵守典礼仪式的要求，她先亲吻了教皇的脚面，又吻了国王的手背。弗朗索瓦亲吻了她的脸颊，而他的儿子——与凯瑟琳同龄的亨利——则大胆地直接吻上她

---

[*] 提香（Tiziano），意大利文艺复兴后期威尼斯画派的代表画家。——编者注

的双唇。仪式完毕后，克莱门特对国王说道："陛下，她将成为您的女儿。我把她托付给您，她就交由您来安排了。"国王再次亲吻了凯瑟琳，还给了她一个大大的拥抱。最后，王后和她的女儿也依次前来亲吻和拥抱她。[51] 这样用肢体接触表达情感，是法国宫廷的典型做法，凯瑟琳最初或许会感到诧异，但她很快就会习惯的。

国王盛情款待，正如十五年前主持凯瑟琳父母婚礼那般——组织了连续数周的宴会、比武和派对。巴黎大主教让·杜·贝莱还用拉丁语发表了一番即兴演讲，这既让他赢得了红衣主教的职位，也为这场盛大的酒宴平添了几分色彩。杜·贝莱的聪明才智深受蒙田（Montaigne）的赞赏，而他身为一个花花公子和酗酒者，反过来成为拉伯雷（Rabelais）的赞助人之一，也绝非偶然。

凯瑟琳对酒池肉林式的饮食狂欢感到不适：显然，那些堆积成山的食物和流淌成河的酒水重量而非重质。那种甜咸交织的混乱味道令她难以忍受，对于那些习惯更为雅致的人来说，法国人在用餐礼仪上还有很多地方需要改进。在适当的时机，凯瑟琳会利用自己的影响力，鼓励其他人使用刀叉而非粗暴地用手进食。当然，作为一个深受穆拉特修女影响的女孩，她也绝不会允许那些比起皇家婚宴更狂欢的举动再度出现——正如她所目睹那般：放荡的女子将乳头浸入酒杯，再邀请声名赫赫的来宾上前吮吸。不过，红衣主教伊波利托似乎毫不拘谨：他喝得晕头转向，忙着亲吻所有女人，与好色的国王一较高下，尽管他的意式亲吻并不太受欢迎。[52]

交欢仪式定在 10 月 28 日晚。在国王、蒙莫朗西（他全程一直目不转睛地盯着新床）和教皇的注视之下，两人进行了床笫之欢。在众人面前举行少女神圣的失贞仪式是一项传统惯例，其中缘由值得探索。不难想象这两位少男少女的窘迫不安。好在新郎还能提前与一位美丽的阿维尼翁女子勤加练习，完美地证明了自己；但新娘却无法提前接受这种毫无情感的启蒙式性教育。

大使们纷纷到访祝贺，然而凯瑟琳却言语寥寥、心不在焉。费拉拉的特使意识到要取悦善妒的埃斯特家族，便抓紧时机对她进行恶意抹黑，"衣服不合身"，她穿着一身剪裁蹩脚的银色布裙，戴着金丝的拉夫领、一排发黄的珍珠、一顶镶有少许宝石的白色丝帽。她看起来有几分喜悦，但并不多。她有一双令人想起教皇利奥十世的大眼睛。此外，她的乳房很小，牙齿也有些歪斜而且不太干净。她拒绝让人亲吻她的双手，总是一言不发，只有健谈的菲利波·斯特罗齐才能应付凯瑟琳的沉默寡言。[53]

婚礼成为一个契机，教皇与法国国王就他们联盟中最为紧迫的问题开展新一轮的机密谈判。国王建造了一座临时宫殿，专门用来款待克莱门特——一座木桥将这座宫殿和弗朗索瓦一世的居所相连，方便他们直接进行秘密会面。教皇对此三缄其口，就连他的常用顾问圭契阿迪尼都对此事一无所知。[54] 由于国王和教皇都曾遭受查理五世的羞辱并惨遭囚禁，他们都对复仇充满热烈的渴望。凯瑟琳和亨利的无爱婚姻让这份充满仇恨的兄弟合约得以落地。

在那些闭门会谈中，弗朗索瓦一世把他的王国、子孙和自己的性命统统交予教皇，但他不会在查理五世身上花一个子儿，他将不惜一切代价来摆脱这个令人生厌的对手。[55] 尽管这一切看起来如此不可思议，克莱门特还是为穆斯林的魔鬼和最为虔诚的基督教国王之间的渎神联盟献上了自己的祝福。[56]

法国国王送给红衣主教伊波利托的礼物，正是海盗巴巴罗萨献给他的那只被驯服的巨大的狮子，这明目张胆地暗示了法国和教会之间有利于土耳其人的秘密协议。国王还为伊波利托提供了一万法郎的津贴，法令规定的津贴也被赐给了其他亲法的红衣主教，公然将亲帝国派排除在外。乌尔比诺的大使焦万·马里亚·德拉·波尔塔（Giovan Maria Della Porta）借用李维写给朱古达的一句话来评论罗马："邪恶的城市，要是有人能出钱将你买下，你不久便会轰然倒塌！"[57] 值得说明的是，并非所有人都被皇室的恩典所诱惑：菲利波·斯特罗齐和其他佛罗伦萨人便将法国骑士的高贵拒之门外。[58]

克莱门特七世面对弗朗索瓦毫不示弱，在从马赛告别离开时，他向国王赠送了一个珍贵的水晶匣子，匣面刻有基督的生活情景。除了匣子之外，教皇还准备了一个用金子镶嵌的独角兽的一只角，这个神奇的独角能够检测食物是否被下毒。[59] 异域动物和艺术工艺品的互赠营造出协议已然确立的错觉，但凯瑟琳的嫁妆仍是一团糟。教皇向国王展示皮亚琴察防御工事的模型，该防御工事由工程师皮耶尔·弗朗切斯科·达·维泰尔博（Pier Francesco da Viterbo）[60] 与安东尼奥·达·圣加洛（Antonio da Sangallo）一同建造。但将皮亚琴察或其他城池转让给法国不过是一场镜花水月罢了。正如某位在场的见证者所言，国王毫不掩饰地公开表露出他的疑虑。[61]

此外，乌尔比诺大使本人也流露出重重疑虑：倘若法国人仍然坚持以领土论嫁妆，那么没有一个意大利人会相信这一点。事实上，教皇似乎也不可能破坏这份来之不易的"意大利的安宁"。

然而克莱门特却公开称呼凯瑟琳为乌尔比诺公爵夫人 *，这个头衔本属于弗朗切斯科·马里亚·德拉·罗韦雷公爵的妻子埃莱奥诺拉·贡扎加（Eleonora Gonzaga）。德拉·罗韦雷是否面临着被踢出政治舞台的危险？这也正是他的大使所忧惧的，他质询教皇为何要那样称呼凯瑟琳，此举是否透露出对乌尔比诺公爵的不满。[62]克莱门特向其保证绝无此意，还"亲切地"向公爵和公爵夫人致以问候。至于凯瑟琳，她是洛伦佐·德·美第奇之女，但实际上洛伦佐拥有乌尔比诺公爵的头衔，在罢黜德拉·罗韦雷之后，她便可以坐拥这个不冒犯任何人的称谓了。[63]

但教皇的承诺并不比他隐晦的威胁抑或空洞的许诺来得可靠。在菲利波·斯特罗齐交给其罗马代理人的一封密信中，我们可以感受到局势是多么复杂。菲利波在信中除了说明他在佛罗伦萨建造宫殿的庞大开支，还为以教皇名义在里昂向国王做出的关于公爵女儿

---

* 意大利语中的"duchessa"一词，既可以表示公爵夫人，也可以指公爵女儿，此处可以理解为宗教虽然在称呼上并没有错，但是由于这一称谓带有歧义，因此还是冒犯到了当下乌尔比诺公爵的妻子。——编者注

嫁妆的承诺表示担忧，因为情况"彼时已经波诡云谲"。需要支付的十三万斯库多金币中，在马赛时教皇的国库已经支付了一万，之后又通过里昂的斯特罗齐家族的银行支付了两万，剩余的嫁妆将"按照惯例，向教皇管辖范围内的教区征收"，如往常一样通过征税来填补。菲利波还将他的两颗红宝石以一千八百斯库多的友情价送给了教皇，并以记录教会收入的教廷文件为担保。

教皇和他的随从在同年冬天回到罗马，菲利波则留在法国，试图向法国部长收取三万一千斯库多的赊款，并扣留宗座使节的薪水。倘若如此阔绰的银行家每月都仅存下两百斯库多，那便说明他的情况的确不容乐观。更加糟糕的是，菲利波获悉他在罗马的家失窃了，"钱箱"肯定是被"内贼"破坏的。他在给他的罗马代理人的信中写道："我比你们任何人都心如死灰，全世界都在幸灾乐祸。"

菲利波那令人同情的遭遇证明：实质上，嫁妆只是由各种名目的教会收入和罗马人的投机所得拼凑而成。小麦价格的上涨不可避免地会激怒市民，务实的他担心会遭到"这些市民的羞辱"[64]。他在第戎［Digione，信中无奈讽刺其为 Digiuno（匮乏之意）］时写道，他常为重复"同样的事情"而道歉，"因为总是触及伤痛之处"，还说"非常开心教皇已经抵达奇维塔韦基亚，毕竟他的安危和我的健康息息相关。我想知道粮食对你们的价值如何，以及你们与罗马人的关系如何，我认为教皇的回归对我们的事务很有帮助"。[65]

菲利波岌岌可危的信用和克莱门特的生命线是唇亡齿寒的关系。

回到罗马后，教皇给他的朋友弗朗索瓦一世送去一张亲笔签名的便条，对他派遣让·杜贝莱去英国，企图让亨利八世回心转意的举动表示欣慰。他说："我将国王的利益和荣誉看得更为重要。"[66] 为了避免自己受牵连，他直截了当地指明，"现在请看我的大使菲利波·斯特罗齐的报告。"[67]

"播种利器"与"天主经文"

彼时，在威尼斯有一个人对权贵们的恶劣行径了如指掌，他企图将这些人作为讽刺的对象。毒舌彼得罗·阿雷蒂诺（Pietro Aretino）被称作"王公贵族的毒瘤"。1525 年，一个刺客曾试图行刺他，惩罚他的口无遮拦，他的脸上和手上仍留有当时的疤痕。这段插曲并没有让他就此三缄其口，但出于谨慎，阿雷蒂诺选择顶着帕斯奎诺这个笔名继续他的讽刺行当。如今，在离纳沃纳广场仅一步之遥的同名雕像下，讽喻仍然风靡。在阿雷蒂诺搬到威尼斯七年后，也就是 1534 年，他借伪占星术对意大利和欧洲的重要人物加以嘲讽，并以此为乐。在讽喻作品中，他不怀好意地对"马赛结局的秘密"和"佛罗伦萨人对奥尔良和公爵女儿完美婚姻的绝望之情（天堂都在密谋让他们沦为仆从）"含沙射影。换句话说，法国的婚礼不仅决定了这对新婚夫妇的命运走向，也影响到了佛罗伦萨城的命运之轮。阿雷蒂诺很清楚自己犯了亵主之罪，因为他没必要地提到了

"天主教的下巴"*，跟查理五世开了个善意的玩笑，但他真正的目标却不在此，"企图为儿子夺得一顶'高帽'的菲利波·斯特罗齐如今已年老体衰，他的儿子将永远都无法成为红衣主教，因为他不像父亲那般蛇蝎心肠，甚至面临流亡和散财的风险。"[68]

虽然阿雷蒂诺对之冷嘲热讽，但"公爵女儿"绝不愿沦为仆人。她仍意欲采取行动来维护自己的权利，为此她还派遣（或由他人代劳）一位绅士正式前往占有乌尔比诺公国，[69]无视对大使德拉·波尔塔的承诺。事实上，新任奥尔良公爵夫人在其丈夫吹的耳旁风的指使下，还给教皇写了一封感人至深的信，原文如下：[70]

尊敬的教皇：

　　这封信仅是为了让教皇陛下您知晓我处境尚佳，以及我是多么的心满意足和满怀慰藉。我请求您将我常怀心中，正如您一直以来所践行的那样。请允许我直抒胸臆，我最渴望之事便是获得教皇陛下的许可。

　　我不奢求其他，我和奥尔良公爵自荐，只愿谦卑地臣服于您的脚下。巴黎，1534年2月21日，星期四。

　　尊敬的教皇陛下，您最谦卑的仆人。

凯瑟琳

---

* 因与哈布斯堡王朝近亲通婚，导致查理五世的下巴畸形。——译者注

1534 年的 2 月，除了要答复侄女，教皇还有一大堆烦心事。吉罗拉莫·奥尔西尼（Girolamo Orsini）将他同父异母的兄弟纳波莱奥内（Napoleone，前法尔法修道院院长）诱入陷阱，在大街上将其割喉杀害。[71] 尽管克莱门特内心雀跃无比，毕竟又一个死敌被消灭了，但他还是无法饶恕这起兄弟间的自相残杀。布拉恰诺封地本属于奥尔西尼家族，红衣主教伊波利托负责处理关于布拉恰诺所属权的仲裁工作，这场纠纷十分复杂，教廷暂将这块土地扣押。[72]

奥尔西尼家族的代理人洛伦佐·本奇文尼不得不介入这场争论。他见证了克莱门特多灾多难的任期的最后几个月。本奇文尼试图讨好巴结伊波利托，伊波利托似乎终于下定决心成为一名神甫，教皇对此非常满意，希望与其共统罗马教廷，并承诺任命一批新的红衣主教供其差遣。这一切都对奥尔西尼家族十分有利，因为如今伊波利托对罗马的事务更为上心，这意味着教皇很有可能会把布拉恰诺归还给他们。[73]

在常年债台高筑的伊波利托的苛刻要求面前，最初的乐观不复存在。本奇文尼"像美第奇家族的仆人一样"为赎回封地的金额讨价还价，将拳头砸向桌子之后，他愤怒地抗议道，他们是在和成年人打交道，而不是和一群小毛孩过家家，因为年轻的奥尔西尼家族"如今已经认识到了教廷的无赖和混账"[74]。通过这一生动的描述，本奇文尼不仅维护了自己领主的利益，还指出硬邦邦的现实是一回事、疲软无力的教廷说辞则是另一番故事。

转眼到了 1534 年夏天。当伊波利托正在折磨奥尔西尼家族之时，教皇的私人医生传述了一件奇怪的事情。克莱门特突然病倒，病情十分严重，人们甚至已经不抱希望，由于一度脉搏骤停，让人以为他已驾鹤西去。但教皇却恢复过来了，醒来后第一件事就是询问彼时奥斯曼舰队的首领巴巴罗萨的消息。来自帕维亚的医生马泰奥·达·科尔特（Matteo da Corte）一直守在病榻前，面对死而复生的教皇提出的问题，他难以掩饰自己的讶异，回答道："神父，巴巴罗萨不久前才出现在这片海域，我们正好错过了，当时他突然出现在丰迪，但并没有抓住那位美丽、贞洁并且无比崇高的女人——朱莉娅·贡扎加（Giulia Gonzaga）。"克莱门特笑着望向他的侄子——红衣主教伊波利托，他对这位迷人女士的痴念人人皆知——接着说道："如果奥斯曼人把她带走了，我们的红衣主教怎么办？"他长笑一番，在场的人都很开心，或许既为这个玩笑本身，也为教皇重新振作起来。

教皇为何要询问奥斯曼人的行动？马泰奥或许会在心里这样发问。但对他和其他少数几个人来说，这个奇怪的问题似乎提供了一条清晰明了的线索，即教皇、法国君主与奥斯曼人之间达成了一项秘密协议，而得益于该协议，奥斯曼帝国的军队可以靠近第勒尼安海岸，却不会攻击教廷的港口。[75] 这是一条将众多基督徒排除在外的邪恶协议……或许正是这不太可能的内疚之情引发了他的疾病？

无论如何，复活并不等同于痊愈。伊波利托在经过米尔维奥桥时遇到了本奇文尼，他向本奇文尼证实道："关于教皇的病情，无论从哪一方来说都没有治愈的把握，现在只能如此；他整晚发烧，上吐下泻，我不知道还能说些什么，我真害怕他会突然撒手人寰。"

8月初，教皇不稳定的健康状况引发了骚乱，罗马已经出现动荡的迹象。本奇文尼向他的领主们报告称："昨天晚上，博尔戈区域已兵戎相见，科隆纳家族的人想夺取文书院宫，教皇一旦逝世，那将会是一场混战。"[76] 为了防止奥尔西尼家族和科隆纳家族这两个罗马最强大的世袭家族间发生冲突，教皇已将教廷的管理权交给了红衣主教亚历山德罗·法尔内塞（Alessandro Farnese）。亚历山德罗告诫法尔法修道院院长弗朗切斯科·奥尔西尼（Francesco Orsini），让其务必确保罗马周围道路的安全，那些道路变得"这般危险，导致行人和运送货物的军队士兵也不敢像往常一样到这里来或是运输货物，务必要保障这些道路的安全，这样行人就不会在穿行时担心或害怕"。[77]

对本奇文尼来说，教皇的疾病成了一场和时间赛跑的游戏：他必须在克莱门特撒手人寰前让布拉恰诺完璧归赵。然后，"正如上帝所喜闻乐见的那样，当人们为教皇感到遗憾之时，他的身体突然开始好转，慢慢脱离了危险"。代理人随后同教皇交谈时，发现教皇"言辞强劲，面色红润，但因为他刮掉了胡子，毛发有些长，看起来像个脱毛后的女孩，整个人显得更加挫败"。[78] 罗马之劫后，克莱门特留长以表忏悔的胡子已经消失不见，只剩下一张如脱毛后的女孩一般的脸。

最后的一点小偏好重新点燃了失败者克莱门特的激情（"一点白葡萄酒……两只烤鸟……一盘不知道叫什么的甜点"）。尽管他常给他人造成不小的麻烦，但他还是过着节制沉闷的生活。几周后，情况略显不妙。

> 教皇还活着，估计他今晚会来。情况是这样的，昨晚他们给他灌了牛奶，他恢复了一点神志，好几次都攥着两个滤瓶，他说话了，还认出了每一个人，他甚至说："你们帮帮我，帮帮我。"他努力去够食物，拿到了却又说自己吃不了。红衣主教跟我说，教皇看到他手里的东西，问道："那是什么？"他回答称："一颗绿宝石。""那是用来做什么的？""放在皮肤上对身体好！"教皇转过头来，马泰奥说："教皇，对身体好……"教皇于是重复道："没错没错，对身体好，你们把我的身体照顾得太好了！"

我们不难想象教皇翻着白眼，以一种佛罗伦萨式的极致幽默，讲出最后一个笑话："身体好。"但教皇对于那些宝石的神奇治愈能力却倍感怀疑，尤其是那些绿宝石，教皇的侄子红衣主教却对其深信不疑。克莱门特实则是在抱怨马泰奥·达·科尔特和他的另一位医生——爱说大话的保罗·焦维奥（Paolo Giovio）："多么伟大的美德，他们嘴上说着把所有药试了一遍，其实什么都没做，这才是教皇病死的原因"。[79]

最后，威尼斯大使安东尼奥·索里亚诺诊断是冰冷的"抑郁之情"造成了教皇的死亡。[80]1534 年 9 月 25 日，在其前任教皇逝世十一年后，克莱门特七世归西。不同于将领地治理得井井有条的传奇国王，这位垂死的美第奇教皇沦为罗马所有弊病的替罪羊，这座永恒之城在他的统治之下面临衰亡。罗马之劫过后，连续的苛捐杂税让本就不得民心的教皇更加令人生厌。

大使的所有报告中都详细记载了公众暴怒情绪的急剧转变。在那几个月里，骑士卡萨莱一直不必要地穿梭于伦敦和罗马之间，向安妮·博林（Anna Bolina）的兄弟罗奇福德（Rochford）勋爵表达教皇拒不承认亨利八世与其第一任妻子离婚，以及对此事的愤怒之情：

> 正如克莱门特在其教皇生涯中一直带给这座城市的痛苦和折磨一样，他在生命的最后几天亦是如此，他一直怀疑自己是否会如大家所希望的那样再次迎接死亡。终于，他的死期来临，每个人都欢欣鼓舞，难以置信。人们迅速操起武器，想要把菲利波·斯特罗齐的家洗劫一空、付之一炬。因为去年教皇借着菲利波之名与罗马人达成协议，将小麦的价格维持在五斯库多，然后又上涨到十二斯库多，

人们想为所承受的损失谋取补偿。……为了反对教皇克莱门特，他们无所不用其极，向这个世上最悲惨的掌权者示威。每天晚上，他的坟墓都会被毁，沾上无数污秽物，为此每天早上工匠都需要重新制作墓碑，重新粉刷……还要用大理石重新雕刻墓志铭，因为这些字每天夜里都会被涂抹和破坏，其中有行字

"Clementi VII. Pontifici Maximo, cujus invicta

virtus sola clementia superata est."

"克莱门特七世，凭借其仁慈之心成为至高无上的教皇。"

被涂改后，变成

"*Inclementi* VII. Pontifici *Minimo*, cujus *victa* virtus

sola *avaritia* superata est."

"残酷七世，凭借其贪婪成为最无足轻重的教皇。"

因此有必要将墓志铭写在大理石上，并在墓前安排士兵看守。

新教皇——罗马的红衣主教保罗三世（Paolo III）——当选的

消息传出，预示着"这个城市将得到许多抚慰、欢乐和幸福"，卡萨莱指出："巴巴罗萨的军队已经占领了巴巴里的突尼斯，这个城市的面积和罗马无异，可以畅通无阻地安置军队，还能不断地侵扰西班牙和意大利。"[81] 倘若发生这种情况，那是因为克莱门特在马赛的秘密会议上与巴巴罗萨达成了一致。

对于一个天主教教皇来说，为土耳其海盗开绿灯以控制地中海，堪称一笔相当大的财产。有些人甚至认为教皇意欲把突尼斯留作巴巴罗萨的盘中餐，以此损害查理五世的利益。[82] 格雷戈里奥·卡萨莱也证实克莱门特的尸体被戳穿数次。[83] 无人知晓教皇背上的星象文身是否亦遭摧毁。1527 年，佛罗伦萨人便已对其肖像开始了这般亵渎行为，最终在 1534 年由罗马人付诸行动。灵柩上覆盖着一块漆黑的布匹。[84] 曼托瓦的代理人评论道，一旦"挥别佛罗伦萨的政权，我们将进入罗马人统治的天下，我也不知道哪种状况更好"[85]。

第三章

背　叛

（1535—1537）

> 其间，我在给公爵绘制肖像画；我数次发现他在午饭后和他的
> 洛伦齐诺一起打盹，然后是他杀了他，而非第三人……
>
> ——切利尼，《切利尼自传》（I, 80）

车厢与毒药

　　婚后几个月，凯瑟琳逐渐熟悉了法国宫廷的规章制度。她特别
喜欢在国王的陪伴下长途狩猎，国王也越来越喜欢这个刚强的小姑
娘，她可以毫不犹豫地骑马跟随他。凯瑟琳没有像女骑士那样把两
腿伸到一边骑马，而是肆无忌惮地骑在马鞍上，毫不在意露出来的
双腿：这是她身体最具吸引力的部位，和她那双优雅的手一样。[1]

　　尽管可以和人分享对打猎的热爱，凯瑟琳还是感到孤独。几个
月来，菲利波再次以热心叔叔的身份给予她陪伴，就像她小时候那
样。然而1534年夏末，菲利波不得不返回意大利处理一系列事务，
其中最棘手的便是去拼凑他侄女的嫁妆。凯瑟琳的孤独无以疏解，

77

她面临着严峻的考验。在弗朗索瓦一世的宫廷里，这样的生活轨迹令人疲惫不已。要在同一个地方待上半个月之久，这十分煎熬：国王与他浩浩汤汤的随从远离了巴黎这座不断给君主带来烦恼的城市，搬到了另一座皇室城堡，也就是国王更青睐的枫丹白露宫。

菲利波的生活也并不快乐。他似乎从上一年秋天就开始走霉运。他向他的朋友韦托里坦言道："我的事务从未像在这个冬季这般不顺，为了给我们的公爵夫人支付嫁妆我已经备受煎熬。"[2] 新教皇保罗三世（即亚历山德罗·法尔内塞[3]）的上任也不是什么好兆头：他于1534 年 10 月 13 日登上教皇宝座，不久便发起金融大彻查，对包括菲利波在内的各大人物提起系列诉讼。菲利波被指控操控小麦价格，给罗马人民带来饥荒。早在几个月前，他便在信中抱怨道："我已经筋疲力尽了，我决心在剩下的时光里过清贫的日子，而非富有但受尽迫害的生活。"[4] 罗马调查员的目光还瞄准了弗朗切斯科·圭契阿迪尼和菲利波的前合伙人——弗朗切斯科·德尔·内罗。

享乐主义者菲利波试图摆出一副委曲求全的样子来躲过危机。但是，倘若金钱问题是一个负担，那么最糟糕的事情——波及整个斯特罗齐家族的丑闻还在后面。1534 年初在佛罗伦萨，亚历山德罗·德·美第奇最好的朋友——品行不端的朱利亚诺·萨尔维亚蒂（Giuliano Salviati）——产生了一个邪恶的想法，他准备向美丽的路易莎·斯特罗齐（Luisa Strozzi）示爱。路易莎是菲利波的女儿，也是路易吉·卡波尼（Luigi Capponi）的妻子。某天夜里，朱利亚诺·萨尔维亚蒂在一次狂欢后从公爵宫回家，在街上被三个蒙面人迎面拦下，蒙面人在他脸上留下了伤疤，还致使他终身残疾。从调查（或怀疑）中发现，这场光荣报复的始作俑者是菲利波的两个儿子——皮耶罗和他的一个兄弟。得益于教皇克莱门特的保护敕令，他们被释放了。但如今，梵蒂冈的"只手遮天者"再也无法保护他们，有人决心清算这笔陈年旧账。几个月后，也就是 1534 年 12 月，路易莎应邀参加一场宴会，却因胃痛难忍而死。[5] 医生断定，她的死是由腐蚀性毒药造成的。但谁该对此负责呢？有人将之归罪于亚历山德罗，有人指责萨尔维亚蒂的妻子，还有人指责路易莎的兄弟因为担心公爵会强奸她，败坏家族荣誉，而实施了部落式的屠杀，这一版本实在荒谬，因为斯特罗齐家族已经离开佛罗伦萨前往罗马了。

无论如何，这位不幸的年轻女子（几乎与凯瑟琳同龄，并像她一样在 1533 年结婚）之死的责任落在了佛罗伦萨这位霸道又好色的领袖（亚历山德罗）身上。他总是在夜间随时准备出动，做出冒失鲁莽之举，比如乔装成修女混入修道院，强奸圣洁的处女。

他的准岳父查理五世当时正忙于讨伐土耳其人，这一行动得到教皇的亲口祝福[6]，教皇当然不可能赞赏这种鲁莽的行为。[7] 查理五世从获加冕之日起，便深感自己被赋予了神圣权力，恰如教会的武装力量，坚信自己正是所有基督徒翘首以盼的天选之子，将带领他们的宗教登上世界之巅（与此同时，按照相同的逻辑，他的手下正在世界的另一端屠杀美洲土著）。正因如此，查理五世用不亚于世俗的力道求助于宗教手段，庄严地挥舞着十字架登上了他的帆船，前往突尼斯，打算赶走令人生畏的巴巴罗萨这个效忠于苏丹的海盗。

然而，正如往常一样，如果不论残暴程度，基督徒之间的内斗（特别是佛罗伦萨人）在背信弃义方面肯定远超异教徒。美第奇家族的继承人之间嫌隙四起：在此期间，菲利波搬到了罗马，彼时抓获了一批刺客，菲利波坚信他们是接到了佛罗伦萨的指令前来追杀自己。[8] 那几个月里，菲利波想让他的儿子皮耶罗和罗伯托（Roberto）换一个环境，便把他们送到了罗马。莱昂内（Leone Strozzi）搬到了那不勒斯，留下了一群侍女，[9] 准备上任卡普阿修道院院长。这是克莱门特授予他的一个头衔，而这个头衔也将伴随他作为马耳他骑士，即上帝的海盗这一漫长的职业生涯。

游戏赌注提高，仇恨也随之剧增。在一种令人窒息的惊险氛围中，谁都希望能抢先灭掉对手，这种不安也不无道理。据消息灵通的红衣主教埃尔科莱·贡扎加（Ercole Gonzaga）所说，伊波利托通过菲利波·斯特罗齐向教皇进贡了五十万杜卡特，以期在对抗佛罗伦萨公爵的战斗中获得教皇的支持。[10] 据焦维奥说，夜不能寐的伊波利托希望以红衣主教的头饰去换一顶更为普通的帽子。[11] 甚至还有人说，伊波利托会像切萨雷·博尔贾（Cesare Borgia）那样抛弃红衣主教的教职还俗，迎娶法尔内塞的一个侄女为妻——他们会从此幸福地生活下去……这是一个没有幸福大结局的童话故事。

1535 年 6 月 21 日，一场暗杀亚历山德罗的拙劣企图被识破。[12]

始作俑者是马赛主教吉安·巴蒂斯塔·奇博（Gian Battista Cybo），他对公爵恨之入骨，企图将其锉骨扬灰：他计划把爆炸装置放在一个车厢里，亚历山德罗在拜访奇博家族的表嫂时经常坐在这个车厢上面，这位表嫂放荡不堪的德行人尽皆知（值得注意的是，她住在帕齐宫，帕齐家族早在六十多年前就曾企图消灭美第奇家族）。但这位主教是一个货真价实的门外汉，他在一封没有任何加密措施的信中披露了自己的谋杀计划，信件很快便被截取。主教被逮捕了，无须严刑拷打，他轻易便承认了自己笨拙的犯罪计划。显然，当公爵获悉他的意图时，他几乎不敢置信，因为自己"对他很好，就像对待自己的亲生兄弟一样"[13]［就像对他的表弟洛伦齐诺·德·美第奇（Lorenzino de' Medici）一样］。

奇博被捕的消息一传开，伊波利托就从罗马逃了出来，躲在蒂沃利附近的一个小城堡里。这次逃跑成为他亲身参与这场未遂刺杀的确凿证据。随后，菲利波·斯特罗齐和红衣主教萨尔维亚蒂被派去劝说他回去，然而大约在十天后，伊波利托才克服了畏首畏尾的情绪，决定返回罗马。与教皇一番长谈后，伊波利托决定前往西西里岛接管蒙雷阿莱大主教区。若有必要，他将从那里跟随查理五世奔赴非洲。由于他争强好斗的个性，他被比作"罗多蒙特"（意大利浪漫史诗中的重要人物），"比起宗教经文，其随身携带的防身武器要多得多"。[14]

但很快他就会亟须宗教的慰藉。当他到达坎帕尼亚的伊特里时，他看到一只老鹰，嘴里叼着一条蛇，在飞行中老鹰被蛇咬伤，重重地摔在地上：捕食者和猎物都难逃一死。这一幕作为不幸的预兆，在不久后便得以佐证。经过几天的痛苦挣扎，伊波利托于 1535 年 8 月 10 日在圣洛伦佐中毒身亡，彼时朱莉娅·贡扎加陪在他的身旁。下毒者是红衣主教的厨房主管——乔瓦尼·安德烈亚·达·博尔戈·圣塞波尔克罗（Giovanni Andrea da Borgo San Sepolcro），他在汤中投了毒。在怒不可遏的皮耶罗·斯特罗齐的严刑逼供下，他很快就承认是受亚历山德罗指使而下的毒。[15] 后来他又收回之前的供述，这便要归咎于他顽强的肉身抵抗，抑或是受金钱利益驱使而变得无所畏惧，又或是得益于强有力的政治保护。就此，这位红衣主教之死被归咎于其"糜烂"的生活方式，抑或是瘟疫引发的高烧。[16]

而另一边，凯瑟琳和菲利波·斯特罗齐 [17] 双双陷入绝望。他们心知肚明谁该对红衣主教的英年早逝负责。凯瑟琳深爱这位表兄——他曾是凯瑟琳青春时期爱慕的男人。作为一个至今还未生育的不幸新娘，凯瑟琳着实对表兄难耐思念。如今表兄被她那邪恶又可憎的同父异母的哥哥所杀害，而凯瑟琳作为家族主支唯一幸存的合法继承人，这位兄长也总是对她冷漠至极，充满敌意。

关于一对夫妻的深刻剖析

如果说在菲利波·斯特罗齐离开和教皇去世后，凯瑟琳在法国宫廷里感到孤立无援，那么随着伊波利托被害，这种孤独感则变得更为强烈。然而根据威尼斯驻法国大使马里诺·朱斯蒂尼亚尼（Marino Giustiniani）的说法，事情并没有那么糟糕：

> 奥尔良阁下大概有十六七岁的样子；尽管他仍然忧郁感伤，在他人眼中却显得很是贤明聪慧。他与凯瑟琳·德·美第奇的结合激起整个法国的不满，因为在大家看来，教皇克莱门特愚弄了最虔诚信教的国王。但凯瑟琳乖巧听话，国王、她的丈夫、法国王储和王室的兄弟都很爱她。[18]

不得民心的凯瑟琳被视为外来的篡位者，夺取了原本属于法国公主的地位。流言蜚语朝她扑面而来，而公公弗朗索瓦一世和夫家族亲的真情实意也仅能予以少许弥补，温顺乖巧是她的盔甲。当时的凯瑟琳年仅十六岁，关于这位年轻妻子可能被休弃的谣言却此起彼伏，彼时的她并没有任何外界的保护，从红衣主教萨尔维亚蒂的证词中可以看出，他的母亲卢克雷齐娅在凯瑟琳从佛罗伦萨共和党人的魔掌中逃脱之后，便一直照顾着她。红衣主教贡扎加询问他对法国国王正在考虑解除奥尔良公爵和美第奇公爵夫人的婚姻一事是否知情，"我不知道他们所说的什么疾病让她变得疯狂"。萨尔维亚蒂回答道：

显而易见，因为公爵夫人生来就患有法国病（梅毒），她采取过许多治疗方案，都未能痊愈。当她陪伴丈夫前往马赛时，他们费了很大力气才治好了她肚子上的一个脓疮。或许就是在那时国王发现了她的隐疾，也正是由此，出于所谓尊重而非疯狂的揣测，国王脑海中开始冒出解除婚约的念头。[19]

　　没有任何资料提及所谓的凯瑟琳梅毒，梅毒可以通过基因传播，但这种情况会导致早逝。除却萨尔维亚蒂的推论，公爵夫人并未受到影响（她活到了七十岁高龄）。然而，在高级教士之间的私密流言不仅向我们揭示了佛罗伦萨红衣主教的玩世不恭，还透露了在1533年婚礼谈判尚在进行之时，美第奇家族正在考虑出售一件有瑕疵的货物。虽然私处的"疮"肯定只是一个意外，但这个秘密还是被小心翼翼地怀揣起来，克莱门特七世在凯瑟琳破处仪式后的那个早晨一定倍感轻松。幸运的是，法国人对此并不是十分敏感……

　　那个无爱且毫无隐私可言的新婚之夜只是凯瑟琳长期不幸婚姻的开始罢了，尤其是在婚姻早期。这位年轻新娘所谓的不育症，引发了持续十年之久排山倒海式的诽谤和龌龊揣测，但这并非她个人之错。亨利患有"阴茎硬结症"（一种涉及阴茎纤维斑块生长的结缔组织病），这种疾病后来被称为佩罗尼病（La Peyronie's disease），以路易十五的外科医生之名命名，他在18世纪首次对这种疾病加以描述。但早在 1550 年，也就是在凯瑟琳已经孕育几个子女后（对亨利的阴茎进行治疗后），弗拉芒解剖学家安德烈亚·维萨利奥（Andrea Vesalio）便已记载过该疾病。简而言之，随着凯瑟琳多次怀孕，暴风雨之后便迎来了平静的日子。或许正如宫廷侍女和法国骑士的颂扬者——健谈的布朗托姆（Brantôme）所言，这就是凯瑟琳用带有彩虹标志的格言——"Lucem fert, et serenitatem"（"带来光和宁静"）作为座右铭的原因。[20]

看一眼那不勒斯，死亦足矣

查理五世在突尼斯大获全胜之后，缓慢向意大利行进。愤世嫉俗的（也许是厌女癖）红衣主教萨尔维亚蒂即将前往那不勒斯与他会面，并支持在外流亡者反对亚历山德罗公爵。国际形势处于动荡之中。

1535 年 10 月，米兰最后一位公爵弗朗切斯科二世·斯福尔扎（Francesco II Sforza）之死重新吊起了法国国王的胃口。国王的军事生涯始于二十年前的马里尼亚诺大捷，之后在 1525 年，随着帕维亚战役的失败而灰头土脸地止步。重新夺回富裕的伦巴第城是他的执念。

在与凯瑟琳交谈之时，国王希望她能说意大利语，以此幻想着自己凯旋，越过阿尔卑斯山，来到肥沃的波河平原，再穿越亚平宁山脉，直奔佛罗伦萨，而后，也许还会抵达那不勒斯和西西里岛……

但所有这些让他梦寐以求的领土都掌握在他的宿敌查理五世手中，查理五世假意提出外交解决方案，以此让步，但实际上却无意给他一寸土地。

在佛罗伦萨，亚历山德罗·德·美第奇假意哀悼伊波利托之死，仿佛这比克莱门特去世还要令他"更痛苦"[21]，随后他便让当时最擅操纵政治的人——彼得罗·阿雷蒂诺入主斯特罗齐宫。被公爵没收的斯特罗齐宫或许算得上是整座城市最宏伟的宫殿。[22]此举假意慷慨，公爵意在与其建立联盟关系，以此羞辱敌人。事实上，菲利波的生意进展得极其不顺：巨额财产在他眼皮子底下化为乌有。弗朗索瓦一世敦促他支付"他的女儿"凯瑟琳的嫁妆，在她结婚两年后，仍有两万九千斯库多尚未支付。[23]1535 年 11 月，法国国王的耐心似乎已经消磨殆尽。当时在罗马的菲利波收到一个噩耗——因未支付嫁妆，他在里昂的代理人被捕。这位银行家再次争取了一些时间：他辩称自己还未收到克莱门特给他作为抵押的珠宝的评估结果。[24]他依稀记得他归还了教皇胸前佩戴的美丽的钻石，以此作为教廷欠他八万杜卡特的抵押。[25]

倘若菲利波在意大利的地位有所动摇，但在欧洲其他地区，他的财务信誉依然一如往昔。在罗马的作家拉伯雷得知公爵打算扣押菲利波的财产后，还想为其求情："这些财产并非小数目，继德国的福格家族后，他便是基督教世界最富有的商人。"[26]可菲利波担心的却不仅仅是财产被没收，他为自己的生命安全感到忧虑。在亚历山德罗企图置他于死地后，他从教皇那里获得了持枪活动的许可，并由一队全副武装的士兵保护。

那不勒斯正准备迎接查理五世。佛罗伦萨人在红衣主教萨尔维亚蒂和西尔韦斯特罗·阿尔多布兰迪尼的带领下也在翘首以盼。西尔维斯特·阿尔多布兰迪尼于 1535 年 12 月以流亡犯之名（公爵的敌人）来到那不勒斯城。他曾在佛罗伦萨沦陷的最后悲惨时刻、在凯瑟琳险些被丢入妓院之时，将其解放出来，自己却惨遭驱逐，流亡在外，但他并没有因此而灰心丧气。因此，这个讲究实际又聪明睿智的男人为斯特罗齐家族和流亡在外者服务也就不足为奇了。然而，他不得不在银行家的现实主义、红衣主教的愤世嫉俗和死忠者的理想主义之间随机应变。他向后者保证，面对查理五世的要求，菲利波和萨尔维亚蒂"寸步不让"，[27] 却暗中以佛罗伦萨的自由为交换条件。

极端分子幻想从查理五世那里获得神力，以此对抗对亚历山德罗。亚历山德罗则毫不犹豫地使用大量公共资金来获取联盟，比如，一位帝国权臣曾加入反对美第奇家族的派别，亚历山德罗将一把金剑作为礼物赠予他。在那不勒斯，情况因此突然发生变化。[28]

1535 年的圣诞节，菲利波在那不勒斯与红衣主教萨尔维亚蒂会合，尽管谈判遭到了法国大使的持续抵制，他仍然决定请求查理五世的支持。这些流亡者受到查理五世的接见，他们谴责了亚历山德罗公爵的诸多罪状，并要求为了国家利益将其驱赶下台，他们甚至向查理五世提出以五十万杜卡特作为赠礼的天文数字。但查理五世却充耳不闻，他对礼物毫无兴趣：他坚决打算把他的女儿玛格丽特嫁出去，她跟这位浪荡狂徒但易于操纵的公爵已经订下婚约多年。

事情到了这个份上，流亡者们别无选择，只能和他们的宿敌——法国国王站在一边。1536 年 4 月，在罗马发生了一起外交事故。当时查理五世发表了一篇为人不齿的演讲，指责弗朗索瓦一世与土耳其人沆瀣一气，绝非教皇的朋友。[29] 曾在 1527 年亲自护送年幼的凯瑟琳到穆拉特修道院的法国大使——克劳德·多迪厄·德·韦利对此表示强烈不满，但也无济于事。令人好奇的是，在维护乌尔比诺公爵女儿的荣誉和性命上发挥关键作用的人物，是如何在仅仅几年后便再次活跃于历史的舞台上。

然而查理五世对菲利波的钳制却逐渐收紧。彼时，利益之争已经搬上台面，查理五世也开始逐步下令没收菲利波在那不勒斯王国的信贷，这无疑是雪上加霜，将其彻底逼上绝路。[30] 在这座斯特罗齐家族积累了巨额财富的城市里，被经济上的窘迫逼上绝路，这是令菲利波难以容忍的羞辱。他怒气冲冲地以尊严之名向帝国的最高议员提出抗议。[31] 但他想不到的是，一次平凡无奇的事故即将重塑欧洲王朝的秩序，他和教皇克莱门特冒着几乎破产的风险与法国王室结成亲家，而这一近乎疯狂的赌注将带来不可思议的结果。

凯瑟琳的人生总是悬于一线，而彼时正悬于每个赌徒的博彩边缘。

王储溺于杯水，公爵沉入血泊

法国与帝国之间的关系已经达到了前所未有的紧张程度，而此时发生的一起关键事件将永远改写凯瑟琳的命运。

十八岁的王储弗朗索瓦三世（Francesco di Valois）自幼多病，肤色苍白。1533 年，在他的弟弟与凯瑟琳结婚之前，他便在病榻上躺了好几个礼拜。正如他的父亲和兄弟们一样，他不太喜欢看书，而是更青睐于体育活动。在 8 月的一个酷暑天，与他的侍从塞巴斯蒂亚诺·蒙特库科利（Sebastiano Montecuccoli）伯爵打完一局老式网球后，他大汗淋漓，气喘吁吁，吞下一杯冰水后就突然病倒了。王储于 1536 年 8 月 10 日去世（正好是伊波利托去世一年后），国王无法相信这仅是个意外。倘若是冰水里遭人下毒了呢？

最可信的推测是王储死于胸膜炎——他在年轻时曾被查理五世当作人质，被关押在卫生条件堪忧的西班牙城堡中。查理五世不可避免地对那场意外死亡负有间接的责任。可怜的蒙特库科利则沦为无力愤怒的替罪羊：他惨遭蹂躏折磨，一直到他承认受帝国安东尼奥·达·莱瓦（Antonio da Leyva）和费兰特·贡扎加（Ferrante Gonzaga）的指使杀死了皇储，最后被活生生地四马分尸，而他的尸身则沦为野狗的盘中餐。然而关于这次谋杀是由新王储夫人策划的谣言也在纷传。据说蒙特库科利——一名出身卑微的艾米利亚贵族，其实是跟随凯瑟琳一行人来到法国的，但这个谣言极有可能是人为捏造的，为的是将王储之死与在宫廷中的凯瑟琳的利益相纠缠，从而将谋杀与意大利人联系起来。长子逝世令弗朗索瓦一世深感悲痛，凯瑟琳哭着跪在他的面前，乞求国王的怜悯，还说自己已经准备好回修道院，但国王根本不相信此事与儿媳有关。

很快，另一个不起眼的家族成员将获得载入史册的荣誉（抑或是耻辱，是非褒贬取决于看待的角度），他会做出比所谓通过中间人投毒更关键和更令人记忆深刻的行为。

提到洛伦佐·德·美第奇，人们通常会想到"豪华者"或是他的孙子、即凯瑟琳的父亲——也就是马基雅维利的《君主论》的受献者。但在此书中指的是臭名昭著的洛伦齐诺（Lorenzino）或是罗朗萨丘（Lorenzaccio）*。洛伦齐诺个性怪异、不好接触，隶属于家族的次要分支，是玛丽亚·索代里尼（Maria Soderini，美第奇家族的其他敌人）的儿子。

1534年春的一个夜晚，作为克莱门特七世的客人，他游手好闲，四处乱逛，将君士坦丁拱门的浮雕和圣保罗大教堂的雕像砍下。教皇下令无须审判便将罪犯绞死，但由于红衣主教伊波利托代为说情，他得以保命。这个亡命之徒仅被判处永久流放，还缺席了判决。他无比厚颜无耻，辩称自己是想让家族的古董收藏更为丰富。阅读他的喜剧《阿利德西奥》（*Aridosio*）的亵渎式序言，则不难体会到他的这种真诚，"很多情况下，旧的东西都比新的要好，比如钱币，古

---

* 剧作家阿尔弗雷德·德·缪塞（Alfred de Musset）称他为罗朗萨丘，又称"坏蛋洛伦佐"，还为他写了一部篇幅宏大的戏剧。——译者注

剑、雕塑和母鸡"。这是他为了戏谑而开的恶意玩笑，但有一个奇怪之处值得注意，即阿利德西奥的女儿卡桑德拉（Cassandra）是一个没有嫁妆的新娘，即使"她称得上女王"，她贪婪的父亲还是将其"赤裸裸"地抛下。[32]

实际上，对洛伦齐诺变相取笑凯瑟琳的怀疑不无道理。洛伦齐诺盛气凌人的态度和离经叛道的行为与亚历山德罗·德·美第奇着实相像。后者除了总是制造麻烦，还对他身处法国的同父异母的妹妹深恶痛绝。本韦努托·切利尼也见证了这两个"恶魔"之间的惺惺相惜，他受到委托，要制作一枚带有公爵肖像的奖章。奖章背面需要刻上一句座右铭，这项工作则交由洛伦齐诺完成，他神秘地承诺将以实际行动而非要嘴皮子来完成。

两人之间的友谊让弗朗切斯科·韦托里心生忧虑：快到年底时，有人看到公爵背着他的堂弟在圣特里尼塔桥上骑马，多疑的韦托里指责亚历山德罗在公共场所的不雅和轻率举动，但他绝对难以想象其私下做出的更多荒唐事。

亚历山德罗在深夜对另一个凯瑟琳暗生情欲（在白天，他假意对其青春年少的新娘——奥地利的玛格丽特有着浓厚的感情）。索代里尼——洛伦齐诺的姨妈是一个美貌与智慧并存的女人，公爵对她渴望已久。1537年1月初，亚历山德罗的这位堂弟提出让其来家里与她过夜的诱人邀请。公爵卸下所有防备，在没有护卫的情况下来到堂弟家中，这位堂弟还让他住在自己的卧室。他以不要吓到女士为由，让亚历山德罗卸下盔甲和利剑，将其丢在床底。然后洛伦齐诺便离开房间，任其在房中兴奋地等待那期盼已久的礼物。

随后，洛伦齐诺唤来了他的侍从斯科隆科洛（Scoronconcolo）——一个秉性暴躁之人，洛伦齐诺曾以让其从监狱获释为条件，将其招入麾下。我们不知道这位杀人犯帮凶是否直到最后一刻才意识到受害者是谁，但可以确定的是，他在履行职责之时毫不犹豫。他们悄无声息地溜入公爵的房间，公爵裹着一件芳香四溢的衬衫，陷入疲软的昏睡中，洛伦齐诺带着压抑已久的怒火刺向他。一场疯狂的恶战随之展开，公爵痛苦地醒来，在拳打脚踢间挣扎。袭击者将手塞进公爵嘴巴，以阻止他大声叫嚷。公爵咬住袭击者的拇指，几乎将其咬断。最后，斯科隆科洛将一把小刀插进公爵的喉咙，像宰鸡一样将其剖开，结束了这场战斗。他们在公爵仍带喘息的身体上继续施以暴行。鲜血淹没了地板，变成一摊墨色的水坑。

虽然洛伦齐诺手部负伤，但他仍十分冷静。他拉下床帘——就像一场悲剧的帷幕一样，又锁上了房间。他以探望生病的兄弟为由，在黎明到来之前离开了佛罗伦萨，一直到博洛尼亚才停下脚步，在那里悉心护理他受伤的拇指，然后继续这场疯狂之旅。到了威尼斯，他马上去找菲利波。洛伦齐诺坚称自己是为了解放佛罗伦萨和共和国才犯下谋杀罪。菲利波感到难以置信，他花了很长时间消化，让洛伦齐诺一遍又一遍地讲述事情经过。最后他才确信，那把洛伦齐诺递来的钥匙下，封存着亚历山德罗的尸体。菲利波拥抱了这位狂徒，为他改名托斯卡纳的布鲁托，还答应让他的儿子皮耶罗和罗伯托与洛伦齐诺的两个姐妹劳多米亚（Laudomia）和玛达莱娜（Maddalena）成婚。之后，菲利波便将其送到了米兰多拉，那里正在招募步兵，准备集结人马对抗佛罗伦萨。[33]

不成气候

直到当天傍晚，佛罗伦萨城的居民才发现了公爵已毫无生命体征的尸体。起初，并没有人起疑心，毕竟公爵从不早起。长时间的悄寂无声引起两名守卫的怀疑，他们强行破开洛伦齐诺房间的门锁，发现了犯罪现场。红衣主教因诺琴佐·奇博（红衣主教奇博的兄弟，曾试图炸死亚历山德罗，但他始终是美第奇家族的忠实拥护者）极其谨慎地处理了这场危机。为避免坏消息在阿诺河畔迅速蔓延，他立即召回雇佣兵队长亚历山德罗·维泰利（Alessandro Vitelli）——正是他的缺席让洛伦齐诺加速采取行动。当公爵之死被公之于众，雇佣军民兵早已开始在广场和街道上巡逻，没有人敢在公共场合对暴君之死表达喜悦。如今，除了凯瑟琳，美第奇家族的主要命脉已经尽数折损，就像"影子一样消失得无影无踪"[34]，亟须找到出路。愤世嫉俗又言辞辛辣的焦维奥对此评论："公爵不是为自己的错误买单，而是替克莱门特承担了他的罪过。就这样美第奇家族的喜剧正式以悲剧形式落下帷幕。"[35]

以圭契阿迪尼兄弟和弗朗切斯科·韦托里为首的佛罗伦萨老卫

队是真正的马基雅维利主义者，在几次政权更迭中，他们都毫发无损地幸存下来（分别是 1512 年、1519 年、1527 年和 1530 年）。很快他们便宣布十七岁的科西莫·德·美第奇为代理公爵，他没有正式头衔，因为头衔只能由皇帝授予。科西莫是雇佣兵队长乔瓦尼·德莱·班德·内雷的遗孤，他与洛伦齐诺是同一个血脉分支的后代。在此之前，他常年韬光养晦，以免引起他的堂兄亚历山德罗的愤怒或嫉妒。得益于其父辈关系，科西莫·德·美第奇被选为王朝的傀儡领头人物，但随着时间推移，他将展示出他的才干，即便这并非一头狮子，也定是一只小狐狸。

他的拥护者希望佛罗伦萨的政府更迭能够平息流亡者的好战情绪，然而局势发展似乎并非如此。1537 年 1 月 15 日，胆怯不安的韦托里写信给菲利波：他不相信这是他的所作所为。

> 您和以前简直天差地别，我一直觉得您算是我认识的人当中最爱这一方热土的人，如今您却要当流放者的头目，他们来到博洛尼亚，将您的钱挥霍一空，再进入佛罗伦萨，进行一番烧抢掠夺；最后还将无辜的佛罗伦萨人囚禁起来，将他们屠杀，亏得这些人还曾对您和您的孩子所遭受的恶劣待遇感到悲痛。[36]

韦托里知晓亚历山德罗公爵是菲利波的劲敌，但他不能接受他以往的同伴利用自己的资源来围剿自己的祖国。没过多久，他便收到了菲利波的回信。他惊讶地否认曾"动用人力物力去掠夺、抢劫、杀戮和焚烧无辜之人"，"我一向都用自己的生命来保护他们，绝不会欺压人民。……如果在你看来，我对我的国家忠心耿耿，那你现在更不应该质疑我的忠诚"。他讽刺般地补充道，他不知道以弗朗切斯科·圭契阿迪尼和韦托里等人为代表的精英阶层是否"能成气候"，最后还说，"就个人利益而言，当选领头人我觉得满意至极"。[37]

各国对公爵被杀一事迅速做出反应。查理五世对女婿的死大为恼火，他担心弗朗索瓦一世会趁机向凯瑟琳索要所谓的权利[38]。在法国，这个意外的消息激起了人们极大的期待。菲利波的一个亲戚——诗人吉安·巴蒂斯塔·斯特罗齐（Gian Battista Strozzi）从巴黎给他写信说，他一听闻这起谋杀案，就迅速赶到蒙莫朗西那里，敦促其支持流亡者，蒙莫朗西随即捐赠了两万五千杜卡特。[39] 这并非一笔巨款，但总好过无数空话。当天夜里，吉安·巴蒂斯塔向国王说明了局势的紧迫性，以及凯瑟琳向佛罗伦萨提出的不切实际的要求。甚至有人想"把蟋蟀放进陛下的脑袋里，以此来讨好王储夫人"。无论如何，佛罗伦萨的流亡者迅速遭到了镇压。[40]

美第奇谋杀案在欧洲宫廷影响深远，除了留下鲜明的政治形象，还塑造出一个悲剧的原型，成为小说《七日谈》（Heptaméron）的主题之一。《七日谈》是一部女性主义的《十日谈》（Decameron），由纳瓦拉王后——弗朗索瓦一世的姐姐玛格丽特（Margherita di

Valois）创作，作品灵感源于同佛罗伦萨凯瑟琳的交谈。为了让堂弟的行凶显得更为高尚，这位才华横溢的女性作家在其用词辛辣的小说中，虚构洛伦齐诺并非为了维护姨妈的声誉杀人，而是为了维护他的姐姐劳多米亚的声誉，她在后来嫁给了皮耶罗·斯特罗齐。

恶狼变绵羊

　　1537 年 1 月底，作为新公爵的叔叔，红衣主教萨尔维亚蒂带着一小队人马来到佛罗伦萨城门口，但在入城时他还是卸下戎装，挥舞着橄榄枝。尽管受到年轻的科西莫的热情接待，萨尔维亚蒂还是面临在大街上被处以私刑的风险。佛罗伦萨人的反应和红衣主教的不得人心令菲利波大动肝火，为了安抚那些对自由政府感到畏惧的城民，他发布通告称："只要不是简单粗暴的苛政，不管是哪种形式的政府，我们都会感到满意。他们已有所约束，并且希望除了把名字从亚历山德罗改为科西莫之外，一切照旧。"菲利波心情抑郁，在他看来"正如奥古斯都成功取代恺撒，我们的布鲁托捞不到一分好处"。[41] 恺撒在弑君后施以暴政，之后迎来奥古斯都的和平（尽管是在一场血腥的内战之后）。虽然将这两件事相提并论尚且过早，但两者并非毫无关系。

　　从上任那一刻起，年轻的科西莫便展示出其聪明和狡猾。或许是为了赢得信任，科西莫称呼红衣主萨尔维亚蒂为"慈祥的叔叔"，他想弄明白为何在公国的拥护者和流亡者当中，菲利波双双落得骂名。萨尔维亚蒂解释称，菲利波已失信于后者——尤其是 1530 年的流亡者。因为在他们眼中，菲利波行事冷酷无情，而且他还要找洛伦齐诺（他们的英雄）算账，导致其被送到君士坦丁堡，交由苏莱曼处置，这件事让所有人大吃一惊。然而，有许多人在窃窃私语——也有人公开坦诚说菲利波这样行事是为了摆脱那个麻烦的家伙和他作为暴君获得的权力，这样他就不必对任何事情负责，可以随心所欲地行事。[42]

法国驻威尼斯的大使们是意大利王室的眼中钉，他们讽刺佛罗伦萨人的优柔寡断，认为佛罗伦萨人"沉迷于枷锁，将其视若珍宝，还把任何一个想要将其夺走的人视为死敌"。红衣主教萨尔维亚蒂的地位尚且不稳，他们在给菲利波的信中说，红衣主教甚至无法从佛罗伦萨寄信——"一个前来给予他人自由之人，自己享受的自由却少之又少，甚至找不到信使传信"，这真是奇怪。如果流亡者行动敏捷的话，夺取政权将会非常容易。"但上帝或许并不希望像趁热打铁一样，让他们如此轻而易举就夺取政权，而是希望他们在荣誉加身前历经千辛万苦。"[43]

几天后，这些大使秘密写信给法国国王驻罗马的代表。红衣主教萨尔维亚蒂失败后，他的姐妹玛丽亚——也就是科西莫的母亲找到菲利波，谈及菲利波与她丈夫乔瓦尼·德尔·班德·内雷之间的老交情，以此保证其安全，她还邀请菲利波前往佛罗伦萨，因为他难以再做出让他们母子二人"更满意，又或是对城市更有益的事情了"。[44]

　　然而，萨尔维亚蒂温和的态度却与斯特罗齐家族驻罗马的代理人本韦努托·奥利维耶里（Benvenuto Olivieri）的语气形成鲜明对比。本韦努托·奥利维耶里向菲利波表达了他对佛罗伦萨当政者的极度不信任。事实上，除了担心流亡者被"瓦伦蒂诺式残暴的狂徒"[45]绞死外（就像1502年切萨雷·博尔贾在塞尼加利亚对他的首领所做的那样），谁又能保证"科西莫不会变成一只狼崽呢"？这一点也令他担忧。此后过了三十五年，但直到1532年，马基雅维利关于瓦伦蒂诺大屠杀*的记载才与《君主论》一同面世，呈献给菲利波。

　　与此同时，一场关于美第奇家族遗产的激烈争论徐徐展开，这一争论将持续数十年。凯瑟琳可以要回在佛罗伦萨的权利吗？奥利维耶里对此深信不疑，他把克莱门特七世和凯瑟琳祖母阿方西娜·奥尔西尼的遗嘱副本寄给了菲利波，以便找到有利于乌尔比诺公爵女儿（他仍然这样称呼她）的合法证据，并加强与佛罗伦萨家族的联系——她将为美第奇家族带来估价二十万斯库多的财产。[46]其他人也在觊觎家族遗产，尤其是在佛罗伦萨：亚历山大公爵去世后，趁着权力暂时落空，保罗三世立即提议让他的侄子奥塔维奥·法尔内塞（Ottavio Farnese）迎娶年轻的寡妇——奥地利的玛格丽特，借此阻止她与科西莫·德·美第奇成婚。教皇敏锐地观察到，倘若公爵夫

* 此处指1502年12月31日至1503年1月18日瓦伦蒂诺公爵（切萨雷·博尔贾）对维泰洛佐·维泰利、格拉维纳公爵弗朗切斯科·奥尔西尼、保罗·奥尔西尼和奥利韦罗托·达·费尔莫等人展开的大屠杀。——编者注

人与新公爵结婚，查理五世就能彻底占据佛罗伦萨，而由于"佛罗伦萨是意大利的中心，此举将对其公共事务大有裨益"。[47]

菲利波·斯特罗齐则只暴露了其"财大气粗的德行"：一位佛罗伦萨贵族嘲笑他说，凭借他的"乡土屁股"是做不到这一点的。菲利波这个银行家当然知道如何算计，但他的算法没有任何策略可言。在一份冗长的备忘录中，分列出八个要点，说明他已然将马基雅维利所说的"金钱是战争的关键"抛之脑后。[48]他还缜密地建议萨尔维雅蒂拥护其侄子科西莫的事业，试图帮助他夺取被西班牙人占领的佛罗伦萨要塞。他们最终会说服年轻的公爵给国家以自由，"还城市一个祥和安宁的状态，正如我们为逝世的公爵在那不勒斯营造的宁静和平的氛围一样。倘若公爵能够多一分谨慎或是仁慈，他如今也许还活着"。[49]菲利波未考虑实际情况便匆匆盘算：红衣主教奇博和雇佣兵队长维泰利掌控了一切，而科西莫肯定也不是能够被轻易操纵之人。菲利波的举措就像空中楼阁，也只有习惯于用银行卡建造城堡的"富有想象力的君主"才能想出这样的办法。更重要的是他还哭穷，抱怨如果对抗帝国军队取得胜利的话，法国国王将在不费一兵一将的情况下从中谋利。在菲利波摇摆不定之时，他的犹豫不决导致他与年轻冲动的长子发生了冲突。

皮耶罗·斯特罗齐并不适合玩弄这些金融诡计。去年夏天，在法国宫廷，凯瑟琳又见到了这位大表哥。他留着红色的胡须，目光炯炯有神。这位精力充沛又充满男子气概的表哥一定让她想起了与她同庚的表兄伊波利托。也许是出于本能的同情，弗朗索瓦一世让这个二十六岁的年轻人率领一千名士兵，很快还赐予他封赏。皮耶罗·斯特罗齐在皮埃蒙特证明了自己的英勇好战和军事才能，法国国王也在皮埃蒙特多次赢得战役，将一块曾长期处于高卢统治下的领土收入囊中。

正如常在家中上演的剧情那样，若父亲与儿子都生来好强，则注定会产生矛盾。佛罗伦萨历史学家贝内代托·瓦尔基当时效忠于斯特罗齐家族，他亲眼看见了一场影响深远的激烈的家庭内战。菲利波在博洛尼亚的时候，每天都会有新的疑虑，不知道从哪里能弄到钱，没有钱寸步难行。此时，他的儿子皮耶罗带着一支由一百多名老兵组成的队伍从皮埃蒙特回来，其中大部分都是佛罗伦萨人，而且几乎都是流亡者。这位年轻人对帝国游戏毫无兴趣，而事实上他野心勃勃，"早已通过自己的行动获得了极大青睐"，还希望"通过表妹凯瑟琳维持国王弗朗索瓦一世与王储的恩宠"。然而，几天过去，有传言称这个年轻人已经接替了他父亲的位置。当着红衣主教萨尔维亚蒂和法国大使的面，皮耶罗毫不顾忌地称呼父亲为"皮波"（Pippo），言辞中混杂着诸多不入耳的脏话，其中有一句是，他不敢称自己为菲利波的儿子，因为他不可能是这样一个卑鄙贪婪之人的种。倘若红衣主教和法国大使不加以干预，他还会继续说下去……

菲利波对他那顽固的儿子也十分不屑，他怒气冲冲地回到了博洛尼亚。饱受折磨的父亲无法容忍这种报复行为，他愤怒至极，又返回去找他，好不容易才求得同意和他说话，为自己辩解。[50] 就这样，菲利波发觉自己被迫违背意愿，用金钱和自己的人身安全去冒险（也就是亲自上战场）。尽管他生性"耽于享乐"，"比起刀剑相加，更青睐平静的生活，但他拥有一个高贵的灵魂，这促使其投身于慷慨伟业"。[51] 必须说明的一点是，法国不过开了一张空头支票，这项事业的财政负担完全落在了这位意大利银行家的肩上。

军事准备工作相当薄弱仓促。1537 年夏天，他们暗中组织谋划，却高估了人民的内部共识。正如一位流亡学者所说，他们深以为"佛罗伦萨就像一个成熟的即将落下的梨"。似乎已经到了摘取果实的时候，可果子的味道却酸涩无比。

本应为战争做准备的菲利波还在费拉拉和他的妓女——阿拉贡的图利娅（也是女诗人和宫廷侍女）待在一起，"给自己找乐子，把佛罗伦萨的事情抛在一边"。[52] 伊壁鸠鲁式的生活已经日暮途穷，菲利波享受着最后的淫乐自由。不同于不断在床上遭受羞辱的凯瑟琳，对菲利波来说，风流韵事才是他最热爱的战场，他在其中硕果累累。

飞逝的瞬间与光速的逃离

1537 年 7 月底，另一位被流放的红衣主教尼科洛·里多尔菲（Niccolò Ridolfi）写信给萨尔维亚蒂道："我一直幻想，我们能够通过什么途径将佛罗伦萨从苦役中解放出来。我认为，没有什么时候比此刻更为合适。"[53] 然而，恰当的时机，即转瞬即逝的机会，并不在他们这边；就连雨神朱庇特（Giove pluvio）也未同他们站在一起。菲利波·斯特罗齐的朋友雅各布·纳尔迪（Jacopo Nardi）说，他已向托斯卡纳进军。

> 如果不是一场惊人的暴雨阻碍，致使只有部分人能在米兰多拉一同前往博洛尼亚，我们或许可以期待将在这项伟业中呈现的针锋相对、威猛力量以及繁荣昌盛。[54]

在纳尔迪的眼中，年轻的皮耶罗看起来就像是又一个亚历山大大帝。这种夸张的比喻揭示了这位领导人的秉性，但也对他的易于冲动和屡次运用"计谋"暗含批评。"好运往往伴随着美德"[55]，但并非总是如此。皮耶罗鲁莽的性格对局势发展造成了致命影响。

当皮耶罗率领着几个零散步兵在托斯卡纳的乡村里乱窜时，流亡者的头目则脱离部队，在巴乔·瓦洛里（Baccio Valori）位于蒙特穆尔洛附近的一处未设防的别墅住下。这幢别墅矗立于乡野之间，方圆数里一眼便能看到，其宏伟程度不亚于斯特罗齐宫。轻率冒失的叛贼绝不会选择一个更为糟糕的地方来度过他们最后的自由时光。美第奇家族的间谍及时通知了部队将领，他们率领浩浩荡荡的军队发起了夜袭。

巴蒂斯塔·佛朗哥（Battista Franco）等自鸣得意的艺术家绘制了无数寓言，以此庆祝传闻中 8 月 1 日蒙特穆尔洛获得的史诗般的胜利。而实际上，这不过是一次小规模冲突，一边是由五千名训练有素的雇佣兵组成的军队，另一边是仅有五十名装备简陋的年迈流亡者。在纳尔迪的悲怆追忆中，他深知错误的严重性，"菲利波·斯特罗齐一边宽慰一边祈祷，时而承诺，时而责骂，以此鼓舞大家的士气"。最后再没有任何退路，流亡者只能缴械投降。菲利波落到了狡诈的亚历山德罗·维泰利手中，后者"安慰他并保证将像爱护自己一样爱护菲利波的性命"。[56]

圭多·兰戈尼（Guido Rangoni）伯爵是一名经验丰富的军官，效忠于威尼斯共和国。本应提供援助的他却默默留在穆拉诺岛 *，对菲利波耻笑道："他状况很好，毕竟身为一名商人，他还想当雇佣兵队长呢！"[57]

流亡者遭到那些从暴政下解放的人的公开耻笑，这是极大的羞辱。1530 年，巴乔·瓦洛里代表克莱门特七世，英勇地领导了对佛罗伦萨的围攻战役。如今的他却无法走上绞刑架，并非他在死亡面前感到懦弱，而是他的双脚都被烤焦了。刽子手把他拖到绞刑架上，一把抓住他帅气的胡须——塞巴斯蒂亚诺·德尔·皮翁博将这绝妙的一幕绘制下来。为了调查他们是否与教皇串通一气，巴乔的儿子和另外三人先是被严刑拷打，然后一并被斩首。[58]

查理五世的手已经伸到沦为囚徒的菲利波身上，他要求调查菲利波在亚历山德罗谋杀案中的同谋罪行。[59]与此同时，帝国代理人暗

---

* 穆拉诺岛为意大利威尼斯的岛屿。——译者注

示道，对叛乱者和"作乱之人"的惩罚已经加快进程，以便"为陛下分忧解劳，这样陛下就不必亲自参与到流血报复事件中来。菲利波·斯特罗齐交由陛下定夺，倘若这个人被绳之以法，也会遭受同样的惩罚"。[60]

美第奇家族的雇佣兵四处搜寻皮耶罗，但只找到了他的坐骑。他已经骑着另一匹马消失不见了。这是第一次，也是令凯瑟琳倍感欣慰的一次，皮耶罗成功地逃脱死敌的魔掌，而他与科西莫之间致命的追赶游戏还将再上演二十年。心灰意冷的皮耶罗踏上了前往东方的旅途，这是一场漫无目的旅行，他在那里并没能遇到苏丹，仅仅碰上了海盗巴巴罗萨——一个将来与他暧昧不清的盟友。[61]

荒谬的是，流亡者的战败也意味着对选举新首领持乐观态度者的失败：韦托里和圭契阿迪尼兄弟发觉自己被排除在渴望已久的权力圈之外。历史学家弗朗切斯科·圭契阿迪尼被愤怒蒙蔽了双眼，满眼"皆是黑暗"。[62]而马基雅维利的朋友韦托里没有勇气面对外面的世界，最终抑郁而终。

一曲悲伤的尾声献给那些自认为比他人更高明之人。

第二部分

———◆———

红与黑

第四章

荣 誉

（1538—1543）

让世间与世人得以知晓，坏运气对人类的影响有多大！

——切利尼，《切利尼自传》（I, 101）

斯特罗齐的鲜血

凯瑟琳的叔叔沦为凯瑟琳表弟的阶下囚，被关押进其曾亲自资助修建的达巴索堡。他当时全然忘却马基雅维利在《君主论》某一章节中关于堡垒的无用和危害的警戒。而且那本献给凯瑟琳父亲的书，还是由菲利波亲自组织发行的。事情正一步一步得到印证。

王储夫人很担心菲利波的性命安危，她能成为未来的王后，或多或少也该归功于他。另一方面，法国人更关心的是，菲利波运用其仍不可小觑的财力为他们的劲敌服务。在他被俘次日，驻罗马大使立即向他在威尼斯的老同事表达了自己的顾虑，[1]红衣主教图尔农

（Tournon）也表达了这种忧虑，他担心查理五世会接受一笔无须偿还的巨额贷款，以此换取菲利波的人头。[2] 但查理五世对女婿亚历山德罗·德·美第奇之死的报复是冷酷无情的。

菲利波写下了自己的监狱笔记。如果说十年前，在那不勒斯安茹城堡的牢房里，他阅读的是李维和亚里士多德的作品，那么现在他正试图翻译普鲁塔克（Plutarco）和波里比乌斯（Polibio）的作品，以彰显自己某种非凡的品格。他从不算是一个叛逆的知识分子，但在别无他路之时，他准备好成为共和国的英雄。

一番犹豫后，贝尔纳多·塔索（Bernardo Tasso）被派往西班牙宫廷，他肩负着让菲利波重获自由的艰巨任务。贝尔纳多是诗人托尔夸托·塔索（Torquato Tasso）的父亲，他和儿子一样，有着丰富的想象力和卓越的口才，可惜缺乏见识——这无益于他的谈判。[3] 由于查理五世近期在普罗旺斯战役中失利，时机并不恰当。在马赛，意大利帝国军队被击退并被迫撤军后，查理五世那著名的座右铭 "PLUS ULTRA"（"通往更远方"）被胜利者嘲讽地改为 "NON PLUS ULTRA RHODANUS"（"越不过罗纳河"）。讽刺的是，正是菲利波·斯特罗齐亲自建议国王阻止帝国军队渡河。[4] 简而言之，帕斯魁诺将座右铭逆转成了 "PLUS RETRO"（"向后退"）。

科西莫在皇帝身边的手下没有退缩，也没有坐视不管。宫廷人士乔瓦尼·班迪尼（Giovanni Bandini）"对我们的演说家阿韦拉多·塞里斯特里（Averardo Serristori）表示热烈欢迎"，这令玛丽亚·萨尔维亚蒂非常满意，她希望"这消息能给我们和朋友们都带来喜闻乐见的结局，希望上天能对我们的敌人施加报复，让他们罪有应得"。[5] 实际上，班迪尼在玩双面游戏，他试着协助老朋友菲利波，想把他带到西班牙，将他变成一间流动银行。他将为这一笨拙的尝试付出沉重的代价，五年后科西莫会把他关进监狱，他将在那里了却余生。

经历无数死伤后，在防御性的休战中，这场兵力角逐暂缓。教皇身为"共同的神父"，最终成功地让浪荡不羁的弗朗索瓦一世与查理五世在尼斯汇合，在教皇的强迫外交下，双方达成短暂的和平。国王为表敬意，在与保罗三世说话时摘下了皇冠，但他仍然拒绝与皇帝交谈。因此，教皇不得不与双方进行漫无边际的两两会谈，而会谈中的决议总会有所推迟，还会因为谈判者的意愿面临调整。[6]

1538 年 6 月 4 日，圣灵降临节前夕，在晚祷时，法国宫廷的女眷前来向教皇致敬。曾于 1533 年在马赛参加公爵女儿婚礼的大使焦万·马里亚·德拉·波尔塔也在场，作为一名对男权政治和女性美貌有着敏锐嗅觉的鉴赏者，他记录下这精彩绝伦的一刻：法国王后埃莱奥诺拉（Eleonora）——查理五世的姐姐"在一大堆锦衣华服的女眷簇拥下"前来亲吻教皇的脚面。天气炎热，小教堂里挤满了密密麻麻的人，大使担心自己会因窒息而感到不适。

法国新任王室统帅——野心勃勃（愿意做任何事情）的前任元帅蒙莫朗西把王后带到了保罗三世脚下。王储夫人跟随在王后身后，她的身材非常丰满，很自然地让人联想到利奥十世的脸。德拉·波尔塔注意到，他记忆中的那个小女孩在五年后已经蜕变为十九岁的圆润新娘，她的面庞已悄然成为其著名胖叔叔的翻版。在她之后，国王的女儿玛格丽特也来了。如果她想凭借自己的外貌找到丈夫，恐怕"难于登天"，但她在将来会成为萨伏依公爵夫人。这个丑陋但心地善良的女孩和凯瑟琳成了朋友，国王将她们俩都称作女儿。然而，最令人期待的便是国王的宠妃——埃唐普公爵夫人［本名安妮·德·皮塞留（Anne de Pisseleu）］的亮相，她扶着王后的裙尾。在将来，这一具有讽刺意味的角色会由亨利的情妇——迪亚娜·德·普瓦捷（Diana di Poitiers）来扮演。埃唐普公爵夫人是一名以超群智慧和高尚品格而闻名的歌妓，"备受众人认可，但鲜少因为其外貌受到褒扬"。

在德拉·波尔塔看来，向教皇展示这支花枝招展的女眷队伍并不十分合适，他指责她们过于裸露："诸如王后、她的女儿还有某些人的穿着令我深感不适。她们的衣着太不得体，双袖都被裁掉，旁人可以看见她们赤裸裸的双臂，甚至没有衬衫或领子遮挡，这着实难以入目。"[7]面对法国海军上将之妻，大使的犀利言辞有所缓和。他对这位女士的气质和风度很是欣赏，说道："人们说她是法国最平易近人、心地善良的女士之一。"身为一个有着不俗品位的成熟男人，大使对纳瓦拉王后——才思敏捷的玛格丽特*很感兴趣。然而，碍于

---

*　此处指法国国王的姐姐玛格丽特。——编者注

大臣阻挠，他只能与她简短地交谈。大使毫不留情地评论道，"我觉得在无数个虚荣至极的女人中，只有这位女士不贪慕虚荣"，认为她是在反新教镇压开始的那几年中欧洲的"精神"领袖。他在玛格丽特向教皇致敬后无礼地讽刺道："她没有亲吻教皇的赤脚，而是亲吻了一只用黄金镶嵌的鞋子。"

在向教皇致敬后，所有女眷都受邀走上特别修建的舷梯，前往皇帝的船舱。埃莱奥诺拉和她的随从前去见她的弟弟（查理五世），而所有盛装出席又衣衫不整的女士和西班牙的名流政要都被金项链压得气喘吁吁，在摇摇欲坠的木梁上艰难前行。没有当即落水的绅士纷纷跳入水中，去救助落水的女眷。每个人都为这场冒险开怀大笑，一时间忘却了战争。[8]

对菲利波·斯特罗齐而言，两位君主之间发誓赌咒的永固友谊并非一个好兆头。1538 年 6 月 20 日，亚历山德罗·维泰利被迫将达巴索堡垒移交给帝国军队指挥官胡安·德·卢纳（Juan de Luna）[9]（恰好与另一位萨尔维亚蒂家族的人结婚），菲利波的生命正式开始进入倒计时。菲利波向维泰利偿还价值五万杜卡特的高额赔款，证明了科西莫对他的敌意之深。[10]

7 月，不服输的皮耶罗亲自前往"死水"（正如其名）——蒙彼利埃附近的沼泽湖。没有了教皇烦琐的调解会谈，国王和皇帝在那里继续协商，将他们的虚伪展现得淋漓尽致。菲利波的儿子不仅成功地说服了他的表妹凯瑟琳，还求得哈布斯堡的埃莱奥诺拉王后为他父亲积极斡旋，但蒙莫朗西却被其激怒，禁止皮耶罗采取行动。[11]这个邪恶的"第三者"无法容忍自己的和解计划受到任何干扰，最重要的是他不希望斯特罗齐家族的钱最终落入查理五世枯竭的财库。

皮耶罗别无他法，只能夹着尾巴回到威尼斯。1538年11月，间谍贝尔纳迪诺·杜雷蒂（Bernardino Duretti）报告称，这个年轻人为父亲的处境感到担忧，他告诉杜雷蒂，他们收到了国王、王后和王储夫人从法国寄给皇帝的信件副本，这些文件对菲利波十分有利，对其给予了高度评价。皮耶罗给他看了埃莱奥诺拉写的一封信的摘录，在信中埃莱奥诺拉提醒她的弟弟查理说：菲利波是凯瑟琳的叔叔，就算是为了凯瑟琳，他也应该尽可能展示宽恕之心。[12]

事到如今，任何绝望的呼喊都无法改变菲利波的命运。科西莫被敌人出乎意料的勇气所嘲弄，没有什么比他的悲惨证词更能加速这个男人（曾位列欧洲最富有和最惹人艳羡的人之一）悲剧结局的到来。1538年12月底，一位信使从西班牙赶来，他带来了查理五世的决议，为了满足人们对正义和智慧的期待，皇帝决定审判并处决这个如今已过于累赘的囚犯。

胡安·德·卢纳坚持要立即将其处决，但科西莫和红衣主教奇博认为此举操之过急，他们决定当晚开始对菲利波进行拷问，这样的审判持续了三四个夜晚，一直到他们从他那里获取到一切有用的信息。简而言之，菲利波将再次遭受酷刑，然后被判处斩首。自入秋以来，那些希望菲利波获释的人已经在整个意大利传遍了这一司法案件，而菲利波在第一次审讯中，虽然受到了酷刑，但几乎什么都没招。

此刻，夜半时分，胡安派信使去找科西莫和红衣主教奇博，并告诉他们，菲利波的牢房从里面被锁住，他们无法进入。随后，一些侍卫被派往堡垒查看缘由。牢房的门被强行破开，呈现在他们眼前的是一幅悲惨的景象：死去的菲利波躺在地上，喉咙被割开，他的身旁还有两把已出鞘的剑，剑尖上沾满鲜血，另一把剑则插在保险箱上的剑鞘里。科西莫说："我对这位绅士遭受的伤害和精神上遭受的侵害感到非常难过。"然而他对他的身体并未表现出丝毫尊敬之意。

科西莫跟皇帝找各种借口，接连为自己辩解。他补充道，菲利波亲手留下了一些文字，是胡安发现了这些血淋淋的文字，根据胡安所说："其中一部分是菲利波的自我辩护，另一部分则是对他人的控诉和指责，尤其是红衣主教奇博。"至于后者，菲利波用令人毛骨悚然的自我讽喻，要求用自己的血做一个"血糕"，再把它送给这位红衣主教，凭借这位红衣主教的巨大胃口，他定能美餐一顿。[13] 他还为自己的坟墓留下一份遗书和墓志铭。科西莫恶意掩饰道："这个可怜虫忘了，自杀的人是不能埋在教堂里的。"他虽然有些恼羞成怒，但又担心帝国可能会做出反应，于是补充道：

他再次为自己在审判中所说的一些话辩解，表明一切都是出于悲痛和恐惧。他说，他不仅知道陛下的决定，还将其归结为虚假的报告和审判，他在最后还在为国家而死感到愤怒，并借用维吉尔的诗句中的狄多之死来祈求追随者为自己复仇。[14]

公爵继续说道，死亡的临近让菲利波深感困扰，"一直以来他都对死亡有所畏惧。在自杀前，他一直表现得极为懦弱，丝毫没有老加图*精神"。根据公爵所说，"菲利波在研究普鲁塔克的一部作品，题为《那些后遭上帝惩罚之人》"，此举是对他的孩子路易莎、年幼的朱利奥（Giulio）和文森佐（Vincenzo，据某些人所说，他已经疯了）之死的强烈暗示。而科西莫则肆无忌惮地将其归咎为神罚而非人的恶意。

幸免于难的子女并不相信父亲自杀的说法。但是科西莫在给查理五世的信中，口吻满怀辩解和歉意，这打消了人们的怀疑：菲利波是为了避免遭受审判的羞辱，还嘲弄了他们。依靠帝国授爵封地的公爵除了让自己洋相尽出，还尖酸刻薄地评头论足，以此败坏囚徒的道德形象。支持自杀一说的还有皮罗·贡扎加（Pirro Gonzaga）秘书的证词，他说菲利波"有着自由的灵魂，是一位优秀的哲学家，而不是基督徒"，他经常对他的狱卒（被人用诡计带走）说："比起胜利，他对死亡更为了解。"[15]

---

* 老加图全名为马尔库斯·波尔基乌斯·加图（Marcus Porcius Cato），是罗马共和国时期的政治家，因作战英勇而闻名。——译者注

尽管如此，在维吉尔预言的帮助下，父亲之死给皮耶罗和他的兄弟灌输了一种不可遏止的复仇欲望（也许还夹杂着一种难以言喻的负罪感）：

让复仇者从我的骨子里诞生。[16]

在狂欢节可以开任何玩笑

在菲利波的死讯传来之前，威尼斯来的线人杜雷蒂报告称，佛罗伦萨的流亡者以为事情即将平息，他们甚至认为，皇帝和国王之间还将形（促）成亲属关系。前共和国的西尔韦斯特罗·阿尔多布兰迪尼宣称局势正"充满希望"，因为在罗马的红衣主教萨尔维亚蒂告诉他，"王储和凯瑟琳的婚姻关系即将结束"，即使法国人"声称这仅关系姻亲与和平问题，离婚的消息并未得到确认"。[17]他是否在寄希望于奥地利的玛格丽特和亨利的婚礼？

对于流亡者来说，凯瑟琳是可以在事关祖国利益的事情上牺牲的，但这不过是他们的自欺欺人。几天后，阿尔多布兰迪尼从佛罗伦萨听说菲利波被杀害的消息（似乎没有人相信自杀一说），比起姐姐的请求，皇帝更倾向于自己的女儿（亚历山德罗的妻子）——她希望菲利波像她丈夫亚历山德罗那样被杀。[18]

不知道皮耶罗是否热切盼望表妹与亨利离婚，但似乎是没有的。与法国宫廷的这一脆弱联系成为他实施报复的工具。年轻的皮耶罗与王储交往，在军事上建立了一些伙伴关系。亨利也忙于消遣娱乐，他曾经有过一个女儿［这是皮埃蒙特战役所留下的结晶。1538 年 7 月，他与蒙卡列里的一个贵族妇女菲莉帕·杜克（Filippa Duc）生下一个女儿，后被称为"法国的迪亚娜"（Diana di Francia）］，[19] 这令他本就没有生育子嗣的小新娘陷入危机和困境。但皮耶罗并不是一个花花公子。

像其他许多性格特质一样，在寻花问柳这点上，皮耶罗和父亲的态度也截然不同。他按照约定，迎娶了洛伦齐诺·德·美第奇的姐姐劳多米亚为妻，她是个寡妇，却是个处女（貌似她的第一任丈夫在婚礼当晚因气急攻心而死……）。她和嫁给罗伯托·斯特罗齐的姐姐玛达莱娜一起，在手足无措之时，逃亡到了威尼斯。因为在杀人凶手逃往法国后，他们在佛罗伦萨所有的财产都被没收了。

1539 年，几乎同一时间，科西莫·德·美第奇与颇有权势的那不勒斯总督佩德罗（Pedro）美丽的女儿——托莱多的埃莱奥诺拉（Eleonora di Toledo）举行了隆重庄严的婚礼，以此加强佛罗伦萨公国与帝国在意大利的势力之间的关系。根据一个荒谬的保密协议，在查理五世的施压之下，科西莫必须自掏腰包支付妻子的嫁妆。[20]

虽然总部设在威尼斯，但斯特罗齐家族在时常旅居的罗马也有关系网。一位科西莫的代理人描述了这样一个狂欢节之夜：亚历山德罗忧郁的遗孀——奥地利的玛格丽特和自己的未婚夫奥塔维奥·法尔内塞在教皇的桌子上狂欢。所有人都戴着面具，有人还"打扮成修女"。流连于宴会和比武游戏的斯特罗齐家族成员"面色红润"。彼时，他们拥有"整个罗马最出彩的两套制服……两位修女穿着白缎锦服，黑天鹅绒做内衬，银布做衣袖"。在狂欢节的周日，他们举行了一场晚宴，邀请了无数女眷（歌妓），她们"头戴摩尔人风格的面具，身着黑色天鹅绒的外衣，内衬是金色的呢绒绸缎，戴着同样面料的帽子，上面点缀着黑色的羽毛"……这种奢靡的炫耀之风在罗马激起了千层浪。科西莫的代理人说道："基于父亲的财力、他们在佛罗伦萨公国的地位以及在他人眼中的形象，这样的所作所为非常轻率，严重拉低了他人的看法。"[21] 代理人与他们派别不同，他因此明辨这种道德上的批驳。但很显然，斯特罗齐家族以奢靡挥霍来证明自己的价值。法国国王和查理五世之间的暂时和解造成不稳定的局面，在这种情况下，斯特罗齐家族与教皇建立了更加密切的关系。

难以想象的是，直到几个月前，查理五世还在请求获得从西班牙到弗兰德斯 * 的陆路通行权，他希望前去镇压叛乱，而弗朗索瓦一世慷慨地批准了这一请求。1539 年深秋，在查理五世穿越法国领地的途中，两位顽固的王室首脑在险恶的洛什城堡会面。米兰公爵卢多维科·斯福尔扎（被称作"摩尔人"）曾在位于卢瓦尔河谷的城堡地底约二十米的黑暗牢房中度过最后几年的时光，死前他神志不清地在墙上留下了混乱的涂鸦。

---

* 主要包括法国北部和荷兰南部的一部分地区。——译者注

由于身体状况欠佳，查理五世的法国之行由王储陪同，其间不乏华丽烦琐的仪式和奢侈的礼仪招待。凯瑟琳在枫丹白露宫再次见到了这位日不落帝国的男人。1540 年 1 月 1 日，在枫丹白露宫停留一段时间后，查理五世满怀喜悦地进入巴黎。[22] 诗人于格·萨莱尔（Hugues Salel）用一首长寓言诗《皇家狩猎争夺野猪》来庆祝鹰和蝾螈之间的和谐。恰恰在这一紧要关头，关于王储亨利的弟弟——新任奥尔良公爵夏尔二世（Carlo di Valois）将迎娶查理五世女儿的流言传出，不仅如此，他还将承袭米兰公爵的头衔，自 1535 年弗朗切斯科二世·斯福尔扎去世后，这个位置便一直悬空。此举终于可以解决米兰一直悬而未决的问题。自 1525 年以来，弗朗索瓦一世和查理五世都声称对米兰拥有所属权，因此一直针锋相对。

然而查理五世的承诺不过是为了拖延时间。1540 年，查理五世出尔反尔，他的心思昭然若揭，他做出承诺只是为了保证自己在法国能安全通行。这对假兄弟再次磨刀霍霍，准备战斗。王室统帅蒙莫朗西为这次的大失所望付出了代价，和解政策陷入僵局，他倍感耻辱，被宫廷驱逐。

法国和帝国和解失败后，斯特罗齐家族大大松了口气。在一定意义上，每个人都身处这场博弈游戏之中，包括保罗三世的侄子——小亚历山德罗·法尔内塞（Alessandro Farnese il Giovane）。1534 年，年仅十四岁的他被任命为红衣主教，之后成为司法官副手。被称为大红衣主教的他继续**"款待皮耶罗·斯特罗齐，就连教皇也对他爱**

护有加。听说这些天他在法尔内塞红衣主教家中一番豪赌，赢得了两千斯库多"。[23]

其实，政治局面的赌注也不小，教皇利用自己的聪明才智从中作梗。听说维多利亚·法尔内塞（Vittoria Farnese）要来法国与国王的一个表亲结婚的假消息后，身体抱恙的凯瑟琳病好了大半。[24]当然，凯瑟琳是真心高兴的，因为宫廷里还来了另一个和教皇有亲属关系的意大利贵族。但几个月后希望破灭了，国王逐渐意识到，保罗三世根本不想要这场婚姻，而只是想利用它迫使查理五世为奥塔维奥·法尔内塞与奥地利的玛格丽特举行庆典，这场婚礼对教皇更为有利。[25]

在欧洲的棋盘上，日日皆可狂欢：政治面具被戴上又摘下，更迭速度极快。当然，也有一些真正的化装舞会。1541 年 2 月在巴黎，在一群猎狗与猎枪的簇拥下，王储把自己乔装成迪亚娜，四个青年打扮成仙女跟随其后。[26]此举表达了王储对宠妃——普瓦捷的迪亚娜恬不知耻的宠爱。寡妇迪亚娜是凯瑟琳母亲家族中的表姐，她对王储年轻时的欲望（以及对母爱的畸形需求）了如指掌。迪亚娜比王储年长二十多岁，但看起来要年轻得多。洛伦佐·孔塔里尼（Lorenzo Contarini）写道："因为她从未使用过化妆品，在法国没有化妆的习惯，"他还以此责备在他家乡那些过度化妆的女士。迪亚娜富有、聪明又感性，是一个充满智慧的女人，常为亨利建言献策，"有时还为他提供经济支持"。[27]亨利将自己打扮成女猎人戴安娜

（Diana），让凯瑟琳的自尊心受挫，她一定觉得自己有点像阿克泰翁（Atteone）——变成雄鹿（头长犄角的）的猎人。

为了引出一个或许是编造而成的情节，布朗托姆——深谙风流妇人的奇闻逸事——讲述了一个神话，但故事并非完全不可信：一位君主（匿名君主，但人们对此心领神会）爱上了一位美丽的寡妇，这对他的妻子极为不利。有一天，妻子决定窥探国王和寡妇的独处时光。王后在女人房间的天花板上打了几个洞，以便找机会偷窥。她并不幸运，因为这种场面实在令人难以面对，也无法容忍：女人半裸着身子，只穿着一件上衣，情夫和女人"不停地相互爱抚、亲昵、欢愉"，而她作为新娘却一直惨遭忽视。她开始"哭泣、抱怨、叹息，整个人绝望透顶"。后来，偷窥"变成了她的消遣娱乐，也许还有别的什么"。[28] 至于具体是什么，狡黠的布朗托姆并没有明确点出，而是留给读者想象的空间。

在众多皇室城堡中随处可见由两个首字母——H 和一个双 D 组成的图案，这也印证了国王和情妇的秘密关系，这两个首字母组成两个月牙，也就是狩猎女神的标志。如果人们试图辨认出一轮上弦月而下弦月，也可以相信那只是一个字母 C，但这不过是无力的错觉而已。

凯瑟琳尽可能地自我安慰，她欣赏着那些备受国王喜爱的托斯卡纳艺术家——比如装饰了枫丹白露绚丽厅室的罗索·菲奥伦蒂诺（Rosso Fiorentino）的作品。意大利风情侵入了法国。德斯特红衣主教向国王赠送了本韦努托·切利尼制作的钟形圆饰。多亏了这位慷慨的红衣主教，切利尼得以从圣天使堡的监禁中释放，并于 1540 年移居巴黎。一天，凯瑟琳和王室随从一起去参观这位艺术家的工作室，艺术家给她看了一张以法国国王为原型的朱庇特雕像的草图。[29]和将来其他的法国君王一样，弗朗索瓦一世渴望将自己置于奥林匹亚的长柱之上，但他并没有摆脱人类的罪过。

危机四伏中的大使

据传闻，克莱门特七世推动促成《尼斯和约》之后，法国正式打破了与奥斯曼帝国的不平等条约。但事实上，法国与奥斯曼帝国的关系仍然是非常友好的。通晓多国语言的卡斯蒂利亚人安东尼奥·林孔（Antonio Rincon）掌握着这场激烈的外交拉锯战，他因与查理五世的个人矛盾而进入法国国王的麾下。多年来，安东尼奥在巴黎和君士坦丁堡之间来回穿梭，轻易便躲过了帝国严密的监控，这着实令人难以置信。米兰公国的总督——瓦斯托侯爵阿方索·达瓦洛斯（Alfonso d'Avalos）给这位大使的项上人头开出了大价钱。

1541 年 7 月，随着年岁渐长，严重发福的林孔决定放弃更安全但也更艰辛的路线，即翻越瑞士的阿尔卑斯山。同行者——热那亚总督的儿子切萨雷·弗雷戈索（Cesare Fregoso）试图劝阻他，但没有成功。[30]就这样，他们在波河和提契诺河的交汇处遭到拦截，被侯爵派来的人刺杀。他们的尸体被藏匿起来，几个月以来人们都误认为这是一起绑架案。当谋杀案被揭晓时，在法国引起轩然大波，不仅是因为暗杀的残暴程度和预先图谋，也因为此举违反了国际法，尽管与苏莱曼的接触也并不合法。在佛罗伦萨，科西莫和他的手下摩拳擦掌，他们预感到凶犯不会受到惩罚："林孔的继任者非常感激。这是个很好的开始，说明他们愿意处置罪犯。现在的情况很好，上帝愿意帮助我们。"[31]

剑拔弩张之下，科西莫的死敌全副武装出行也合情合理。1542年3月，佛罗伦萨驻罗马大使阿韦拉多·塞里斯托里（Averardo Serristori，在菲利波·斯特罗齐仍被囚禁时已在西班牙）通知他的公爵，他正在监视**"皮耶罗和罗伯托的动向，他们装备着剑、匕首、护身铁甲和软甲，带着六到八个人的队伍前往罗马"**。他还将两兄弟所有的朋友和士兵的名字和姓氏，以及他们过夜的地方（"有时候，**皮耶罗·斯特罗齐会在晚饭后去住在多加纳的洛伦佐·里多尔菲家里睡觉**"）一并附上。至于教廷，"法尔内塞红衣主教总是对他们恩惠有加，还公开称赞皮耶罗·斯特罗齐是个英勇的绅士"。这些话并非空穴来风：法国国王给了他宽泛的权力去处理棘手的问题，比如林孔被暗杀的恶劣事件，据他说，林孔本可以阻止土耳其对匈牙利出兵。[32]

如果这些还不够的话，教皇对斯特罗齐家族也是恩惠有加，尽管他不允许他们在教皇国招募步兵，因为那样会破坏中立条约。罗马的气氛异常紧张：科西莫雇佣刺客的消息流传开来，刺客的名字相当令人不安——"两名雇佣兵队长邦巴利诺（Bomballino）和安德烈亚·达雷佐（Andrea d'Arezzo），以及皮耶罗·马托·达尔·博尔戈（Piero Matto dal Borgo）"。几天前的夜晚，这些全副武装的刺客在去妓院的路上尾随皮耶罗和罗伯托兄弟。在妓院"可以轻松地结束这场战争，也不会损害公爵的利益和名誉。而这些帝国主义者想要的不过如此，若皮耶罗·斯特罗齐消失了，对流亡者的记忆也会一并消亡。当然也不能否认，皮耶罗·斯特罗齐没有一点信用，还热衷于冒险"。[33]

然而，这个胆大妄为又不择手段的年轻人，居然出乎意料地引起了人们的同情。皮耶罗"这位卓越的年轻人和杰出领袖"宁愿去流亡，因为"捍卫国家的自由比统治国家的暴政更具价值"，就连阿雷蒂诺也运用其强大的笔杆子效忠于他。科西莫的帝国主义被皮耶罗的亲法主义所钳制，"皮耶罗是基督教信仰和王室伟业的代表和臂膀"。[34]

阿雷蒂诺从法国国王那里获得了一笔不菲的养老金，他急于向国王表明自己的忠心。他想称赞雇佣兵队长波利诺（Polino）[又名安托万·埃斯卡林（Antoine Escalin），拉加尔德男爵]是"高级机密的守护者和美妙交易的展示者"，[35]就连蒙田都打趣他的身份。[36]波利诺很可能是一名乡绅的私生子，不过肯定是最高的那种级别。短短二十一天内，这位林孔的继任者便设法避开了帝国的密使，从君士坦丁堡抵达了枫丹白露（途经威尼斯）。这惊人的速度震惊了整个外交界。在他带去的礼物中，除了一把弯刀和一把镶有宝石的匕首外，还有一枚苏丹从自己手上取下的钻石戒指，他一边取下戒指，一边热情地向他的法国"兄弟"介绍自己。[37]

然而，土耳其与法国国王的交往必定会留下印记。在威尼斯共和国这座令人不安的猜疑之城，任何的人员流动都会引起不小的关注。短短几周内，出于一系列离奇巧合和阴谋诡计，整个线人网络被挖出，变得支离破碎。1542 年 9 月 22 日，在严刑拷打之下，尼科洛·卡瓦扎（Niccolò Cavazza）、阿戈斯蒂诺·阿邦迪（Agostino Abondi）和吉安·弗朗切斯科·瓦列尔（Gian Francesco Valier）皆被处以绞刑。[38]吉安·弗朗切斯科·瓦列尔曾是红衣主教比别纳的秘书，以其精妙诙谐的文笔而闻名于世。在卡斯蒂廖内的《廷臣论》印刷之前，他曾修订过该书的文本，还曾效忠于红衣主教伊波利托·德·美第奇。他的死标志着一个时代的结束。

一股充斥着愤怒的反法情绪席卷了威尼斯。据阿雷蒂诺称，大使纪尧姆·佩里西耶（Guillaume Pellicier）是一个"精于科学知识，长袖善舞之人"[39]，却被迫在威尼斯的家中闭关了整整一个月，然后悄无声息地回到法国。而作为公开的亲法派，斯特罗齐家族也受到威尼斯禁令的牵连。[40]阿雷蒂诺眼中"严肃而优秀的绅士"[41]皮耶罗和罗伯托兄弟被迫带着他们年幼的孩子搬至罗马，其中便包括皮耶罗和劳多米亚六个月大的儿子——以其祖父名字命名的菲利波。[42]

异动

在反法丑闻爆发的前几天，从法国回来的威尼斯大使马泰奥·丹多洛（Matteo Dandolo）向元老院提交了一份关于宫廷的报告：

> 王储殿下正值二十三岁，他总是举止得体，已经有王室风范，但周身充斥着阴郁忧伤的气质。他向来抑郁寡欢，不苟言笑，宫廷里许多人称从未见过他展露笑颜。

亨利近乎抑郁的严肃态度与他妻子的平静镇定形成了鲜明对比：

> 王妃殿下一切都好，但就身体素质而言，她到现在都没有诞下任何子嗣，我怀疑她是否能够怀孕，但若是她不去服用那些有助于生子的药物，她将会面临更大的危险。她的丈夫——王储对其关怀备至，国王也很疼爱她，她还受到宫廷上下和所有法国人民的爱戴。我相信如果抽一点血就能诞下一个儿子，没有人会不愿意。[43]

可以按照字面意思来诠释最后一句话。基于希波克拉底的体液理论（血液、痰液和黄胆或黑胆），在当时，水蛭被视作一种灵丹妙药，液体的平衡是维持健康的根本。凯瑟琳日夜祈祷，疯狂询问占星情况，来回穿梭于著名医生让·费内尔（Jean Fernel）和出身卑微的奶妈凯瑟琳·贡迪（Caterina Gondi）之间。为了能够成功受孕，凯瑟琳疯狂地灌下调制药水。这些丰富的细节，即使在马基雅维利的《曼陀罗》（*Mandragola*）中也不会显得突兀：除了用鹿角和牛粪混合母马的血涂抹私处外，她还不得不接受奇怪的秘方疗法——骡子是不育的，所以她需要大量饮用骡子尿。[44]

在这种极不稳定且混乱的情况下，王妃并不是唯一受罪之人。教皇特使吉罗拉莫·丹迪尼（Girolamo Dandini）在给红衣主教法尔内塞的信中，表达了对法国人的怜悯之情：

> 这些可怜的人能做出什么好事呢？他们比以往任何时候都更依赖土耳其人，他们以为能将其掌控在自己手中，并且能随意处置吗？上帝帮助他们，是因为他们需要上帝的帮助。如我所料，他们在这里的政府糟糕透顶。国王一味沉湎于自我享乐和淫秽美色，臣服在埃唐普夫人的裙下。表面聪慧的埃唐普夫人总是倒行逆施，谄媚国王，使其相信自己就是世间的上帝，在这世间没有任何东西能够伤害到他，而忠言劝谏的人都是为了给自己谋取利益。

简而言之，本就消极的事态"急转直下"。传闻说埃唐普夫人钳制住了国王，"王储对父亲与埃唐普夫人的行事感到绝望，却丝毫无法干涉"。埃唐普夫人——这位最高权力的操纵者——对王储的弟弟奥尔良公爵夏尔二世宠爱有加。"奥尔良公爵在内心深处爱着她，却丝毫不敢表露。两人经常互相抚慰，没有子嗣的埃唐普夫人说自己不需要除他之外的任何继承人"。[45]

如果说父亲的无能和情人的傲慢让亨利气急败坏，那么在某种意义上，选择独身的夏尔二世则间接地偏向了凯瑟琳。在遭受了十年不孕症的折磨后，一种强烈的希望在凯瑟琳体内萌芽。1543 年 6 月 30 日，红衣主教伊波利托二世·德斯特（Ippolito II d'Este）通知他的兄弟——费拉拉公爵：

> 王妃留在维莱尔科特雷，她从未离开过那里。据说她会有孕在身，最重要的是一直到 24 号为止，她已经有两个月零五天没有来月经了，但她在其他方面一切都好，除了乳房有些肿胀和疼痛，特别是她的乳头颜色比以前更深，也变得更大了，虽然医生说这些都是好征兆。凯瑟琳非常渴望第三个月能像前两个月那样过去，她怀揣着巨大的希望。[46]

对凯瑟琳诸多症状的描述巨细无遗（包括月经周期的计算），一切都很明朗。未来王后的身体状况将被公之于众，而这种身体的蜕变预示着她真正的政治转型。

9 月，德斯特红衣主教证实称：最新消息是，王妃已经能够感觉到小生命的动静，因此怀孕已经是板上钉钉的事实。[47] 感受到自己体内的生命在跳动，这种喜悦让凯瑟琳对外界施以报复的力量倍增。

自正式完婚以来，已经过去了十年。凯瑟琳现在二十四岁了。

第五章

错　误

（1544—1546）

　　埃唐普夫人……朝我发火道："如今我掌控着全世界，而一个小人物……却对我不以为意！"

　　　　　　　　　　　　　　——切利尼，《切利尼自传》（II, 40）

完美的一天

　　1544 年 1 月 19 日，在枫丹白露宫，凯瑟琳生下了王储亨利的长子。但比起父亲，祖父显得更为欣喜若狂。纳瓦拉的玛格丽特给她的弟弟写了一封情感真挚的贺信，信中提到："对于你和你的王国来说，这是最美好、最令人期待也是最重要的一天。"这一喜事"让你年轻了五十岁。新继承人应该令你倍感愉悦，他的出生也让你的福祉延绵"。[1]喜出望外的教母在匆忙写出的几行诗句中再次表达了自己的祝贺，还不忘传达整个家族与王朝的喜悦：

　　　　哦，幸福之子，年轻父亲的喜悦

知足常乐的母亲

历经漫长的等待之后，这是幸福的信仰

已经赐予他们渴求的果实。²

占星师们当即着手占卜，最后确定了 2 月 10 日是让新生儿摆脱原罪的最佳日期。

与此同时，查理五世正与教皇密谋剥夺法国国王"最虔诚的基督教徒"的称号，理由是国王是"土耳其人的兄弟和同盟者"。这不仅仅只是形式上的指责：自上一年秋天以来，巴巴罗萨的军队一直驻扎在土伦，而土伦已经成为"阿尔及尔的一个分支"，那里的大部分人口都被疏散，以便为异教徒腾出空间。大教堂变成了清真寺，敲钟也被禁止，便于伊玛目 * 的布道和穆安津 ** 的连祷。尽管有不菲的补偿金，土耳其人依然希望回归故土，国王便把他们遣散了。³ 皮耶罗的弟弟莱昂内·斯特罗齐和马耳他的一名骑士负责陪同他们从海路回程，确保他们无法在拉齐奥的海岸肆意妄为，以此保护教皇。他们只能通过袭击托斯卡纳的海岸线来惹怒科西莫。

意识到情况的严重性，弗朗索瓦一世在枫丹白露宫秀美的风景中上演了一场壮观的洗礼，礼拜仪式堪称完美，穷尽奢华，他还将自己的佩剑赠予婴儿，授予他骑士的使命和布列塔尼公爵的称号。⁴

---

* 指伊斯兰教集体礼拜时在众人前面率众礼拜者。——译者注
** 伊斯兰教职称谓，负责在清真寺的宣礼塔上宣礼的人。——译者注

没过多久便传来了科西莫的贺信。通过追忆那早已被遗忘的童年时光，科西莫试图拙劣地重新得到他的表亲凯瑟琳的信任。他和凯瑟琳在童年曾有过交往，或许是出于当时地位的悬殊，两人并没有太过亲密。然而，在王储的儿子出生之际，佛罗伦萨却没有举行公开的庆典，看起来像是公爵担心在将来的某一天，这位新的继承人会向"阿诺河"提出要求。[5]

意大利大多数人都在为凯瑟琳诞下皇嗣而高兴，人文主义者克劳迪奥·托洛梅伊（Claudio Tolomei）——他是看着王妃长大的，在写给王妃的真挚信件中便表明了这一点。[6]他祝贺道："上帝赐予您的新恩典，不仅是法国，整个意大利都为之欢欣鼓舞。您以您的无尽美德和过人之处，征服了命运的每一处羁绊，这一点我们每个人都得承认。作为您的仆人、一个意大利人和一名忠心耿耿的基督教徒，我和您一样非常高兴。"[7]

在马基雅维利经典的美德与时运之争中，凯瑟琳颠覆了放肆大胆的形象，击败"时运女神"，战胜了命运的邪恶诡计。但这不过是漫长拉锯战中的首次胜利罢了。

与此同时，基督徒之间激烈的短兵相接却永无休止……

泪水中的塞拉瓦莱

部队调动主要集中在皮埃蒙特周围，自 1536 年以来，该地区一直被法国人所占领。以土法联盟为借口，并以奥斯曼人（通过法国南部）入侵的风险增加为由，1544 年春天，米兰的帝国总督瓦斯托（Vasto）侯爵组织了一次强大的远征，以期将他们驱赶出那片危机四伏的土地，让他没有预料到的是，在都灵以南约二十公里的卡里尼亚诺，倍感绝望的法国士兵将孤注一掷。

1544 年 4 月 14 日，也就是凯瑟琳年满二十五周岁的第二天，在日出时分，两支军队在卡里尼亚诺和阿斯蒂两地之间对峙，战壕位于塞雷索尔境内，这是十年以来意大利发生的最血腥的一场战斗。那天正值复活节星期一，是基督徒之间发生流血冲突的最佳时机。在二十四岁的昂吉安伯爵亨利·德·波旁（Enrico di Borbone）*的指挥下，法国人的怒火战胜了雇佣兵。瓦斯托侯爵雇佣的路德派遭到了惨无人道的屠杀。[8]帕斯奎诺**不失时机地对侯爵的溃败加以嘲讽：

> 如今你蒙住双眼和脸，藏匿起来，
>
> 瓦斯托侯爵憎恨真相，缄默不言
>
> 今天，一名年轻的法国青年从你身上拿走了
>
> 你曾征服的荣耀
>
> 只是在法国的光辉履历上再添一笔
>
> 你在暗中嘲笑他们的力量

---

* 此处作者疑有误，应是弗朗索瓦·德·波旁（Francesco di Borbone）。——编者注
** 即阿雷蒂诺，帕斯奎诺是他的笔名。——译者注

此刻，你要明白你的损失和耻辱

法国的英勇精神未曾消亡。 ⁹

　　马基雅维利在《君主论》的结尾引用了彼特拉克的诗句，法国
的胜利与意大利人无关，那只是高卢人的胜利。为了挣脱枷锁，这
个两面派雅努斯 [*] 在另一首十四行讽喻诗中，再次将矛头对准"微不
足道的意大利"。下文便是查理五世所做的回应：

出于你的谨慎，

雅努斯将愤怒束缚在神庙

高卢人的咆哮和喧哗声已经传到此处

不要担惊受怕

我在意大利已经获得诸多荣耀……¹⁰

　　在这场溃败中，瓦斯托侯爵在阿斯蒂获救，他右膝受伤，但并
不严重。西班牙骑兵队的领头人萨勒诺君主的情况则无人知晓。他
们损失了七千兵卒、四十四门大炮、两万五千斯库多的现金、六百
车的粮草和两千多对牛。敌方的战利品中还包括侯爵打算送上船，
用以锁住战俘的四千条铁链。

　　获胜的法军骑兵身受重伤，状况堪忧。大部分加斯科尼人变

_____

*　罗马神话中的保护神，具有前后两个面孔。——译者注

得"支离破碎"。美第奇家族在威尼斯的代理人多纳托·德·巴尔迪（Donato de' Bardi）指出："尽管法国获得胜利，但他们还没有到为所欲为的程度。"意识到法国军队所处的危险境地，法国大使立即向在费拉拉的皮耶罗·斯特罗齐发出一封外交信函，恳求他尽快自费雇用六千名步兵加入部队，并承诺国王会以超出他付出的成本报答他。

罗马涅，特别是米兰多拉，是一个名副其实的雇佣军步兵库，而皮耶罗除了是一名标新立异者外（正是他为法国军队引进了旧式步枪，米兰的旧式步枪最为优良），还是一个英勇的指挥官。但是这一次，他却遭遇了严重的困难。[11] 雇用步兵需要大量金钱，而皮耶罗需要为战争自掏腰包。他们在威尼斯已经筹集了约一万斯库多。为了获得更多资金，负责财政的罗伯托·斯特罗齐一直在威尼斯奔波。"并不像大多数人所以为的那样"——菲利波之子"财政充裕，相反，他们也会为了寻找资金而焦头烂额"。在费拉拉，他们以珠宝和银器为抵押，向犹太人借了七千斯库多。他们还向博洛尼亚和罗马求助，最后"大概凑齐了四万斯库多。然而，当他们在米兰多拉配置兵力时，这些钱还是显得捉襟见肘"。[12]

这笔微不足道的资金并不能激起什么大浪。事实上，当两个军队在塞拉瓦莱对战时，由于天降暴雨，法军火器失去用场，而得益于暴雨，西班牙军队将法国军队制服，双方恢复到势均力敌的状态。科西莫的秘书兴高采烈地向侯爵描述了"陷入困境"的法国人。[13] 但战利品并没有那么丰富，像往常一样，最令人垂涎的猎物皮耶罗·斯特罗齐逃脱了敌人的魔爪。[14]

多纳托·德·巴尔迪向佛罗伦萨公爵提出一个马基雅维利式的建议，还对从羊羔变成恶狼，从狐狸变成狮子的美第奇家族最后一位教皇含沙射影道："阁下，全副武装是有智慧和有想法的君主应该做的事情，您会受到所有人的高度赞扬。克莱门特七世的事件仍历历在目，这是他给我们留下的经验教训。"[15] 教皇是惨痛的罗马之劫的受害者，也是佛罗伦萨被围困的始作俑者，这件事一直被家族所铭记。尽管科西莫没有直接参与意大利北部的战斗，但他也在为未来的战斗做准备。

战争的结束（《克雷比和约》）

雅努斯神庙在假期间关闭。此起彼伏的战争引发人们对永久停战的渴望。最终，1544 年 9 月，在克雷比签订了和约。[16] 为了基督教世界的利益（起码在口头上是这样），弗朗索瓦一世打破了与土耳其之间的虚伪联盟。唯一陷入险境的人是雇佣兵队长波利诺，幸运的是，凭借一贯的敏捷和强大的自卫本能，他成功逃离君士坦丁堡，避免了遭受报复，落得惨死的下场。[17]

实现和平之后，基督教世界的君主们开始了彼此示好和互访，法国的一个代表团还访问了布鲁塞尔。走在队伍最前面的是弗朗索瓦一世的妻子——查理五世的姐姐埃莱奥诺拉，她与丈夫的情妇埃唐普夫人同坐而行。埃唐普的姐姐在马上探出身子亲吻皇帝的嘴唇，结果却摔倒在地。查理五世殷勤地将其扶起,"笑着献上自己的吻"。[18]皮耶尔·路易吉·法尔内塞(Pier Luigi Farnese)的亲信阿尼巴尔·卡罗(Annibal Caro)讽刺地将这一"大胆的亲吻"比作强掳萨宾妇女 *。

在这种看似缓和,实则淫乱不堪的氛围下,科西莫决定派一个远房亲戚——弗利的主教贝尔纳多·德·美第奇(Bernardo de' Medici)——前往法国宫廷。据这位主教说,他在那里受到了凯瑟琳的热情接待,凯瑟琳还让他住在离枫丹白露宫不远的优渥地段。[19]然而,他们的劲敌皮耶罗在宫廷中非常活跃,其影响力也不容小觑:他们不仅到处公开主教欠他们一千斯库多的事,[20]还无所不用其极地让佛罗伦萨特使难堪。比如,皮耶罗假装不认识他,在路过时不同他打招呼。[21]不过,在枫丹白露宫那热烈无比的氛围中,这种冷漠的敌意只是一件小事而已。每天夜里,女眷们都会让萨勒诺君主费兰特·圣塞韦里诺(Ferrante Sanseverino,在塞雷索尔被打败,在塞拉瓦莱取得胜利,但现在与法国人关系密切)唱两首那不勒斯民歌,每位女士都会用自己的六弦琴来伴奏。

面对这种场合,凯瑟琳会稍显得与众不同。她更喜欢文化方面的活动,为此她不惜被视作一个书呆子。她注重学习,而且很有文化,特别是在希腊语方面造诣不浅(像斯特罗齐家族一样),惊艳了

---

* 源自古罗马传说。罗马人建城后,需要很多年轻的妇女,本计划与邻邦的萨宾人联姻,但遭到拒绝,于是他们假意邀请萨宾人参加宴会,却在宴会上抢夺萨宾妇女。——编者注

所有人。由于这些特长，她受到了大家的敬仰。[22] 虽然凯瑟琳拒绝十分肤浅的消遣，但她并不排斥参加体育竞技比赛，尤其是她深爱的丈夫所参加的比赛。贝尔纳多·德·美第奇跟科西莫讲了一场由亨利组织的球赛（类似于佛罗伦萨传统足球）。比赛中，由亨利担任队长的三十名法国人对阵由其兄弟奥尔良公爵夏尔二世率领的三十名意大利人。在头排的凯瑟琳支持法国队，而国王的女儿玛格丽特却为意大利队站台。彼时，意大利队已经落后很多分，但王储带着骑士般的热情，加入失败者一边，"拼尽全力陪他们赢下了最后一个球，可以说是一个金球"。我们不难想象，这位妻子热情地为她丈夫欢呼，或许仅仅是对他的英勇佯装出来的过度热情。比赛结束后，国王的两个儿子将他们的土耳其马聚在一起，让那些踢足球的人骑，甚至还玩起了马球游戏，也就是"手杖游戏"，让观众们大呼精彩。[23]

按照传统，新年伊始是彰显皇恩的日子。1545 年 1 月 1 日晚，在王储、国王的女儿玛格丽特和其他宫廷女眷的陪同下，国王赏赐了约四万斯库多金币的礼物（与去年斯特罗齐家族在米兰为他们的部队费尽心思筹集的金额相同）。国王给了凯瑟琳一颗钻石和一颗红宝石，价值一万；玛格丽特获赏价值约八千金币的珠宝；埃唐普夫人则得到了价值六千金币的银质餐具；而"美德"伯爵夫人（虽然她唯一的"美德"只是作为国王情妇的妹妹）则获得了价值四千金币的珠宝；除此之外，其他人也都或多或少获得了奖赏。[24] 国王深受梅毒折磨，尽管（也许恰是为此）经常灌肠，但白天症状稍好，晚上更加难熬。除了埃唐普夫人，他没有再找别的女人。埃莱奥诺拉王后则全然脱离了宫廷的核心圈，过上了隐居的生活。

凯瑟琳的马和小矮人

按惯例，情妇们享有和法国君主或王公贵族接触的特权。但合法的新娘则不然，众所周知，她们的性生活往往是为了繁衍他们翘首以盼的继承人。正如佛罗伦萨大使贝尔纳多·德·美第奇所观察到的那样，但亨利并没有忽视他的妻子。大使用其一贯的欢快笔调写道：王储夫人状况"尚佳，也很漂亮，从我抵达这里为止已有月余，而王储已和她同房四次"。[25]虽然说亨利每周一次与妻子过夜的频率已是非同寻常，但也未必能达到最终目的。毕竟在宫廷的生活并不轻松。一般来说，或出于晚宴舞会，或因为天气，又或是打猎的原因，怀孕并不是一件容易的事。

1545 年 2 月，大使去看望凯瑟琳，她仍然卧病在床，她跳舞时摔伤的膝盖已经痊愈，但现在"喉咙稍感不适，她告诉我这就是我们所说的'大猫之灾'"[26]——那令人难以忍受的疼痛就像是猫在挠抓着喉部。4 月，贝尔纳多本人在给佛罗伦萨公爵的一封信中报告称，凯瑟琳陷入从未有过的困境。"得益于上帝的恩宠，她最后顺利地熬过了这一关。"

在一次围鹿狩猎中，她骑着国王的一匹小母马，奴仆们却没能拴好马嚼子。不知小马驹被什么东西吓坏了，开始全速奔跑，无人能够将其制止。就这样，凯瑟琳在极快的速度下被拖到一座房子下面。由于法国传统民房屋顶非常低，在撞到屋顶一侧时，凯瑟琳便从马背上摔了下来。她的身体右侧负伤，摔得很厉害，"目击者称，她的情况非常危险。国王闻讯立刻赶来，把她抱到自己的床上，无微不至地宽慰照顾"。[27]

老弗朗索瓦一世是个不知悔改的浪荡子，由于某些不光彩的原因——他鲜少回到自己的住处过夜，热衷流连于王室女眷的香闺。无论是在工作上，还是在风流韵事上，乔瓦尼·兰弗雷迪尼（Giovanni Lanfredini）都是菲利波·斯特罗齐的老搭档，他对国王的风流也是心知肚明。有天夜里，他来到少女们的私人衣帽室，居然和国王撞个正着，而国王回给他一个默契的微笑。这位尴尬至极的佛罗伦萨人别无选择，只能向他表示敬意，并追上他的步伐。

王储听闻妻子出事，并没有去探望她，而是留在了罗莫朗坦城堡，因为诺曼底总督的遗孀迪亚娜也身患重病。从本心上讲，他更关心这个普瓦捷的迪亚娜，而不是掉下马的凯瑟琳。高瞻远瞩的费拉拉大使朱利奥·阿尔瓦罗蒂（Giulio Alvarotti）辛辣地点评道："为了能永远摆脱她，可得费一番工夫了。"[28]

意外发生后不久，贝尔纳多在看望凯瑟琳时便提醒她今后要注意安全，还向她致以佛罗伦萨公爵和公爵夫人的问候。凯瑟琳对科西莫和埃莱奥诺拉的慰问表示感谢，还说虽然她有时受托给他们写推荐信，一会儿这个一会儿那个，但她还是希望科西莫能够不拘于此，以自己的利益为重。这也就意味着，科西莫可以"自由行事"，没必要顾及她的举荐。彼时，凯瑟琳的影响也着实极为有限。

在那段时期，一个叫佩雷托（Peretto）的侏儒小丑一直陪伴着凯瑟琳。他幽默风趣，为人良善。他的逝世让凯瑟琳伤心欲绝，她陷入了"极大的悲痛"之中。[29] "宫廷上下都为之感到遗憾，国王还说宁愿失去他所有的弓箭手护卫。" [30]

大海里的红色恶魔

一方面，美第奇家族的大使希望凯瑟琳早日康复，能够在宫廷生活得游刃有余；另一方面，他也密切关注着公爵敌人的动向，不惜一切代价搞臭皮耶罗的声誉。他无时无刻不在跟科西莫通报皮耶罗·斯特罗齐与其党羽的堕落行径。首先便是与国王的情人们调情作乐的加莱奥托·德拉·米兰多拉（Galeotto della Mirandola）伯爵。大使描述道：在骑马护送王储夫人和玛格丽特的轿子时，他们就好像欲火中烧的侍从一样——"身穿猩红色衣服"，更重要的是，他们把目光投向了与他们同行的埃唐普夫人和她的两个姐妹。

加莱奥托是乔瓦尼·皮科·德拉·米兰多拉（Giovanni Pico della Mirandola，以其卓越的记忆力闻名）的后代。不过，他没能继承前辈对哲学研究的兴趣，反而成了情场高手，深谙男欢女爱之道。趁着国王健康状况堪忧，加莱奥托与国王的情妇私会通奸。他的最终目的却是招募意大利军队参加英法战争（因为《克雷比和约》阻止了进一步的直接对抗）。如果说米兰多拉伯爵是背信弃义之人，那么皮耶罗也好不到哪里去。正如贝尔纳多在给科西莫的信中所言：**他听一个手下说，当法国海军上将看到他的时候就好像是撞了鬼**。他和他的弟弟莱昂内向法国贵族女子大献殷勤：皮耶罗追求埃唐普夫人的密友德·博纳瓦尔（de Bonneval）夫人，而莱昂内则与凯瑟琳的一位侍女德·布伦（de Brun）夫人一起厮混消遣。[31]

实际上，皮耶罗担心宫廷里意大利人的名声，更担心他们中的大多数人会无所顾忌地倒戈，投向英国人的怀抱。正因如此，他提出自费为国王出征，只有胜利归来国王才需要付款。[32]2 月 24 日，他前往诺曼底。此举并非毫无争议，尤其是奥尔良公爵夏尔二世指责他反复无常。他或许还很自命不凡——据说在与凯瑟琳交谈时，他向她保证能为她刚出生的儿子征服米兰。他在全世界面前闹了笑话，1545 年初，在毫无征兆的情况下，查理五世将米兰公爵的头衔给了西班牙的新生儿——他的长子菲利波。但在此之前，查理五世一直承诺会将其授予夏尔二世。很快便有人向夏尔二世报告了皮耶罗的虚张声势，逼得皮耶罗为自己辩解，表明自己是忠心耿耿的仆人，还以上帝之名否认曾经说过这样的话。但这一切并没有让王储的弟弟奥尔良公爵满意。"据说，起码要一片汪洋的力量，才能够驯服皮耶罗的头脑。"[33]

对皮耶罗来说，或许假借上帝之名并不是最有效的策略，毕竟他的无神论倾向是众所周知的。实际上，他曾在不同场合公开表达过自己的立场。凯瑟琳在场之时，他还加入来自里米尼的罗伯托·马拉泰斯塔（Roberto Malatesta，他和祖先一样，被视为异端）和科西莫的亲戚德·罗西（de' Rossi）主教之间的辩论。罗伯托支持摩尼教的观点，认为存在两个最高主宰，一为善，一为恶。德·罗西则斥责了他。年轻时曾学习哲学的皮耶罗·斯特罗齐也加入了这场论战，他认为两者都是错误的，因为肉体一旦死亡，灵魂也会消失，因此每个人的观点都是虚妄的。[34]

面对自负鲁莽的表哥，凯瑟琳选择睁一只眼闭一只眼。为了保护他，面对贝尔纳多·德·美第奇的试探，她尽其所能运用智慧来转移话题。科西莫的人对斯特罗齐家族的人十分憎恶，这一点凯瑟琳心知肚明，科西莫的人还无所不用其极以套取斯特罗齐家族的消息。贝尔纳多反复对皮耶罗的轻率和所谓的欺软怕硬进行批判，还说皮耶罗不安分，管不住自己。当其听闻皮耶罗可能回到宫廷的传言，这位佛罗伦萨的大使便向科西莫报告说皮耶罗不情愿地回答说如果不是为国王效力，他便不想回来。如果君主让他继续自由执行任务，乘船在英国海岸上巡逻，他一定能有所收获。这一席话看起来"疯狂至极，没有任何成效可言"。贝尔纳多注意到，王储夫人开始意识到皮耶罗的缺点，还提醒科西莫说"她曾多次告诉他关于皮耶罗的事"。[35]

这些零星的被曲解的对话向我们展示了凯瑟琳在伪装艺术方面

还是个新手。即使她有时会对皮耶罗的鲁莽性格发表意见，但可以肯定的是，贝尔纳多放大了这些负面信息。

皮耶罗·斯特罗齐的自负和他的船一样大：在他最近一次在大洋上的疯狂行动中，如果不是幸运地在英吉利海峡缴获两艘由英国人租用的葡萄牙船（船上装满了酒），他的这次行为简直荒谬至极。高康大（Gargantua）*会赞赏皮耶罗的偷窃行为——他带着他的船队和缴获的船只来到了拉罗谢尔。他说把酒卸下船后便将这些船送回。[36]

阿雷蒂诺与"腓力二世"（菲利波）之子**

阿雷蒂诺以其一贯的超群浮夸姿态，最终决定站在佛罗伦萨公爵这一边。为表诚意，他还寄去一首十四行诗，对皮耶罗·斯特罗齐进行调侃。遭到嘲弄的对象震怒，威胁称要将他杀害在床。[37]这首诗开篇效仿维吉尔（他知道菲利波自杀前写的预言吗？）：

> 当伟大的斯特罗齐戎装待发
>
> 他打破了帝国的阵营
>
> 即将坐上凯旋的战车
>
> 看哪，国王把他当作叛徒出卖

---

* 法国作家拉伯雷的作品《巨人传》中的主人公。——译者注

** 此处作者用马其顿的君主腓力二世来指代菲利波。在腓力二世在位的二十多年间，马其顿发展壮大成为希腊城邦之首，为其子亚历山大的征服做好了充分的准备。——译者注

令人畏惧的将领

　　变成麻木的商人

　　不过这也不算太糟

　　至高无上的君主即将诞生……

　　阿雷蒂诺不遗余力地影射皮耶罗父辈的职业和蒙特穆尔洛战役的失败,他肆意地冒犯"伟大的斯特罗齐家族"。而说到做到的后者则让诗人闭门不出、闻风丧胆地躲了几天。然而诗人那无法消停的大嘴巴却憋不住话,现在,拿皮耶罗·斯特罗齐在英国的勋章开玩笑已经没那么危险了。诗人为了报复,拿正在进行的交战开玩笑,对"腓力二世"(菲利波)一族的子孙肆意诅咒谩骂。

　　这是罗伯托——高卢国库的钥匙;这里是骑士莱昂内——海上探险的风帆;这则是皮耶罗——陆地战斗的号角;而这便是洛伦佐……凭着如此巨大的财富、美德和他拥有的地位,新战神——那个在法国被称为无人能敌者,从我的仆人那里赢得了我的部分钱财的人,却无力在这座城市驻军一个月。[38]

　　阿雷蒂诺以其一贯含沙射影的风格对四兄弟进行羞辱。首先是罗伯托——他向法国皇室的财库提供了高额贷款；莱昂内——他像海盗一样在海上航行；最小的"性病患者"——洛伦佐，他花了大把时间寻花问柳；而皮耶罗则是永不消停地参与大陆每一场混战。

在诗的结尾，这位毒舌的讽刺作家提到五年前的一个小插曲，他当时派了一名英俊且有魄力的年轻人安布罗焦·德利·欧塞比（Ambrogio degli Eusebi）前往法国，向国王和洛林的红衣主教收取一系列欠债。事实上这个年轻人已经收齐整整八百斯库多，但他并未及时将其寄给自己的雇主，反而留在皮耶罗·斯特罗齐家中打牌赌钱。尽管阿雷蒂诺指责他们是"宫廷骗子"，[39] 但却不敢责备皮耶罗——这位仍经常往来于威尼斯的人。皮耶罗在威尼斯饱受赞誉，但如今被放逐已经让他淡出了大众视野，被渐渐遗忘。

除了自以为是的挖苦讽刺，阿雷蒂诺也承认，"腓力二世"（菲利波）那傲慢的儿子们——不仅嘲笑父亲对希腊文化的热情，还嘲笑这个斯特罗齐家族的长子对建功立业的渴望——在当时的政治舞台上享有一定地位。科西莫对这种虚伪的赞美颇为生气。没有什么比斯特罗齐家族的国际声誉和他们在全世界的号召力能让科西莫更加烦恼。

这位"王公们的梦魇"已经越过了严肃和幽默的边界。在阿雷蒂诺的一生中，当他唯一一次"希望自己能以代理人的身份报告消息"时，他犯了一个致命的错误：他用"四个英雄兄弟"的三轮"亏月"来嘲讽继承了奥斯曼人战神血脉的斯特罗齐家族的徽章。他们效忠于土耳其人，都是头脑简单的糙汉。尤其是"一生做尽疯狂蠢事"的皮耶罗，他是一匹"流浪的骏马"，是前世的堂·吉诃德。皮耶罗告诉法国大使自己必须在威尼斯隐姓埋名，直到他拿到实现梦想所需的银两。此外，"勇敢的卡普阿骑士莱昂内还获得了苏丹苏莱曼的高度信任，斯特罗齐这个名字也因此在土耳其人中享有绝对的权威，尤其是在巴巴罗萨那里"。

法国人对皮耶罗在米兰多拉战斗中做出的努力表示肯定（即自费雇佣军队），但同时也指责他"过于相信自己能在塞拉瓦莱拿下米兰"。总之，就连盟友都嘲笑皮耶罗对"建功立业"的狂热追求，他还曾"幻想把两个奇怪的对立面——民兵和雇佣军——凑到一起，希望将高利贷和荣耀统统收入囊中"。[40]虽然皮耶罗竭尽全力想表现出侠义的英雄气概，但他还是无法摆脱身为商人之子的耻辱……

斯特罗齐兄弟仍忙于对抗英国人（被称为使他们陷入困境的魔鬼）的海上战争。而国王委托皮耶罗·斯特罗齐率队将"一些大帆船带到英国的海域，这项任务事关重大且难以完成"。[41]彼时，战火烧到了大洋彼岸。1545 年 8 月，斯特罗齐兄弟和波利诺之间发生了一场冲突，这场冲突在九年后造成了致命的后果。

这位前法国驻君士坦丁堡大使曾在普罗旺斯无情地屠杀了数百名手无寸铁的新教徒，[42]但是，面对瞄准他轰轰作响的英国大炮，他却迅速掉头，让皮耶罗独自面对敌人。皮耶罗写了一本回忆录，火力全开，谴责他是个懦夫，并向他发出决斗挑战，还很有骑士精神地将武器的选择权交给了对手。[43]这场争论最后不了了之,对方最后称要采取合法行动,皮耶罗对其就更为蔑视了。[44]但话语比刀片(或月亮*)更为伤人,谨慎小心的波利诺会在某个时刻意识到这一点。

"海豚"**即将浮出水面

命运阻止了另一场自相残杀的决斗。1545年9月9日,奥尔良公爵夏尔二世暴毙。这对于已然嗅到弟弟野心勃勃气息的王储来说是一种悄然的解脱,对皮耶罗·斯特罗齐来说也是如此,因为他曾与夏尔二世为敌。既然这个不切实际的米兰公爵候选人已经死了,就没有任何理由再遵守由弗朗索瓦一世签下但并无王储签字的《克雷比和约》了。

在父亲的庇佑下,亨利的性格特征逐渐显露。一直到1546年都担任威尼斯驻法国大使的马里诺·卡瓦利(Marino Cavalli)为我们留下了一幅笔触柔和的肖像画,主人公是二十七岁的王储——"他身体十分健壮,擅长带兵打仗。他的脸色有些忧郁,少言寡语,但是说话掷地有声。他的每句话都经过慎重的思考,所以他言辞坚定。他天赋平庸,大器晚成,"卡瓦利乐观地说道,"这一类人往往都会大获成功,他们成熟得晚,就像秋天的果实。"

亨利与那些"对自己国家不满"的意大利人——皮耶罗和其他

---

* 　斯特罗齐家族的徽章上有三轮弯月(亏月)。——编者注
** 　意大利语delfino一词既指海豚,也指法国的王储。——编者注

佛罗伦萨的流亡者——一起娱乐消遣。他花钱很有分寸，但并不吝啬。那时他并未像国王一样穷尽奢华、举止轻浮。不同于父亲，这位王储并不沉湎于美色，仅仅满足于自己的妻子以及

> 诺曼底女总督迪亚娜——一个四十八岁的女人。然而有些人认为，和大龄的迪亚娜之间的爱并不算淫秽，而是类似于对母性的渴望。迪亚娜将教育、纠正、警醒和鼓励王储视为己任，使其言行举止符合王储身份。事实上，王储也做到了这一点。他以前爱搞恶作剧、贪慕虚荣、对妻子也不好，还犯了年轻人常犯的错误。如今的他已然脱胎换骨。[45]

那时人们普遍认为王储的情妇（当然不仅仅是柏拉图式的）比王储夫人的影响力更大。一位费拉拉人证实，迪亚娜俨然是**当之无愧的女主人，而为了显得乖巧顺从，王储夫人对其百般容忍**。[46]

在凯瑟琳的推波助澜下，弗朗索瓦一世的意大利梦日益滋长。凯瑟琳丝毫不掩饰自己想回佛罗伦萨看看的想法。有一天，当国王向宫廷中的女眷倾诉，称他想去看看米兰、威尼斯、费拉拉和其他城市时，她向国王吐露了这个想法。国王笑称，佛罗伦萨离米兰太远了，但在王储夫人的坚持下，他最终还是笑着答应了她。他们都喜笑颜开，但从凯瑟琳的再三请求便能看出来，她并没有在开玩笑。[47]

如今，科西莫的娇妻——托莱多的埃莱奥诺拉——是凯瑟琳与佛罗伦萨的纽带。她们二人在同一年生下了孩子。如果说凯瑟琳和科西莫的关系是拘谨客套的，那么她与美丽的埃莱奥诺拉之间算得上情谊深厚。在科西莫和埃莱奥诺拉的一个孩子出生之际，同样怀有身孕的凯瑟琳为埃莱奥诺拉送来了一份丰厚的贺礼——四匹裹着带有精良刺绣的金色锦缎的小马驹，每匹马驹都由一名穿着制服的仆人牵着。然而，她只为公爵准备了八只没有任何装饰的野猪猎犬，这一举动蕴含着微妙的挑衅意味。[48]

　　几个月后，凯瑟琳于 1546 年 4 月 2 日在枫丹白露宫诞下她的次女——伊丽莎白（Elisabetta di Valois），她在将来会成为西班牙女王，可当她降临到这个世界之时，却没有给任何人留下深刻的印象。就连她的母亲也难掩对新生儿性别的失望。在写给佛罗伦萨公爵夫人的信中，她坦白道：“如果不是因为那时我常常身体抱恙，我也不会隔了这么久才让你们知道我生下一个女儿。但现在，感谢上帝，我感觉身体开始好转了。我希望不要因为我生的是女儿而非儿子，导致我们之间的家族情分变淡……”[49] 尽管小伊丽莎白的出生并未受到重视，她却有一位无比尊贵的教父——国王亨利八世。在海上短兵相接后，英法两国重新达成和解。亨利八世为小伊丽莎白举行了洗礼，以示英法关系的缓和。

危险关系

　　法国宫廷与意大利人之间的关系并不简单：法国人似乎对意大利人并不信任，意大利人则尽其所能讨取法国人的欢心。切利尼在巴黎逗留颇长时间后，并未完成他承诺为国王定制的朱庇特雕像。他与埃唐普夫人吵得天翻地覆，最后他别无选择，只得骑着德·罗西主教借给他的骡子离开法国首都，前往里昂避难。在那里，他命令仆人阿斯卡尼奥（Ascanio）[一位传奇人物，大仲马（Dumas）在给一部用词辛辣的关于文艺复兴时期的作品命名时还受其启发] 将国王的银花瓶送回。

　　令人意想不到的是，埃唐普夫人对切利尼的深仇大恨居然使其与佛罗伦萨的流亡者们达成了一致。1546 年初，切利尼在威尼斯与洛伦齐诺·德·美第奇和莱昂内·斯特罗齐进行了一次尴尬的会面。后者对他说："局面正在僵持，我真是担心害怕。他们还说我最好回到法国，在那里可以名利双收。如果回到佛罗伦萨，将失去在法国赚到的一切，有的是苦头吃。"一向不会被轻易恐吓到的切利尼第二天一早便匆匆离开了威尼斯，决定去寻求科西莫的庇护，暂避一段时间风头。[50]

　　急性子的莱昂内并非一直袖手旁观之人。他和他的兄弟们会不惜一切代价回到佛罗伦萨，不过，当然是以摆脱科西莫为前提。正义旗手弗朗切斯科·布拉马奇（Francesco Burlamacchi，卢卡人）组织了一场袭击，目的是入侵佛罗伦萨公爵在托斯卡纳的领地，不过这场袭击以失败告终，莱昂内很可能也参与了这次行动。据外交途径得到的证言称，这个密谋者曾拜访过莱昂内，还口出狂言表示会把比萨交给他。面对莱昂内的质疑，布拉马奇感觉受到了冒犯，他发誓称这座城市是他的囊中之物，一切尽在其掌握之中。莱昂内表示他并不在乎，最后还说："去拿下它吧，拿下后通知我。"[51]

然而，斯特罗齐家族却培养了比这位半吊子阴谋家更危险的同谋：新教徒。1546年秋天，皮耶罗与黑森州的封建主取得了联系。自1531年以来，该封建主便担任联合新教徒力量的施马尔卡尔登联盟（以联盟诞生的德国城镇命名）的领袖。众所周知，斯特罗齐家族并非天主教的拥护者，既因为皮耶罗自称是无神论者，也因为斯特罗齐家族对基督教的规矩过于随意。起码在教廷驻威尼斯大使、著名的《礼貌行为准则》（Galateo）的作者——乔瓦尼·德拉·卡萨（Giovanni Della Casa）看来，斯特罗齐家族称不上天主教的拥护者。

无论如何，皮耶罗和王储的一个手下一同前往拜访这位封建主。威尼斯人对此十分重视，将此举视为在路德派和查理五世之战中，弗朗索瓦一世明确宣布愿意支持德国人的信号。威尼斯大使的手下截获了皮耶罗写给莱昂内的一些信件，信中透露了代表国王出访的原因（"光荣的委托"[52]）——最信奉基督教的法国国王为了激怒查理五世，给新教徒送去了装满钱的钱袋子。

而封建主口中的"令皇帝倍感头痛却深受法国人喜欢的优秀青

年"皮耶罗又慷慨解囊借出多少款项呢？[53] 我们从其他资料中可以看到，皮耶罗通过流亡银行家弗朗切斯科·纳西（Francesco Nasi）向路德教派贷出六十万斯库多的天文数字。在曼多瓦，红衣主教埃尔科莱·贡扎加（Ercole Gonzaga）冷嘲热讽道：通过佛罗伦萨流亡者出借贷款是"法国金融"[54] 的典型操作——借钱不还罢了。

总之，斯特罗齐家族不惜一切代价对抗头号公敌——查理五世，他对斯特罗齐兄弟尊敬的父亲之死负有责任。查理五世根本无法摆脱他们的纠缠：尽管因常年奔波于战场而导致体力消耗，但四十五岁上下的他身体还不错。反观他的同龄人——弗朗索瓦一世和亨利八世——则要衰老得多，身体也欠佳。他们皆沉湎于酒色、过度纵欲，这些都大大消耗了他们的身体，他们已经准备好退出世界的舞台，让位于更加年轻有为的主角。

第六章

报 复

（1547）

当我到达皮亚琴察时，我在街上遇到了皮耶尔·路易吉公爵，他打量着我，将我认出来了。

——切利尼，《切利尼自传》(II, 40)

"王国尚未摆脱女人的掌控"[1]

早在 1546 年秋天，亨利八世的健康状况便不容乐观，据推测："那位国王命不久矣，仅剩四五年的时间。如今他已经五十七岁，体态肥硕，看起来就像是一个怪物。"[2] 曾经的一场比武使这位过度肥胖的君主得了溃疡，多年来备受折磨。1547 年 2 月，他英年早逝的消息传到法国，弗朗索瓦一世悲恸欲绝，他们从未像彼时那般情深义重。[3] 又或许，弗朗索瓦一世也隐约预感到自己大限将至。

短短几周内，弗朗索瓦一世的身体状况急转直下。由埃唐普公爵夫人带头，他将所有情妇召集在一处，说他身居王位三十三载，**一直恪守本分，如今自己已经年迈。在他在位期间，情妇们都生活**

得很是体面，他不知道自己离世后她们还能否维持那样的生活。情妇们都泪流满面，发誓没有国王她们也难以苟活。在某种程度上这也是事实：王位的更迭也意味着后宫的大换血。

国王的病情已经严重到将王储召回巴黎的地步，当时王储和普瓦捷的迪亚娜正外出旅行作乐。[4] 而谁将取代宫廷宠妃之首的地位，已经不言而喻。

费拉拉大使朱利奥·阿尔瓦罗蒂在寄给埃尔科莱·德斯特（Ercole d'Este）的密信中讲述了国王最后的日子。在朗布依埃城堡里，弗朗切斯科闭门不出，向红衣主教图尔农忏悔。他还召见了王储，并将王国、臣民和奴仆（以及他的情妇）都托付给他。国王持续高烧了二十五天，快到 3 月底时，他的病情愈加严重，深受肠绞痛和呕吐的折磨。为了避免体虚，"只要能唤起国王的食欲，医生允许他享用一切食物。他们让他吃灌满鸡蛋的肠子，多种草药、虾和各种东西的大杂烩"，这一饮食菜单堪称为拉伯雷的巨人所准备！除此之外，和身体无恙时一样，国王还会在饭后饮酒，甚至喝得比平时更多。"他狂饮大量酒水，致使食物在胃中漂浮。由于国王消化不良，他们每隔一小时给他喂食一次。他们说国王需要保持体力，才不至于油尽灯枯。他们秉持着这样的理念照料国王，上帝保佑他们能照顾他久一些。"[5]

显然，这一期盼是不可能实现的。国王时日无多，于 3 月 31 日逝世。他死前亲自下令进行尸检，检查结果证实了纵欲过度对人体损害之大。尸检结果显示，国王的大脑、肝脏和心脏都非常健康，但他的喉咙、肺部、肾脏和睾丸都严重受损。很明显，这是梅毒后期的症状，或许还与他滥饮烈酒有关。毫无疑问，要是国王能更加严于律己，他起码还能再活二十年，毕竟他的体格很强壮。德斯特补充道，他临死时十分虔诚，坚信自己会前往一个更好的世界，"**弗朗索瓦一世还恳求王储，也就是如今的国王，要好好经营国家，切勿加重人民的负担，也不要像他那样剥削教会的钱财，他知道自己的罪孽比所有子民之罪加起来还要多**"。[6] 据财务官称，弗朗索瓦一世在位期间挥霍了约 1.8 亿斯库多金币，这完全是个天文数字。

王储在自己二十八岁生日之际，即在 3 月 31 日当天登上王位，成为亨利二世（Enrico II）。五年前驻守法国的威尼斯大使马泰奥·丹多洛注意到新国王的突然转变。1542 年，他对国王的描述是"他生性忧郁，没人见过他的笑容，他面色苍白，甚至有些发青"，而如今的他已经蜕变得"活泼开朗，面色红润，气色极好；他的胡子不多，但已经开始冒出；他的眼睛很大，却总是眼眉低垂；他的颌骨和额头间距不宽，所以他的头不是很大"。[7]

他对体育锻炼有着近乎痴迷的热情。几年前，他在一场比武中与父亲同台竞技。"他对父亲的前额一顿突袭，一个猛击把他额头上的肉都揪起来了。"这种弑父的祖传欲望差点实现……然而，与其敏捷的反应和肌肉力量形成对比的却是他慵怠的思维与简单的头脑。[8] 不过他知道如何伪装，这是他身为储君时便学会的门道。他向退居乡间的埃唐普夫人（在乡下的她"卑微贫贱，求告无门"[9]）虚伪地承诺称，宫廷的大门将永远向她敞开。

很明显，新入主宫廷的是神圣的迪亚娜——一个四十八岁的美丽女人。她热衷于永葆青春、维持奢靡的生活。她的随从至少有二十五人，其中包括一名神甫、一个医生、一个财政官、一个秘书、一位马厩总管、两个侍从、三名奴仆、一名女仆（也是她的裁缝）、一男一女两个小矮人、几个用膳侍从，最后还有一名弹奏斯皮耐琴*的男仆。[10]

国王彻底沦陷，时常出入宫廷的大使们描绘了一幅既恶心又矫情的场景：幼稚的国王被玩弄于股掌之中，整日欣赏情人，被迷得神魂颠倒，"他还时不时抚摸她的乳房"。帝国驻法国宫廷大使让·圣-莫里斯（Jean Saint-Mauris）如是评价道，还提到了他的愚钝。[11]在描述亨利时甚至还出现了这样的画面——在宠妃面前，亨利手持鲁特琴**，问王室统帅蒙莫朗西（由于宠妃没有反对，他回到了宫廷）："她不美吗？"而她则掩面道："不久我就要满脸皱纹了！"蒙莫朗西只得附和，他渴望获得迪亚娜和强大的吉斯家族的支持，而迪亚娜与吉斯家族之间又有着盘根错节的联系。

是查理五世的特使在恶意颠倒是非吗？然而费拉拉特使阿尔瓦罗蒂的描述更加直白：国王除了打球和偶尔打猎，其余时间全都用

---

*　一种小型的羽管键琴。——译者注
**　文艺复兴时期欧洲最流行的家庭独奏乐器。——编者注

156

来和迪亚娜寻欢作乐。他们每天在一起的时间不少于八小时，要是迪亚娜碰巧在王后的房间，他会立马派人去寻，毫不留情地羞辱妻子（顺便提一句，几乎没有大使提到过王后）。几个月后，阿尔瓦罗蒂在报告中称，宫廷中人对国王沉迷于迪亚娜深恶痛绝，国王每件事都要征求她的意见，"对她高度依赖"。实际上，"国王两耳不闻窗外事，他对其他事物没有任何兴趣，对除迪亚娜之外的女人也毫无兴致"。

那么王后呢？亨利也会去她那里，但正如费拉拉大使从圣-莫里斯处听闻的那样，"只有当迪亚娜和王后在一起时（国王才会前去看她）。如果迪亚娜不在，国王绝不会踏入她的寝殿！"正因如此，人们对亨利政府的评价很差，"大家都明白不能惹得这位夫人不满，于是费尽心机讨好她"。[12]

欧洲各国对外交使者们描绘的法国宫廷状况感到不解，甚至有些蔑视。查理五世对亨利二世毫不尊重：在米尔贝格战役（1547 年 4 月 24 日）中，帝国军队击溃了部分由法方资助的路德派军队。次日，皇帝宣布："如果教皇妄图拴住土耳其的头发来对付帝国，那么法国国王除了要拴住他们的头发，还会拴住他们的手和脚。"[13]

对新国王的抱怨接踵而至。有人说他鼠目寸光，被人牵着鼻子走；也有人说他举止危险，完全是在恣意胡闹（比如他让一个少年侍从反复从骆驼上摔下来）；还有人说他是个被宠坏的、永远长不大的小男孩。

显而易见的是，他被迪亚娜玩弄于股掌之中。同样，王室统帅蒙莫朗西也轻而易举地将其操纵。这位王室统帅的傲慢自大令人难以忍受，他自认在所有事务上都能代表国王发号施令。

面对这般暴虐行径，凯瑟琳又作何反应呢？厉声争辩？让外界听到自己的声音？这对于她来说难于登天……实际上，她并没有什么实权。比如，她发现自己负债累累，命人将账目整理出来，却遭到重重阻碍。此外，增加一万法郎的年金是以玛格丽特所得低于凯瑟琳为前提。凯瑟琳提出抗议，提醒称"国王女儿的年金不应低于任何人，应予以考虑"。但凯瑟琳的所有提议均未得到采纳，玛格丽特的年金没有任何变动，王后再次遭受了羞辱。

尽管顶着王后之名，凯瑟琳却算不上真正的王后。据称"她并无实权，甚至拿不到孩子的抚养权——迪亚娜希望管教她的孩子，掌管他们的服饰穿戴和其他一切事务，凯瑟琳对此极为不满"。[14] 此外，在 16 世纪中叶，王后照顾子女之时，通常会辅以保姆和家庭教师。而负责亨利和凯瑟琳孩子的女教师不是别人，正是当权的迪亚娜。不过据记载，偶尔也会有幸福的家庭时光。

在描述"宫廷如何混乱不堪"时，美第奇家族的大使吉安·巴蒂斯塔·里卡索利（Gian Battista Ricasoli）停下笔伐，勾勒出一幅罕见的家庭图景：为参观法国国王的乡间古宅，大使前往圣日耳曼昂莱城堡。在路上，他看到凯瑟琳正在和她的孩子——弗朗切斯科和伊丽莎白——一起用早餐。里卡索利称，科西莫公爵期盼用一幅温馨的家庭图景抚慰王后，王后作为母亲的自豪感油然而生，便问道：
"科西莫的孩子们是否也像她的王储阁下一样英俊无瑕呢？小王储
有着一副不怒自威的样貌，全然配得上他的帝王身份。他目光严峻、
眼神灵动，不像一个三岁的孩童，反倒像一个成熟的男人。"[15]

兰斯之旅

1547 年 5 月，弗朗索瓦一世的守丧期结束之后，亨利领衔一众
宫廷人士前往兰斯。按传统习俗，法国国王皆在此地举行加冕仪式。
而蒙莫朗西正不惜一切代价、小心翼翼地编织陷阱：他邀请国王入
住他在尚蒂伊的城堡，"这是他眼中法国最美丽的地方"，他们在城
堡纵情享受了三日。[16]国王一行人一抵达兰斯，蒙莫朗西便花了三
小时**"热情接待意大利人，特别是米兰多拉伯爵和皮耶罗·斯特罗
齐"**。皮耶罗·斯特罗齐早前已迅速赶回法国，且比以往更加**"嚣张
和贪婪，就像魔鬼一样"**，[17]这是里卡索利在加密信里写下的，他猜
测**"这群夜行人"**正带着不轨企图，准备**"远征意大利"**。[18]

这是一个庆典之夏，大使们在信中将庆祝活动描述得巨细无遗。
法国宫廷一行人抵达时，亨利穿过城市的大街小巷，队伍里几乎所
有人都身着黑色天鹅绒长袍（以示对近日丧期的尊重），长袍上点缀
着细致的金色花瓣。国王在队伍最前方，骑着一匹小马驹，王室统
帅与国王同骑，看起来就像一个小型半人马。和往常一样，王后和
玛格丽特紧随其后，坐在轿子里。两位女士形影不离，她们是"难

得一见的淑女，不仅是法国之光，更是整个欧洲的两盏明灯"。[19] 在兰斯的第一天以一顿丰盛的晚餐结束，随后是每晚的例行活动——以意式舞曲为主的派对。[20]

第二天，亨利向享乐主义者——红衣主教沙蒂永（Chatillon）和皮耶罗·斯特罗齐授予了著名的圣弥额尔骑士勋章。两位新骑士和陪同皮耶罗的加莱奥托·德拉·米兰多拉一起，他们穿着一袭绣有银线的黑色天鹅绒长袍，身骑黑色骏马，四处游行炫耀。[21] 女人们仅充当观众，凯瑟琳、玛格丽特和一众女眷透过凯旋门正对面一栋房子的窗户，观看游行队伍。随后，在大教堂的加冕仪式上，她们移步至用金色矢车菊和五颜六色的丝绸挂毯作点缀的华丽场所。[22]

教堂里，一众红衣主教、王公贵族和上层名流盛装出席。和往常一样，出席仪式的先后次序引发了口角纷争。里卡索利要求在曼托瓦大使之前出席（费拉拉大使缺席仪式，事先派秘书说明了缘由）。尽管里卡索利明白他无权提出这般要求，毕竟美第奇的头衔与贡扎加或是埃斯特相比资历尚浅，但他还是蛮横地固执己见，声称要装病，绝不前来接受羞辱。最后他来到教堂，当着凯瑟琳的面大闹了一场，却无疾而终。[23]

亨利并未受这场骚乱的影响。王室的宗教仪式需要内省，他聚精会神、态度虔诚。当迪亚娜事后问他向上帝祈祷了什么，他答道："如果上帝希望他对人民施以善政、带来福祉，就让他长命百岁吧；如若不然，就让他早日归西吧。"[24] 事实上，上帝也将满足他的愿望。

加冕仪式结束几天后，大使争夺出席次序、发生冲突的消息传到了佛罗伦萨。科西莫震怒，他在公开场合大肆宣扬美第奇家族的优越血统，私下却把责任推给了凯瑟琳，认为她态度消极。或许是忘却了自己的美第奇血统，在里卡索利激愤地前来埋怨自己遭受的无礼对待时，王后表现得冷若冰霜。"总而言之，我们相信凯瑟琳是无辜被卷入旋涡，但倘若她更大胆一些，从牙缝里挤出几句话，或许事态就会有所改变。"[25]

打碎牙往肚子里咽

在法国，嘲讽友邻的讽刺艺术频频上演，丝毫不逊色于佛罗伦萨。例如，毒舌的帝国大使圣-莫里斯对威尼斯同事的冷嘲热讽。威尼斯大使因为身体抱恙，在宫廷一行人离开后仍滞留在兰斯。[26]

说到开玩笑，宫廷小丑布吕斯克（Brusquet）——让-安托万·隆巴尔（Jean-Antoine Lombard）的昵称，或许是指另一位来自波河地区的移民——曾去看望身体抱恙的威尼斯大使，还针对他的病症（即胃胀气）提出一个荒唐的治疗办法。布吕斯克建议他含一根手指在口中，再用一根手指插入肛门，每隔一段时间交换两指。这个"药方"居然见效了！

值得一提的是布吕斯克和皮耶罗之间荒唐至极的恶作剧，也证明了皮耶罗是开得起玩笑之人。[27] 在皮耶罗拜访君主之际，布吕斯克在他的黑色天鹅绒长斗篷上涂满猪油并讽刺道："您的金翅膀可真美啊!"皮耶罗没有生气,将斗篷赠给了布吕斯克,并让布吕斯克再给他带一件来,心里却暗暗发誓要让他付出代价。几天后,皮耶罗带着一名铁匠到布吕斯克家去。趁着布吕斯克和客人闲谈,铁匠换了锁芯,偷走了他所有的贵重物品。布吕斯克向国王提出抗议,国王却开怀大笑道:"愚弄他人者反遭愚弄。"

出于职业原因,布吕斯克从来不笑,但他却能毁掉别人的笑容。他并未缴械投降,而是邀请皮耶罗到家中用点心,承诺会像对待国王一样将其奉为座上宾。他为十几位绅士端上热乎乎、香喷喷的糕点,而当客人品尝时,却发现糕点里全是金属碎片。

恶作剧大战尚未结束。皮耶罗向凯瑟琳描述布吕斯克的妻子是如何丑陋不堪,出于好奇,王后命令布吕斯克将妻子带来。这个可怜的女人来到宫廷,打扮得像要结婚的新娘子,逗得大家哄堂大笑。布吕斯克提前跟妻子打招呼称王后是个聋子,又跟凯瑟琳说,自己的妻子有听力障碍。两个女人尖声谈论了许久,宫殿的墙壁都为之震颤,直到皮耶罗察觉到这个玩笑,对着小丑那倒霉妻子的耳朵吹小号,把她的耳朵都快震聋了,过了好一会儿她才恢复了听力。趁布吕斯克在意大利时,皮耶罗向他的妻子传递他横尸在外的假消息,而当布吕克斯回到法国时,便惊觉自己被戴了绿帽子,还遭人耻笑。

远征苏格兰

战争绝非儿戏。在战场上,斯特罗齐家族收起了戏谑玩笑的态度。1547 年 8 月，莱昂内被提拔为皇家舰队雇佣兵队长，取代愤恨不满的波利诺（彼时已经失宠）。首次出兵，莱昂内便拿下了苏格兰的圣安德鲁斯城堡——那里窝藏着一个罪犯，他曾谋杀了玛丽·德·吉斯（Maria di Guisa）王后的红衣主教叔叔。此次出征带有强烈的天主教色彩，目的是削弱英国圣公会的势力，使苏格兰免于遭受正在欧洲大陆肆虐的分裂危机。

身为皇家舰队雇佣兵队长的莱昂内驰骋沙场，以期证明自己的实力。与此同时，他的兄弟皮耶罗获得了圣弥额尔骑士勋章，还被国王授予了皮卡第的一块小封地。斯特罗齐两兄弟所向披靡、战无不胜的名声远扬，但他们也暗藏野心。虽然当时罗伯托身体抱恙，但其作为财政专家已然声名鹊起；最年轻的洛伦佐也不再流连于妓院，转而投身于教会事业。[28] 简而言之，几年前惨遭阿雷蒂诺嘲讽的"英雄兄弟"终于能够展露才华。他们成功之路的唯一阻碍便是蒙莫朗西的专横统治。事实上，他们之间的冲突很快便会上演。皮耶罗一如既往不擅外交手段，在事关王国的防御政策上，他强烈反对蒙莫朗西，还**"当着国王的面抨击王室统帅"**，招致生性敏感的蒙莫朗西记恨。[29]

正因如此，宫廷里有一众斯特罗齐家族的反对派。在呈给佛罗伦萨公爵的信中，里卡索利对反对他们的声音大加渲染，趁机贬低莱昂内。在远征苏格兰的结果尚未揭晓之时，他便认为勇猛好战的英国人必定会占上风。[30] 科西莫则希望证实皇家舰队新雇佣兵队长战败受伤的消息，[31] 不过结果令他大失所望。莱昂内在海上冲突中大获全胜，甚至缴获了六艘敌船。据里卡索利称，此举令国王大发雷霆，因为他并不想公开挑起与英国之间的战争。

洛伦佐·斯特罗齐似乎仍不肯善罢甘休，他斩钉截铁地宣布自己建设教会的蓝图。他在国王和王后面前称，"既然在陛下的荫庇下他的兄弟们都功成名就，他也决心踏上从教的道路，有朝一日建功立业。但是国王必须确保他成为红衣主教，否则他决不会遂他们的心意"。[32] 但说到底洛伦佐内心深处仍挂念着尘世，或许教会之路仅是让斯特罗齐家族各项事业开花结果的众多途径之一罢了。这一点从他的图书馆藏便能窥得一二，他的藏书中鲜少出现宗教文献，却有卡斯蒂廖内的《廷臣论》和马基雅维利的著作。[33]

如果说斯特罗齐家的表兄弟们正在扬名立万，那么凯瑟琳则日渐卑微渺小。为了情人，丈夫不仅对她熟视无睹，还不断进行羞辱。凯瑟琳对丈夫所做之事一无所知，对其变幻莫测的行踪更是摸不着头脑，她的待遇和奴仆没什么两样。1547 年 8 月，国王告诉她自己将离开两天，结果却在当天深夜出现，还责令凯瑟琳为其准备晚餐。日复一日的羞辱让她很是窝火。次日，不甚和睦的两人前往枫丹白露宫，驻留在田园诗歌般的利斯勒阿当，在那里，凯瑟琳起码还能利用短短几个小时探望一下孩子。

为我们讲述这趟旅行的是科西莫派遣的大使，他对凯瑟琳寄予厚望，希望她能担任调解人。一番交谈后，他确信已经说服了王后——倘若能和佛罗伦萨公爵成为盟友，国王"对她的恶劣印象"也会完全消失。[34] 里卡索利认为，既然这对王室夫妇将会同船航行，凯瑟琳将有机会跟丈夫朝夕相处，积极帮助科西莫从中调和。但他不过是在自欺欺人。

与此同时，大批恶徒正在托斯卡纳北部蓄势待发，准备摧毁意大利那已然脆弱的权力天平。

衣冠禽兽

1547 年夏天，皮耶尔·路易吉·法尔内塞（帕尔马公爵、教皇之子）的一个秘书——言辞犀利的学者阿尼巴尔·卡罗——前往米兰拜访帝国总督费兰特·贡扎加。卡罗是嗅觉敏锐之人，他察觉到他们"在伦巴第备受憎恶、惹人嫉妒，受人怀疑。除了费兰特（也对他们十分戒备），几乎所有人都认为他们是心肠歹毒之徒"。[35] 简而言之，其中有诈！然而公爵对此并未在意。

两个月后，佛罗伦萨在米兰的代理人——狡猾的弗朗切斯科·文塔（Francesco Vinta）——以迅雷不及掩耳之势传递消息，及时从皮亚琴察通知科西莫法尔内塞的死讯。据信使称，是阿戈斯蒂诺·德·兰迪（Agostino de' Landi）伯爵与同谋闯入公爵的房间杀了他。随后，在武装人员的协助下，他们将尸体拖上街扔进沟里。在这个节点上，民众都默不作声。这封密报称，皮亚琴察的市民同意归顺皇帝。[36]

这起事件引发的政治后果纯属意料之中，人们认为谋杀案件的始作俑者就住在米兰。一封来自枫丹白露宫的信件寄到了尚在疗养的罗伯托手中，身为军事领域专家的皮耶罗·斯特罗齐巨细无遗地回顾了这起事件，从策划角度来看，他认为这起谋杀案堪称无懈可击，是出于专业人士之手。显然，他认为费兰特·贡扎加策划了谋杀案，在杀手的通知下，他早已迅速赶到帕尔马。

皮耶罗·斯特罗齐评论道："现在我交由你思索和探讨时运的可怕之处，它是如此变幻莫测，这些意外往往产生于盲目自信。你想想看，教皇的处境是多么窘迫，而教廷的声誉又是如何，他能否忍受那样的结局——整个世界的覆灭。" [37]

皮耶罗和里卡索利对坏消息的看法最终达成一致，他们自诩对那场残酷谋杀"早有预料"（"我想您还记得吧，我曾不止一次推断这位阁下之死绝非偶然"），他补充道："如果教皇陛下出于谨慎，对如此严重的伤痕视而不见，那么将后患无穷；如果不将痛苦发泄出来，教皇就会像那些身患'法国病'（梅毒）的人一样，试图掩盖病毒却反遭吞噬。" [38]

此番医学类比并非信手拈来。鸡奸者皮耶尔·路易吉·法尔内塞是臭名昭著的梅毒患者。奥尔腾西奥·兰多（Ortensio Lando）在其作品《意大利最著名的奇闻逸事评论》（*Commentario delle più notabili e mostruose cose d'Italia*）中将他描绘成"一位身材矮小的男人，手无缚鸡之力，腿脚乏力。他从未举起长矛、挥舞利剑、拔出匕首，更何谈拔出火绳枪，他就这样成为这座城市的主人"。[39] 在阿雷蒂诺的一首讽刺诗中，帕尔马公爵是一个畸形的侏儒，其邪恶的长相令人十分反感。他布满疥疮的面庞就像"一个烤制失败的蛋煎饼"，躯干就是一个 S 形，他的双臂正如"两个佛拉芒的六孔竖笛"，两条大腿则像"两块马背奶酪 *"，下肢就像两颗卷心菜的残骸，痛风使得他双脚扭曲变形。还有"他那架起红衣主教奇博妻子胯部的阴茎，神似一头骡子。当然，它如今再也无法挺立了"。[40]

虽然归西的法尔内塞在性事方面已无法造成公害，但据说他在世时可谓为所欲为。二十四岁的法诺主教接待了行军途中的法尔内塞，却惨遭强奸。瓦尔基在《佛罗伦萨史》（*Storia fiorentina*）的尾声处愤慨不已地描述了这一恐怖的施暴行为：几周后，惨遭暴行的年轻主教便在创伤和耻辱中死去。几个世纪以来历史学家一直沉迷于这个故事，然而他们始终无法找到证明事件真实性的关键线索。不可否认的是，皮耶尔·路易吉的个性与这种下流行为完美契合。有人这样评价："他是一个衣冠禽兽。除了臭名昭著的声誉，他还满脑子邪念（正如许多人所认为的那样）。从未在任何地方听到过对他的赞美之词，每个人都在唾弃谩骂。"[41]

佚名作者——可能是帝国驻意大利的博学者——大使迭戈·德·门多萨（Diego de Mendoza）在描述帕尔马和皮亚琴察公爵

---

* "马背奶酪"是意大利本地最受欢迎的奶酪品种之一，以其特别的葫芦形状而闻名。——译者注

皮耶尔·路易吉·法尔内塞的魂魄与灵魂摆渡人卡戎（Caronte）的对话时，[42] 无情嘲讽了皮耶尔·路易吉那地狱般的欢迎仪式，称其不配与切萨雷·博尔贾相提并论。根据数月前的一些流言蜚语，公爵想把他在皮亚琴察的宫殿献给魔鬼，为此教皇用占星术精确卜出应该在哪一天开工修建基石。人们也被号召参与其中，向地基处投掷了不少石头，有一块石头甚至打破了公爵的轿子，不久后公爵便被杀害。[43] 尚未竣工的城堡则沦为暴君那残缺尸身的坟墓。

巫师秘书

公爵的秘书深谙圣心，对主人的思维和想法了如指掌。[44] 人们因此将目光聚焦到了秘书阿波洛尼奥·菲拉雷托（Apollonio Filareto）身上。公爵逝世不久，人们便开始对这个怪人的审判议论纷纷。[45] 科西莫的代理人弗朗切斯科·文塔是沃尔泰拉人，行事机敏。他在报告中称，法尔内塞被谋杀之时，阿波洛尼奥·菲拉雷托曾有片刻犹豫（或许是为了保护他价值一万五千斯库多的房子和珠宝），试图扮作僧侣逃之夭夭，却被皮亚琴察人逮住。帕尔马公爵的另一位秘书、善辩的阿尼巴尔·卡罗则当机立断，在好友的提醒下"扬鞭上马，一走了之"。

文塔巨细无遗地描绘了这起事件。皮亚琴察的新领主费兰特·贡扎加与文塔关系密切，他也拿到了《阿波洛尼奥的叙述与秘密》（*le scritture e i segreti di Apollonio*）的副本，并将它一式两份寄给了查理五世和科西莫·德·美第奇。阿波洛尼奥在皮亚琴察的监狱里被关押了两天两夜，但免遭酷刑。显然，米兰的严刑拷打正等待着他，他即将遭受非人的对待以及"其他各种热情款待"。[46]

在皮耶尔·路易吉·法尔内塞的个人物品里搜查出了"巫术、魔法和邪鬼"之物，费兰特·贡扎加下令拷问阿波洛尼奥。新公爵怀疑这是来自教皇的礼物，倘若坐实质疑，他便打算通知特伦托大公会议（正是由教皇召集），而教皇则会被视作异端邪教和不虔诚之人遭受谴责。在一个装有阿波洛尼奥的文件与账目的保险箱里，还查获了两个精心封口的锡瓶。文塔猜测里面或是毒药，或是水银，又或者是"与炼金术或巫术相关的'好'物"。为了证实猜测，他将液体喂食给一只小鸡，小鸡当即死亡。这的确是"好的毒药水"。[47]

关于巫术疑点重重。除此之外，人们还怀疑秘书阿波洛尼奥是"敕书的秘密书写者"，也就是预言家和"符咒师"。[48]除去这些含糊不清的指控，文塔也承认审讯和酷刑丝毫不起作用。他称："**尽管阿波洛尼奥遭受绳索折磨和严刑拷打，但他从未承认过任何关键指控，他们得不出任何结论。他只提及了皮耶罗·斯特罗齐、法国和热那亚，但却无法得知这几者之间的联系。**"[49]

和往常一样，关于帕尔马公爵之死，皮耶罗·斯特罗齐一直位列科西莫的嫌疑人之首。这并不奇怪，为了消灭唯一真正的仇敌，科西莫几乎着了魔。在得到皇帝授权的米兰总督费兰特的协助下，"除掉皮耶罗·斯特罗齐是他梦寐以求的事情"。[50]而这场殊死搏斗的目标皮耶罗自己也心知肚明，那几日，米兰总督下令称，每个拜访他的人都会被找借口杀死。因此皮耶罗不得不"诉诸武力，要么自己和所爱之人奔赴黄泉，要么杀死那些试图对自己不轨之人"。[51]

为了解决皮耶罗这个大麻烦，科西莫和费兰特雇用了间谍和刺客。米兰总督还让他的一个远房亲戚路易吉·迪·贡扎加（Luigi di Gonzaga）侯爵也参与进来，要求他作为具体执行人，他们之间的谈判似乎即将达成一致。[52]如果刀剑无法见效，科西莫准备辅以毒药。

无独有偶，据传，法尔内塞家族也曾想对皮耶尔·路易吉谋杀案的主谋费兰特下手。贡扎加得知美第奇家族那里有一种解毒剂，便索要了一些，那是亚历山德罗（这位暴君害怕落得像堂弟伊波利托那样的下场）时期所制作的。以防万一，科西莫准备了烧瓶，里面装着费兰特想要的解毒剂（需要两年时间才能制成），并承诺将它送给费兰特。

尽管这起谋杀获得了支持，但目标人物皮耶罗却被一只无形的手庇护，屡次逃出生天。或者说他有着"不同寻常的思维"，[53]让人既无法预判他，又抓不住他。不同于皮耶罗，阿波洛尼奥仍然被关押在监狱，他承受住了严刑拷打，没有吐露任何调查人员想要的内容，人们怀疑他有魔法护体。文塔报告称：

　　他们发现他的裤兜里有魔法，所以严刑拷打不过是一介笑话……他精通巫术，能够通灵，他运用邪恶的符咒或超自然的咒语进行自卫。然而，酷刑的花样有很多，我本想看看魔鬼有多大能耐，人类和美德的力量有多强大……这些东西我从未见过，我这么说不是因为觉得它们邪恶，而是为了证明那些听起来荒唐之事。[54]

几个世纪过去了，彼得罗·韦里（Pietro Verri）在他的《酷刑评论》（*Osservazioni sulla tortura*）中对这一事件在法律范畴上的合法性提出质疑。文塔是一位经验丰富的外交官，头脑敏捷又有文化素养，他的话语揭示了在那个时代对黑魔法的迷信是多么根深蒂固。这代表着超越肉体的痛苦，是一种形而上学。当然，凯瑟琳难免受到怪力乱神的影响。

1547 年 11 月 12 日，王后再次诞下一个女孩，这令她大为光火。[55] 这是她的第二个女儿——身体羸弱的克劳迪娅（Claudia）。王后的失望之情溢于言表，心烦意乱的她倍感孤独，在这种情况下，她求助于超自然之力也就不足为奇了。凯瑟琳的身边总是围绕着占卜师和巫术法师，其中也包括切利尼（有天晚上他在斗兽场办了一场令人印象深刻且毛骨悚然的召灵仪式）。[56] 仅仅几个月后，王后就遇上了他们中名气最大的诺查丹玛斯（Nostradamus）。

第三部分

黑上加黑

第七章

臭名昭著

（1548—1551）

> 我率先找到了美杜莎的头颅，正如我跟公爵说的那样，它看起来相当不错。
>
> ——切利尼，《切利尼自传》（II, 78）

豌豆王后

新生儿并非王位继承人，这令宫廷上下倍感失望，凯瑟琳的势力也进一步削弱。她产后很快便恢复过来，为了证明身体已然无恙，"强打精神和国王再次奔赴鹿场"。[1]然而，精神创伤却难以愈合：由于新生儿的教母、即纳瓦拉的玛格丽特不在宫廷，洗礼推迟举行，而本应在圣诞之际在巴黎举行的加冕仪式——凯瑟琳对这场仪式极为重视——也被推迟到明年春天。她现在就像个傀儡王后，与按照传统在1月6日获得称号的豌豆王后*所获得的荣誉相比，她什么也

---

* 根据宗教传统，在1月6日主显节这天，特制的节日馅饼中会藏有一颗豌豆，谁吃到带豌豆的馅饼便会被选为"豌豆王"，并由他来任命一位王后和一众仆人，所有人都要服从这"夫妇"二人的意愿。——译者注

算不上，只是徒有虚名。[2]

1548 年的主显节，王后身份落到玛格丽特的宫廷侍女、漂亮优雅的多特维尔（d'Hauteville）头上。按照习俗，当天夜里和次日整天，她都会被尊为王后，以王后之名行事，按她的旨意为宫廷人士升官加爵，并任意处置厌恶之人。第二天一早，国王带她去做弥撒，她按照王后的礼仪规定穿衣打扮，佩戴着金银珠宝，整个王室的人——王子、豪绅、夫人和侍女——都陪同在列。音乐家交相演奏各种乐器，有鼓、短笛、长号和古低音提琴等。午宴时分，满桌盛宴已为她备下，在金色锦缎的华盖下，国王、普瓦捷的迪亚娜、王室统帅和宫廷里的达官显贵都坐在她身旁。他们举起酒杯，在觥筹交错间向新王后致敬，为她庆祝。曼托瓦大使乔治·科内格拉尼（Giorgio Conegrani）记述道："那天，他们跳了三拍舞蹈*和其他各种舞曲。国王一直带领着新王后，如果只看国王对舞蹈的重视和对她的言行举止，人们都会以为她才是真正的王后。"

对凯瑟琳来说，这是一种羞辱——从未有人这般关注过她，自从尊重她、将她视为女儿般爱护的弗朗索瓦一世去世后，情况便越来越糟。凯瑟琳以身体不适为由，并未出席这场午宴。为了表达对她的支持，她的好朋友玛格丽特也一同缺席了午宴。

或许凯瑟琳希望丈夫能陪同她出席几天后的教皇玫瑰授予仪式。凯瑟琳极其重视教皇的授予，那是对其王后身份的官方认可。但倘

---

* 文艺复兴时期法国和意大利北部流行的一种舞蹈。——译者注

若认真严肃地对待这一幕，就会降低王后的影响力。

最后，在圣米迦勒骑士团几位骑士的护送之下（皮耶罗·斯特罗齐也在其中），王室统帅带领着凯瑟琳，两人手挽手，一同参加了庄严的弥撒。国王整日忙于打猎，并未露面。[3]

谋杀布鲁托与刺杀皮耶罗

在威尼斯，另一场狩猎正在上演。对于亚历山德罗公爵谋杀案的凶手洛伦齐诺·德·美第奇，帝国密使从未中断过监视。在过去的三十三年里，洛伦齐诺有十一年都在逃亡。1548年2月，他的逃亡生涯终于结束。两个沃尔泰拉的刺客一路尾随，在威尼斯的乡间小道将其谋杀，并效仿其杀害公爵的方式将其分尸。这一天科西莫等待已久，他赏给了两位刺客丰厚的报酬。[4]

对于斯特罗齐家族来说，这个表兄弟一直是个麻烦。在莱昂内眼里，洛伦齐诺举止轻率，因此在听闻他的死讯时也并不感到惊讶。[5]在这场纠缠不清的阴谋中，热那亚也浮现出另一场针对多利亚家族的阴谋，由年轻的朱利奥·奇博（皮耶罗认为他是个鲁莽糙汉）组织策划的。[6]和家族其他成员一样，朱利奥·奇博不善谋划，他的阴谋拙劣不堪。他被带到米兰的监狱，接受贡扎加的审判，最后和阿波洛尼奥一起被关进牢房，在招供后被斩首。

气氛愈加紧张，窃取他人秘密是事关生死的大事。里卡索利企图在凯瑟琳身边安插间谍，他先是贿赂忏悔神甫雅各布·托尔索利

（Jacopo Torsoli），继而又操纵菲利波·斯特罗齐曾安插在法国的密使安东尼奥·加泽蒂。安东尼奥·加泽蒂出身卑微，曾在佛罗伦萨的监狱里待过几年，他的妹妹凯瑟琳·加泽蒂是王后最信赖的侍女。里卡索利坚持要求科西莫释放加泽蒂，但这一请求屡次遭拒。最后，安东尼奥获准前往法国，前提是要监视斯特罗齐家族，以此报答科西莫。

在科西莫的强烈举荐下，耍着各式花招的内鬼潜入了敌人的巢穴，但这一铤而走险的游戏终究被识破了。如今，里卡索利名誉扫地，受到宫廷人士的冷嘲热讽。在他前去和国王告辞时，他们都对他不屑一顾。

他离开后，唯一留在宫廷的佛罗伦萨人彼得罗·卡尔内塞基（Pietro Carnesecchi，与改革派联系紧密，因此属于异端分子。几年之后他便会被科西莫押送到宗教裁判所，他本人对此毫无异议）与凯瑟琳建立了深厚的友谊并深得她信任。1548 年 5 月，他告诉凯瑟琳她的丈夫和蒙莫朗西已经欺骗她好几个月了。不过，没有文献资料可以佐证此事，也难以得知事情的来龙去脉。然而王后觉得此事令她难以置信：她觉得这是不可能的事，但实际上国王和王室统帅"瞒天过海，他们隐藏得很深，以至于凯瑟琳嗅不到一丝谎言的气息"。[7]

另一方面，针对皮耶罗·斯特罗齐的阴谋诡计越来越明目张胆。1548 年 6 月底，皮耶罗准备启程前往苏格兰，彼时在船上举行了步枪连射仪式，以此迎接舰队雇佣兵队长。而在皮耶罗主持部队的登船仪式时，发生了四次袭击。其中一次击中了一名军官，在距离皮耶罗脑袋仅几个巴掌近的地方，"嗖"的一下穿过。这看起来是场意外，但难以服众，毕竟皮耶罗广遭嫉妒，受人憎恨。他并不想展开任何调查，决定敷衍了事。他并非假意漠视危险——凭借自己大无畏的勇气，他多次暴露在枪林弹雨之中，仿佛他的盔甲是射击场上的靶子。

7月1日，军队抵达英国要塞埃丁顿（苏格兰的哈丁顿）。三小时前，皮耶罗·斯特罗齐便认出了这个地方。第二日，当他在指挥挖掘沟渠时，雇佣兵队长普莱德罗的眼睛被火绳枪击伤，皮耶罗·斯特罗齐的左胸也被击中，火绳枪穿透了盔甲，但并未伤到他。第三日，当皮耶罗·斯特罗齐在战壕工作时，他的腿部中了一枪，但身体无碍，不过他的马因此丧命。第四日，当他在前一天的战壕里上马时，他的右大腿膝盖受到火绳枪的袭击，膝盖上方四根手指的地方被打穿，所幸没有触及骨头或神经，他们称他需要半个月才能痊愈。同一颗子弹也杀死了他胯下的马。[8]

在接下来的几周里，他仍然在养伤，坐在由四个人抬着的椅子上继续指导建造创新的"星形要塞"（trace italienne），这一防御系统能有效抵御炮弹的袭击。

"里昂"王后

当皮耶罗从容地穿梭于枪林弹雨时，1548 年的夏天，王室成员们也轻松从容地对王国各城展开定期访问，雍容华丽的迎驾剧*彰显出高贵的身份。王室一行 7 月中旬到访第戎，城里的盛事与人们的喜悦之情相互交织。凯瑟琳颇有把握地告诉曼托瓦的大使，她再次怀孕了，并下令贡扎加公爵夫人"让虔诚的修女向上帝祈祷，以期能够顺利分娩"。[9] 王后十有八九也对将她从小抚养长大的穆拉特修道院的修女下了同样的命令，或许还通知了埃莱奥诺拉公爵夫人。不管身处哪个社会阶层，妇女产子的高死亡率都让那个年代的女人对分娩倍感畏惧。除了依靠修女和朋友的祈祷，她们别无选择……

王室之旅的下一站是里昂，这里是除佛罗伦萨城外最富翡冷翠气息的城市，众多意大利商人选择迁至这一交通要塞。不同国家或地区之间，经常会为了捍卫自身的商业利益而发生冲突，有时也会因为仪式优先顺序爆发冲突，正如兰斯事件一般。而在里昂，热那亚人和佛罗伦萨人之间爆发了冲突，不过很明显，王后更偏心于后者。佛罗伦萨人为王后举办了声势浩大的招待会以示感谢。

1548 年 9 月 24 日夜里，按照与国王同等的接待规格，凯瑟

---

* 起源于古罗马的凯旋式，最初为庆祝凯旋的仪式。——译者注

琳以令人难以置信的奢侈做派隆重登场。一出典型的美第奇式喜剧——比别纳（曾支持利奥十世选举的杰出代表）的《卡兰德利亚》（*Calandra*）——一同上演。舞台上有一片印有动画人物的幕布，是整个佛罗伦萨的缩影。幕间表演则是流亡诗人路易吉·阿拉曼尼[10]的寓言诗和著名的巴拉基亚（Barlacchia）的指导剧目。巴拉基亚是一名演员和剧团指挥，曾与马基雅维利有过合作，这一切都勾起了凯瑟琳对自己出身的自豪感。

对于二十九岁的凯瑟琳来说，在里昂的驻留标志着其生命中的转折点，这座城市热情似火地欢迎她的到来，给予了她作为王后应有的尊严与庄重。在里昂遇到的众多人物中，她认识了米歇尔·德·诺特达姆（Michel de Nostredame），人称"诺查丹玛斯"。诺查丹玛斯是一名医生，出生于普罗旺斯的一个犹太家庭，后来皈依了天主教，作为一名预言家而声名鹊起。关于王后和一名长胡子男人使用招魂巫术的黑色传说乃是后话，[11]但在一首令人不安的四行诗中，凯瑟琳与关于其丈夫命运的预言有着不可磨灭的联系。

> 单枪匹马的决斗战场，
> 年轻的雄狮将战胜老将。
> 在刺穿双眼的金笼之中，
> 两伤合一死无葬身之地。

无人知晓与这位著名占卜师的会面是否对 1549 年 2 月 2 日出生的第四个孩子——奥尔良公爵路易吉——的诞生有积极作用，换言之，彼时的凯瑟琳已经是一名经验丰富的产妇了……据确切消息，科内格拉尼向曼托瓦公爵报告称："今早在宫廷，我听闻昨晚国王和王后一起就寝，王后在深夜顺利诞下一个儿子，国王急忙起床赶了过去，连鞋都没顾上穿，身上还穿着睡衣。"[12]

没人能预料到小路易吉会早早夭折：王室新生儿的诞生使得各地沉浸在一片欢愉氛围中。驻罗马的法国大使红衣主教让·杜贝莱在宗徒广场组织了一场壮观的比赛，被称为假想战*（拉伯雷也在诗句中赞美过）。[13] 尽管在公开场合他尊凯瑟琳为皇家子嗣之母，但私底下，杜贝莱却批评她没有付款给在与佛罗伦萨公爵的遗产纠纷中为其辩护的律师，还冷嘲热讽道，不同于她那些挥霍无度的先祖，凯瑟琳对自己的财产极其在意，她并不需要监护。[14] 这对远房堂兄妹之间总是剑拔弩张，这点从未有所改善。

几个月后，凯瑟琳又怀孕了。佛罗伦萨的新任大使、银行家巴尔托洛梅奥·潘恰蒂奇（Bartolomeo Panciatichi）注意到王后食欲不佳，王后向其坦诚道，尽管自己尚不完全确定，但她还是怀疑自己怀孕了，还称"确认后便会告知他"。而比起凯瑟琳的身体状况，潘恰蒂奇对她与科西莫公爵的关系更感兴趣。凯瑟琳之所以将公爵送上法庭是为了一个悬而未决的问题，也就是费拉拉公爵没能得到优

---

* 即 Sciomachia，古希腊的一种武术。——译者注

先权的事。大使宽慰他称，在与王后长谈一番后，他可以确定"王后对公爵的情分和对他的尊重"。[15]

为王室开枝散叶，诞下两位王位继承人（也许还将诞下另外一个），凯瑟琳当之无愧地加冕为后。1549 年 6 月，王室夫妇的迎驾剧来到巴黎。宴会厅的装潢象征着水神忒提斯与凡人珀琉斯二人结合的佳缘，以此庆祝夫妇间琴瑟和鸣与世间和谐，因为这是勇敢的阿喀琉斯促成的结果。[16]但凯瑟琳的孩子都并非真正的战士。在马上比武的较量中，凯瑟琳的表兄皮耶罗·斯特罗齐的手臂被长矛刺伤，不少他的敌人都希望他会就此死去或是落下残疾，不过他们的希望都落空了。若想驯服那头年过四十的猛兽，还要耗费更大的精力。[17]意大利的战场即将再次面临变局，"流浪的种马"将在其中大显身手。

教皇法尔内塞之死

在奢靡与拮据间来回徘徊的保罗三世以其铁腕手段统治着罗马。1549 年 7 月底，一封恶意满满的反教皇信件被呈往教廷，信件出自彼时尚在英国的锡耶纳传教士贝尔纳迪诺·奥基诺（Bernardino Ochino）之手，这堪称一桩旷世丑闻。这大概得归咎于约十年前便开始的教义冲突，这位锡耶纳修士和英国宗教改革的关系日益密切。1553 年，因天主教复辟，他不得不离开英国。奥基诺在法国受到凯瑟琳的接待——她"以罗马教廷的方式举行弥撒，但也允许他人以其他的方式进行弥撒"——同时等待官方对他的异端行为做出裁决。[18]

不过，1549 年夏天抵达教皇手中的这封抨击信并非来自英国，而是从费兰特·贡扎加所在的米兰寄来，所以这极有可能并非叛逃者奥基诺所写，而是出自帕维亚的主教焦万·吉罗拉莫·德·罗西之手。后者曾同切利尼在圣天使堡度过几年时光。两人都曾被保罗三世和皮耶尔·路易吉·法尔内塞在冲动之下投入监狱。[19] 在信中，教皇被指控与魔鬼达成了"私密协议"，还像埃及法老一样犯了乱伦罪和谋杀罪。[20] 很快，这些恶毒辛辣的指控就会化为一场空。11 月，教皇法尔内塞便撒手人寰，享年八十一岁。他在教皇宝座上驻留了十五年，批准了《尼斯和约》，召开特伦托大公会议，还夺取了帕尔马公国。由于他任人唯亲（重用自己的儿子），在皮耶尔·路易吉于皮亚琴察惨遭谋杀后，他便打破中立格局，公开宣布站队高卢人。

在随后的秘密会议（天主教红衣主教选举教皇的会议）中，红衣主教的站队彰显出欧洲大国之间的割裂关系。科西莫的叔叔萨尔维亚蒂很有可能获选，他亲法，却并不反帝（神圣罗马帝国），焦维奥因此称其为"两栖动物"。然而萨尔维亚蒂的侄子却宣布他没有入选资格，即使在他的竞选对手——佛罗伦萨的红衣主教里多尔菲（受斯特罗齐家族支持）——暴病死亡后也是如此。尸检证实里多尔菲是中毒而死。[21]

选举结果在 1550 年 2 月 7 日揭晓，出乎所有人的意料，当选者是红衣主教乔瓦尼·马里亚·乔基·德尔·蒙特（Giovanni Maria Ciocchi del Monte）。新任教皇出身于阿雷佐的资产阶级家庭，取名为儒略三世（Giulio III）。尽管教皇宣布会保持中立，但他还是很快便展现出亲帝倾向，法国外交官批判他背信弃义且反复无常。

亨利和凯瑟琳对此难掩失望。狡猾而有远见的科西莫则期盼加强与新教皇的血缘联系，谋划让女儿伊莎贝拉（Isabella）与教皇的侄子联姻。

不过，政局上的攀龙附凤堪称一项国际运动。

迪亚娜的钥匙

尽管年事已高，迪亚娜·德·普瓦捷的性欲却丝毫未减，她在近日获封瓦伦蒂诺公爵夫人。睡在隔壁的埃斯特家族的线人窥听到国王与情妇的激烈交欢（**"陛下，不要在我床上这么猛，您会把它弄坏的！"**），就连公爵夫人的女儿也曾见识到她和一名瑞士士兵的风流事，她惊讶万分，而她的母亲则恼羞成怒道："难道你没见过男人的裸体吗？"总之，五十岁的迪亚娜风韵犹存，并不缺少乐子，不过匆匆流逝的时光也在她的身上留下了痕迹，**"她从不让人看见她的裸体，也绝不会脱衣服"**，以防被人发现**"她下垂的乳房都是依靠束胸和纸板的支撑"**。[22]

1550 年夏天，法国宫廷的生活一如既往沉浸在宴会、旅行和打猎中。6 月 28 日，又一位王子的诞生让国王很是高兴，国王授予了新生儿昂古莱姆公爵的头衔。凯瑟琳的分娩过程很快，也很顺利。但与先前不同的是，这次亨利没有为了跟情妇浪荡玩乐半个月而抛下凯瑟琳。"为了待在凯瑟琳身边"[23]，他将自己的浪漫假期推迟到了 7 月中旬，并且只去了一个星期，这令所有人大吃一惊。国王以照顾妻子，直到她康复为由，留在了凯瑟琳身边，但凯瑟琳的情况非常好。在法国宫廷待了多年、嗅觉敏锐的德斯特红衣主教意识到将有事发生。[24]

夏末到来，9 月 1 日宫廷为新生儿举行了隆重的洗礼，王子被赐予了两个颇有分量的名字——夏尔和马克西米利昂（Massimiliano）。宫廷庄严肃穆的典礼之下，却是显而易见的紧张气氛，尤其是在王室统帅蒙莫朗西和普瓦捷的迪亚娜之间，他们二人沉默不语，充满了敌意。之后，在几乎无人知晓的情况下，国王在 9 月 2 日的上午悄然离去。

大使阿尔瓦罗蒂给费拉拉公爵埃尔科莱二世（Ercole II）寄去一封长长的加密信，其中揭示了上述那般尴尬境地的缘由。这个消息来自夏尔·德·吉斯（Carlo di Guisa），他是洛林红衣主教——与他的兄弟弗朗切斯科公爵一起统治着家族，他们与蒙莫朗西家族一向势如水火。掌握王国的关键在于迪亚娜，而让她毅然选择与他们联手堪称完美。

吉斯家族数次目睹王室统帅和简·斯图尔特·弗莱明（Jane Stewart Fleming）夫人交谈。弗莱明夫人三十多岁，既漂亮又优雅，是年轻的苏格兰女王玛丽·斯图亚特（Maria Stuarda，彼时她正在法国宫廷的庇护下长大）的家庭教师。王室统帅不仅向其大献殷勤，还和她行苟且之事。得知这一切后，吉斯家族决定去核实事情的真实性。他们跟迪亚娜商议后，从她那里拿到一扇门的钥匙，那是通往弗莱明夫人房间的必经之路，可以给王室统帅设下埋伏。如果他们能抓个现行，就可以杀了他。

但就在行动前不久，他们发现和这位夫人私会的人竟是国王陛下，而蒙莫朗西不过是个拉皮条的中间人，为他们的私会提供便利。吉斯家族当机立断将此事报告给了迪亚娜，由她潜伏在房间附近，让国王和蒙莫朗西从弗莱明夫人的房间出来时大吃一惊。她跳到国王面前，大声说道："啊，陛下，您是从哪里来的？您真令王后和您的儿子蒙羞啊！他还得迎娶这个女人管教出来的孩子。"（王储弗朗索瓦二世与苏格兰女王有婚约，而蒙莫朗西的花招毁掉了她的声誉。）"而我，我只字不说，因为我一如既往忠诚地爱着您。"讽刺的是，一个遭受背叛的情妇哪里有资格抱怨，这或许只会令人发笑。但实际上，王室面临的真正的危机却是国王让这个家庭教师怀孕了：很快会有一个私生子横空出世，和他父亲的名字一样，也叫亨利*。

面对情妇的厉声抗议，国王尴尬地反驳："夫人，我们没有做坏事，只是在聊天而已。"但国王的面红耳赤实在太过明显。迪亚娜转身对蒙莫朗西说道："您可真是见利忘义，竟然纵容国王做出这种事，您要对此负责。我在国王面前为您如此美言，您却对我做出这样的事情，您怎么对得起我！"迪亚娜所言千真万确，弗朗索瓦一

---

* 这里指昂古莱姆的亨利（Enrico d'Angoulême）。——编者注

世死后她便把蒙莫朗西唤回宫中，但现在她后悔不已。她破口大骂，声称再也不想见到他或提起他。国王试图让她平静下来，但也无济于事。

在洛林红衣主教看来，导致"这位良善之人"（这是在讽刺蒙莫朗西）做出这种事是因为他在寻觅契机，以便在将来以玛丽·斯图亚特是由妓女抚养长大为借口，推掉王储和年幼的玛丽·斯图亚特的婚约。事情最终以国王空手而归，并隐居阿内一段时间而告终。"这期间没有一位豪绅作陪，他哭得鼻尖都发疼了。"

吉斯家族保持缄默，佯装对此事一无所知，等待着合适的时机再次出手。王后也站在他们这边，得知此事后，她对蒙莫朗西更是深恶痛绝，甚至不惜与迪亚娜和吉斯家族结盟，"他们只想除掉这位王室统帅"。凯瑟琳和蒙莫朗西彼此厌恶并非一日两日，可王后和国王的情妇之间的女性联盟却极为牢固。迪亚娜会想尽一切办法来除去这个如今已遭万人唾弃的王室统帅。

察觉到危机四伏的蒙莫朗西试图再次拉拢国王，他对国王说："陛下，您看到我所遭受的迫害了。我是您忠实的奴仆，如您所见，我按照您的意愿处理王国事务，还将您护于安全之境，如果您放任一个女人和那些年轻人（即吉斯家族成员）来打理王国，可以料到他们会将您架空到什么地步。"亨利二世在隐退阿内的途中，未曾回答半句，因为他无话可说。[25] 在诸如切利尼的《仙女》*（现藏于卢

---

* 这里应该是指切利尼所作的《枫丹白露的仙女》（*La ninfa de Fontainebleau*）。——编者注

浮宫，在革命者*破坏下的唯一幸存作品）等富丽堂皇的艺术品渲染下，[26] 失去迪亚娜陪伴的国王沉浸在令人浮想联翩的色情艺术氛围中。而此时迪亚娜一定在为国王黯然神伤。蒙莫朗西的话已经走漏了风声，他尚未意识到，从长远来看，吉斯家族会在这场代代相传的斗争中占据上风。在短期内，这位王室统帅的信誉仍绰绰有余。

守卫帕尔马

当国王还在为自己的情殇黯然神伤时，在佛罗伦萨的科西莫已经意识到，他不可能再在法国公开反对这个与凯瑟琳有着亲属关系的十分强大的流亡者家族。他试着规避这个阻碍，以避免发生正面冲突。因此，他委派路易吉·卡波尼（他的妻子是在 1534 年不幸被毒死的路易莎·斯特罗齐，所以他也是斯特罗齐兄弟的妹夫）前往巴黎。作为科西莫的密使，路易吉抵达巴黎并非好兆头，彼时恰逢另一个路易吉——才二十个月大的小奥尔良公爵——死于天花。

卡波尼出使法国堪称一场充斥着虚伪和假面的芭蕾舞会，他时刻监视着心如蛇蝎的亲戚，私下斥责他们在狂欢节庆典期间擅自在宫廷里"奢靡铺张"，又因为莱昂内和王室统帅之间因削减舰队剑拔弩张而窃喜。[27] 不过，科西莫真正的代理人是卡波尼的秘书贝尔纳多·朱斯蒂（Bernardo Giusti），或许连卡波尼自己都不知道，贝尔纳多·朱斯蒂与佛罗伦萨公爵一直低调地保持联系，处理最为棘手

---

*　此处指法国大革命时的革命者。——译者注

的事务，比如在凯瑟琳的记忆里尚未平息的愤怒——加泽蒂曾试图监视她。[28]

皮耶罗·斯特罗齐礼貌地拜访了他的前妹夫，他假意相信在费拉拉的调解下国王和佛罗伦萨公爵之间或能达成协议。然而，双方的意图却并不那么友好。为了防止他落得和父亲皮耶尔·路易吉一样的下场，法国正准备支持帕尔马公爵奥塔维奥·法尔内塞。法方输送军备需要穿过伦巴第地区，而佛罗伦萨方若是保持中立将会对他们有利。

1551 年 5 月，按照皮耶罗所规划的大胆且有些疯狂的计划，法国人将士兵零散地秘密带入意大利。[29] 和往常一般，皮耶罗在行动和决策之时，善用极度缜密的推理，辅以些许冲动和莽撞，通常会令对手摸不着方向。当他抵达米兰多拉时，外交礼仪早被抛之脑后。科西莫指责他是个"桀骜狂徒"，倘若他踏上前往法尔内塞家族的卡斯特罗公国，就应该被逮捕。[30]

然而，足智多谋的皮耶罗另有妙计，彼时正值 7 月初，恰逢收割季，为了保住帕尔马的收成，皮耶罗决定入侵博洛尼亚地区，将敌军引向教会的领地。[31] 教皇对此也很快做出反应：他下令没收皮耶罗及其家人在罗马整个地区所拥有的价值十二万杜卡特的财产，[32] 尽管皮耶罗已写信给法国国王保住了罗马的海关关税收入，这是菲利波的众多财产中最有利可图的遗产之一。[33] 与此同时，教皇的军队向米兰多拉大举进行，企图设下陷阱诱捕皮耶罗。教皇的侄子负责带领军队，他很好奇皮耶罗·斯特罗齐"是否真像他以为的那般厉害"。[34]

前任法尔内塞家族委派的驻法国大使伊莫拉主教吉罗拉莫·丹迪尼预感到胜利即将到来：7月5日当天，他自信地写道，在他看来，皮耶罗·斯特罗齐和他的追随者们"插翅难飞，不到一天便会有捷报传来。倘若能够成功击败这群人，那么余下的便不足为惧了"。不料第二天，他却难掩愤怒和失望："皮耶罗·斯特罗齐在米兰多拉利用那些旗帜（也就是他同伙的旗号）逃出生天，我仍然不明白为何会这样，无论如何，他们的军队都应该支离破碎，饿殍遍地，抑或是被碎尸万段，这一切将由上帝的军队来完成。"[35]

邪恶的诅咒通通破灭。皮耶罗不仅没有落入儒略三世之手，还成功逃脱了费兰特·贡扎加的陷阱，后者在从米兰多拉到雷焦的路上为他布下了天罗地网。这位米兰总督深信自己能成功拦截皮耶罗，率领西班牙步兵和一队骑兵前往波河上的伦扎桥。为求稳妥，他请求伦巴第的吉安·贾科莫·梅迪奇（Gian Giacomo Medici）——马里尼亚诺侯爵——率领一千五百名意大利步兵前来支援。

这些士兵先于费兰特抵达桥上，却发现皮耶罗仅花了一天一夜便行进了五十英里，不久前就已过桥。所有人对此都目瞪口呆。[36]

执政官的"优势"和国王的"挡箭牌"

骁勇善战、勇猛直前的"英雄兄弟"、因嫉妒发狂的王室统帅和一派结党营私者之间的决战一触即发。在为了船舰数量和难以计数的争执进行长年累月的拉锯战后，莱昂内与普罗旺斯总督——蒙莫朗西的妻弟腾达伯爵——爆发了严重争执。1551 年夏天，在高卢人愈演愈烈的妒忌之下，莱昂内再次彰显出其令人折服的军事才能，此举甚至逼得热那亚海军将领安德烈亚·多利亚去了一个海湾避难，以防直面莱昂内。

这位勇猛无畏的卡普阿执政官（莱昂内·斯特罗齐）并不满足于自己的战利品，决定发动一场突袭。他佯装成多利亚，率船闯入巴塞罗那港，逼近码头。据布朗托姆所说，作为一名绅士，他让女士先行离开，挟持骑士和商人为人质。[37] 不过，一位可信度极高的马耳他历史学家贾科莫·博西奥（Giacomo Bosio）称，莱昂内发起了一场彻头彻尾的恐怖袭击，他用炮火袭击人群。倘若法国人成功登陆，他们会将这座富裕之城洗劫一空，再彻底摧毁。不过，在犹豫片刻后，巴塞罗那选择了自我防卫，向敌军船舰开火反攻。敌人被迫调转方向，带着七艘船舰驶向他处。此次进攻将成为莱昂内为法国国王效忠期间的最后一次狂妄自大的行为。[38]

重回马赛的莱昂内察觉到全新的危机来临。吉安·巴蒂斯塔·科尔索（Gian Battista Corso）——一位为他效忠多年的雇佣兵队长——极其可疑地试图接近他，此人明显用心不良。经过莱昂内的严刑拷问，这位刺客承认自己受雇于蒙莫朗西家族，其任务本应是制造一场意外，将莱昂内斩草除根。幕后指使者是普罗旺斯总督腾达伯爵的朋友，因此可以逍遥法外。在科尔索供认不讳后，莱昂内杀了他，沉尸深海后便将此事了结。随后，他给王后写了一封信，向她讲述了"阴谋"的细枝末节——这甚至令他这样一个勇猛无畏之人都感到后怕。[39] 随后莱昂内意识到，前来马赛进行侦察的调查员是蒙莫朗西的亲戚或亲信（因此也是莱昂内的死敌），伴随着最后一丝愤怒，他毫不犹豫地拂袖而去，向王室请辞。

莱昂内忽然的离去引发众说纷纭，科西莫的密使卡波尼同样注意到了这一情况，揣测着这起事件内幕的知情人。不过，出走背后的真相和恶意的揣测都逐渐明朗。此举并非如某些人所言，是为了放出烟幕弹，以便掩护他前往莱万特。人们几乎都把 hic sunt leones[*]（此地有狮）说成 Hic est Leo（此地有莱昂内）。

在整起事件里，懦弱怕事的国王并没有丝毫异议。"于他而言，插手这起大旋涡着实太费脑筋"，这也说明了他并不是真正的掌权人。

至于凯瑟琳，她尽其所能维护着表哥皮耶罗的利益；设法让他立马回到法国。虽然彼时的凯瑟琳正处于妊娠末期，但在路易吉·卡波尼的描述中——任性难缠的凯瑟琳歇斯底里地不停埋怨（"她举止癫狂，对着国王哭泣，向国王埋怨有人不尊重她"）[40]，此前对科西莫将她难以忍受的秘书朱斯蒂召回故乡一事她也是喋喋不休。[41]

9 月中旬，王后消停下来。在此之前，她每天早上都去礼拜堂

---

[*] 此为拉丁语，古代水手用来在地图上标注一些未知的领土，比如这里有危险的狮子、龙和海蛇等各种野兽。这句话也常被用来指那些唯有勇敢的先驱者才敢于冒险进入的危险地区。——译者注

做弥撒，除了在生产前一天"有些许疼痛"外，她的身体并无大碍。国王急不可耐想要离开，却碍于生产在即的关头未能一走了之。为了让孩子快点出生，国王甚至连续两夜和凯瑟琳一同就寝（这几乎是未曾听闻过的）。终于，在1551年9月19日下午，当国王正在一场网球赛中酣战时，仆人前来禀告：王后的阵痛开始了。亨利扔下球拍，箭步冲向妻子的房间，不过据王室管家焦万·巴蒂斯塔·塞盖齐（Giovan Battista Seghezzi）说，凯瑟琳一直到半夜才分娩，而且"感激上帝，她没有生命危险，诞下了一个男孩。当然，国王、王后以及所有的王宫贵族都欣喜若狂。在宫廷里此事已经人尽皆知"。实际上，凯瑟琳确实遇到了一些险境——婴儿进入产道之时，手臂在头部上方。在长达两个时辰的时间里，王后"已经没有一点生气"。随后情况有所好转，未来的亨利三世（Enrico III）——亚历山大（Alessandro）——来到了人世间。

父亲并没有表现出过多的热情，早先常年无法生育的王后如今频繁产子，国王对此早已习惯。次日，他便和迪亚娜一同离开，打算和情妇一同在王室统帅的狩猎小屋度过一个月的闲暇时光。[42] 亨利逐步深陷蒙莫朗西和迪亚娜的圈套。他们二人并非同气连枝，而是轮流将国王捏在手心里。

面对常年缺席、背信弃义的丈夫，凯瑟琳难以遏制住怒火，转而将火力对准叛徒莱昂内——他胆敢抛弃法国、国王和王后，凯瑟琳甚至想要将他溺毙。[43] 一想到自己的逆贼表兄骁勇善战，倘若效忠于查理五世，摇身一变成为法国的劲敌，凯瑟琳就倍感不安，恐惧万分。没有丝毫犹豫，她拿起纸笔，亲手用法语写了一封信给蒙莫朗西，信里充斥着令人咋舌的语法和拼写错误。[44] 她将自己所遭受的不幸、丈夫的疏远和莱昂内的远走通通归罪于蒙莫朗西。这位王室统帅是否屑于答复凯瑟琳呢？但他的回信并未被保存下来。

为了安慰王后，阿雷蒂诺写了一首三行诗，诗中充满了虚伪的奉承。他高度赞扬她那男子般的谦逊谨慎，而非女子般的过度敏感：

> 谁人铭记语言，
>
> 那缄默的智慧与谦逊的行事，
>
> 令人听见一切合理的要求呢？ [45]

第八章

复仇女神

（1552—1554）

> 皮耶罗·斯特罗齐……那个令人钦佩的战士，拥有着同时代绝无仅有的军事才能，但他的不幸也是独一无二的。
>
> ——切利尼，《切利尼自传》（II, 48）

摄政王后

很快，王后便正式开始了独守空闺的日子。

与查理五世在王国北部边境的战火不断，1552 年春天，亨利被迫奔赴前线，并将摄政权交给了凯瑟琳。不过，宫廷中的反对者害怕王后会采取行动，在宫廷封官加爵，利用王印签署各类文件，用人唯亲，充实自己的党羽。于是，迪亚娜便以年迈为由解雇了掌印大臣，用自己信任的人取代了他的位置，以便控制摄政王后的工作。[1]

尽管受到重重阻碍，这个新职位还是让凯瑟琳重新燃起活力，她的安全感倍增，对自己也更加自信。几个月以来，在管理复杂的国家事务上，这位摄政王后进行了一些初步尝试——虽然结果并不是很理想。

王后遇上的第一道难关便是新教徒在法国境内的传道。支持宗教改革的传教士日益增多，且个个骁勇善战。凯瑟琳身为天主教的新拥护者，在法国高级神职人员的支持下不遗余力地将新教徒斩草除根。[2]1552 年 4 月 27 日，红衣主教路易吉·德·波旁（Luigi di Borbone）向她通报一个异教徒公开放弃信仰的事，以此让凯瑟琳安心——人们已经摒弃掉愚不可及的莽撞念头，决定归顺于王室。[3]虽然法国王室曾资助过德国的路德派，但他们在国内也与胡格诺派（16至 17 世纪法国天主教徒对加尔文派教徒的称呼）激战，这足以说明他们处理宗教问题是多么得心应手。这些年来，王后应该也已学会了如何有效地积攒实力。

在军事物资方面凯瑟琳的管理也颇有成效。在王室统帅的监管之下，她安排为前线输送物资和军资。国王在前线的情况时好时坏。人们很是恐慌，在巴黎甚至还有人策划逃命，他们坚信不久之后查理五世的军队便会突破防线，攻入首都。[4]

与查理五世的鏖战迫使虔诚信教的国王（亨利二世）通过法国与黎凡特联盟的中间人——毫无道德原则的拉加德男爵波利诺——再次寻求异教徒土耳其人的支持。[5]奥斯曼帝国的军队在东部边境或将对查理五世的军队造成威胁。但很快，查理五世发现西部边境的军队也陷入泥潭。1552 年 11 月，亨利回到法国宫廷后，随着梅茨的获胜，局势发生逆转。

梅茨这座城市属于神圣罗马帝国的领地，曾反抗将其围困的查理五世。这要归功于弗朗索瓦·德·吉斯（Francesco di Guisa）公爵（他一直渴望取代王室统帅）的军纪和皮耶罗的勇气。得益于对凯瑟琳细致入微的谄媚奉承，克劳迪奥·托洛梅伊（Claudio Tolomei）成为反美第奇家族的锡耶纳共和国驻法大使，他对皮耶罗的"勇猛无畏"和英勇神迹大加赞赏，尤其是他率领三百名士兵突出重围，杀死敌军五百多名士兵，而他只损失了八名士兵，这使皮耶罗一跃成为新一任"疯狂的罗兰"。[6]

围攻落败，查理五世倍感羞辱，只好悄然撤兵。"他在夜间匆匆撤军，没有击鼓齐鸣，而是在驻扎地留下无数军资装备和满地横尸。简而言之，就是落荒而逃了。"[7]这个轰动一时的捷报促使皮耶罗和蒙莫朗西之间起码在表面上达成了和解。蒙莫朗西不再反对皮耶罗率意大利远征军前去征服佛罗伦萨。

1553年4月，皮耶罗风驰电掣般奔赴意大利北部，获得埃尔科莱·德斯特公爵口头上的战略支持。5月，皮耶罗回到法国，准时赶上凯瑟琳的第七胎玛格丽特（Margherita）的诞生，她将成为未来的玛戈王后。斯特罗齐党羽一派在法国宫廷内的势力与日俱增，王后的权力也日益增强，他们对科西莫（公开宣扬自己站队的佛罗伦萨银行家[8]）的蔑视、敌意和征战意图随之增加。他们以充分的理由指控科西莫，称其试图（用阴谋诡计）将锡耶纳从法国的囊中抢夺过来。大约一年前，锡耶纳将西班牙总督迭戈·德·门多萨（Diego de

Mendoza）驱逐，如今的当务之急便是捍卫这来之不易的自由，使其免遭帝国和各公国的奴役，而科西莫则梦想着将其统治领地拓展到整个托斯卡纳。

救世主皮耶罗

亨利希望对佛罗伦萨公爵进行一次惩罚性的远征，[9]不过锡耶纳人狂热的头脑需要平静下来。托洛梅伊注意到法国宫廷对锡耶纳的局势极为关注。

> 如今，这里充斥着比以往更甚的分裂、派系和不公：这样的情况令人大为光火，我已无话可说；上次我和王后交谈时，用发自内心的热忱跟她畅谈这起事件，她告诉我，锡耶纳人可以让锡耶纳成为全意大利最幸福、最受祝福的城市之一，也能使其沦为最不幸、最痛苦的城市之一。[10]

这番激进的话语足以彰显凯瑟琳对征战托斯卡纳的强烈态度。

皮耶罗被任命为法国在意大利的摄政官。1553 年 10 月末，在皮耶罗离开前夕，托洛梅伊前去探望，发现他"精力充沛，诸事准备万全，仿佛他自己就是锡耶纳人"。[11]皮耶罗抵达罗马宣告着战争的开始，流亡者将其视为救世主，给予热烈欢迎。[12]而科西莫似乎从字面上理解了"救世主指挥官"的全新定义，他派出刺客，即使"他在基督的怀中",也要格杀勿论。[13]

　　然而,一到锡耶纳时,皮耶罗就与红衣主教伊波利托·德斯特(Ippolito d'Este)产生了激烈的分歧。德斯特先前担任锡耶纳的执政官,但他在军事领域并不出众。这场争端让皮耶罗付出了沉重的代价。出于狭隘和妒忌,本应与其并肩作战的强大盟友伊波利托成为他难缠的对手。这位红衣主教质疑皮耶罗"要么大获全胜,要么全军覆没"[14]的理念,皮耶罗又反过来说红衣主教给他制造的麻烦远多于科西莫。[15]

　　1554年1月28日夜,科西莫的军队占领了卡莫利亚门,从而引发了对内贼的怀疑。据说这可能是得到了红衣主教的默许。一支举着灯笼的影子军队(后来瓦萨里将其刻画进旧宫的壁画)悄无声息地潜入城堡,意图摧毁这座城市。将佛罗伦萨人的威胁降至最低后,伊波利托打算逃跑,还尝试以无视秩序为由阻止皮耶罗返回锡耶纳。[16]不过,皮耶罗的勇猛无畏和锡耶纳人的自恃骄傲使其重新夺回了城门,这让法国"无比满意"。[17]

　　佛罗伦萨逐渐落入"王后的次子"法国之手,"就好像公国本就属于他们"。[18]美第奇家族这个主要分支的继承人一夜之间就变了脸。讽刺的是,他们要面对的敌人并非公爵,而是另一位"美第奇"。马里尼亚诺侯爵吉安·贾科莫(Gian Giacomo)是敌方总司令——被称为梅迪基诺或梅代吉诺(Medichino o Medeghino)——他来自一个比科西莫这个旁系亲属更为疏远的家族分支[尽管后来侯爵的兄弟出乎意料地成为教皇庇护四世（Pio IV）]。

在三年前的 7 月，梅迪基诺和皮耶罗的命运便开始交织。在保卫帕尔马的战役中，这个米兰的司令官就险些抓到皮耶罗。1554 年 2 月，为了一个被马里尼亚诺的士兵俘虏的锡耶纳贵妇人卢克雷齐娅，两人之间爆发了一场冲突。[19] 在随后的混战中，皮耶罗感谢他的对手在没有赎金的情况下设法让卢克雷齐娅获释。不过，他也毫不客气地指责道："如果弗朗索瓦一世还在世，她们已支付赎金，而现在，国王亨利却没有合理释放任何一个人。"[20]

王后彰显出骑士风范，她不遗余力地支持战争，甚至以十万斯库多的价格出售了她母亲在奥弗涅的一些土地，以此资助皮耶罗·斯特罗齐率领的军队。托洛梅伊称赞道："这位至高无上的王后对锡耶纳事务的关怀和热心可见一斑。她不仅嘴上表达着关心，在行动上也毫不逊色，还私下为战争募集到了大量的资金。"[21]

她的目的在于让科西莫公爵"付出惨痛代价，顺理成章地走上那条想要他走上的道路，然后削弱其势力，继而不费吹灰之力便将他摧毁"。[22] 换句话说，锡耶纳是扳倒佛罗伦萨的天平。3 月 23 日，在一次伏击中，皮耶罗的手下捕获了教皇的外甥阿斯卡尼奥·德拉·科尔尼亚（Ascanio della Corgna）。[23] 随着压力的与日俱增，查理五世承诺在科西莫每年十万斯库多的基础上，每月再增加两万三千斯库多。[24]

随后，皮耶罗成功说服蒙莫朗西，称其兄弟莱昂内的协助至关重要，自此莱昂内被赦免，得以重新效忠国王。之前的几个月里，这位卡普阿执政官离当选马耳他骑士团的团长仅一步之遥，不过他那亲科西莫一派的对手却想起了自杀的菲利波曾引用的维吉尔的激情诗句，意欲强调候选人保持中立性的问题。父亲的遗愿又一次落在了儿子的身上。为父亲报仇雪恨与解放祖国的渴望相交织。但斯特罗齐家族的敌人却总是披着拥护"托斯卡纳征战大业"的皮囊，燃烧着羸弱却势不可挡的嫉妒之火，在暗中密谋设套。

杀手军队

尽管在马耳他遇挫，莱昂内仍然谈笑风生。出于礼节，他前往拜访了西西里总督，后者提出归还属于他（卡普阿执政官）的应得利益，以此诓骗他，不过这些资产已被查理五世下令冻结多年。在与总督共进午餐后，莱昂内以追捕土耳其海盗为借口，从巴勒莫出发，并在船上给总督写了一封阴阳怪气的信，拒绝为查理五世效忠。莱昂内更愿意为自己"那多年遭受压迫"的故土尽忠，而他自己也"受到了来自血缘、财物和朋友的伤害"。[25] 据记载，1554 年 5 月初，"在朋友们欢天喜地的迎接中，莱昂内带着了结这些炼狱琐事的期待，抵达埃尔科莱港口"。[26]

几天后，阿尼巴尔·卡罗（在皮亚琴察事件后转而效忠红衣主教法尔内塞）向他的主人汇报了最新进展：锡耶纳的局势尚无更迭，一切都在皮耶罗·斯特罗齐的掌控中。科西莫一方则继续加大军备投入，"耗费巨大且经年累月，开支大得惊人"。就连与公爵结盟的教皇也开始为自己的站队付出代价。教皇儒略三世的外甥阿斯卡尼奥·德拉·科尔尼亚被俘，他曾试图在一些士兵的帮助下逃跑，却没能成功，其同伙受到了处罚，而对他的监控也更加严格。[27]

不过，将莱昂内召回第勒尼安海[*]却并非偶然。莱昂内在海上巡逻之际，扣押了开往罗马和热那亚的军舰和货船，激起教皇和多利亚家族的抗议。斯特罗齐家族的敌人们恐惧万分。分离了快三年，狄俄斯库里兄弟[**]站在了锡耶纳这一边。亲法派的统治者们欣喜若狂：他们对胜利的渴望合情合理。不过，就目前而言，还仅限于打口水仗。比如皮耶罗尖酸刻薄地评价科西莫寄给大使的一封信。皮耶罗称，该信不过是：

> 佛罗伦萨公爵的陈词滥调，其无礼和轻率溢于言表，字里行间充斥着谎言和对像我们国王一样的伟大君主的不敬，其傲慢嚣张令人难以忍受。他希望通过对这个共和国发起战争以解放它，这个想法着实轻率而可笑：一个自己国家自由的压迫者——他与自己的子民地位并不平等——企图为附近其他国家争取自由，这断然是不可能的，而且事实上事情的结果也与其言论相悖，因为他通常以用来摧

---

[*] 在现在的亚平宁半岛、西西里岛和科西嘉岛之间。——编者注

[**] 在古希腊和罗马神话中，是斯巴达王后勒达所生的一对孪生兄弟，被视为水手的守护神。——译者注

毁和消灭一个国家的方式来解决问题，倘若有人走霉运落入他的手中，便会被施以极刑，折磨致死。[28]

　　这个指控并非空穴来风，一位匿名的佛罗伦萨编年史家曾毫不掩饰自己对处于查理五世和科西莫的帝国主义暴政下的锡耶纳的同情。战争结束时，梅迪基诺吹嘘自己"杀死了八千人，每个人的死法都不同"。[29]这意味着他对平民不分青红皂白地进行大屠杀，若是放在今天，他会因为侵犯人权而遭到起诉。锡耶纳的郊野是一片墨黑的荒漠，其中绞刑架遍布，上面吊着试图保护自己庄稼的农民。随后，对装腔作势的敌人的口水攻击演变成了实战。

　　经过战略研判，皮耶罗向敌人发起了致命一击。6月12日，他在锡耶纳发起一场迅猛又令人猝不及防的袭击，马里尼亚诺侯爵陷入困境，然后落荒而逃。皮耶罗对其穷追不舍数天，一直追到距离锡耶纳北部约一百公里处位于亚平宁山脉脚下的佩夏，想在那里进行一场决战。20日，皮耶罗在佩夏亲笔给凯瑟琳写了一封信，十分罕见。

　　　　夫人，我知道目前的局势尚无法令您满意，我只能告诉您，昨天我们几乎快要拿下一切，我围困了侯爵，可他随同整个军队一起逃走了。郊野的路况难料，骑兵难以跟随他，最后侯爵得以逃出生天……如果军队（即法国舰队）不暗杀我们，我们想尽快采取行动，希望会有好消息。

我们消灭了三百名西班牙人。愿上帝保佑我们，让您的心愿得以实现。[30]

"让您的心愿得以实现"……这清晰明了地透露了王后的愿望——征服整个托斯卡纳！她永远也不可能将这个愿望用白纸黑字写下来。倘若"佛罗伦萨的自由"得以重建，这完全是凯瑟琳的功劳。[31]一味将尚武好战归因于皮耶罗，我们却忘记了在王后心中也藏着一个灵感缪斯——她目的明确、剑指利益，游走在战争的每一个阶段。

梅迪基诺落荒而逃后，在罗马的佛罗伦萨流亡者重新拾起了希望和勇气，他们的讥讽和威胁几乎快要将公爵的大使淹没。[32]佛罗伦萨的局势逐渐剑拔弩张，倘若没有全副武装的德国人护送，科西莫甚至都不敢在圣乔瓦尼洗礼堂举行祭祀仪式，圣乔瓦尼是佛罗伦萨的守护神。[33]公爵对他的秘书巴尔托洛梅奥·孔奇尼（Bartolomeo Concini）大发雷霆，指责他在"上帝和魔鬼"将其送来时打了盹。由于秘书的失职，虽然科西莫拥有两万名步兵和一千匹马，但他险些被"三个赤脚汉撵出家门，这令他倍感羞耻"。[34]佛罗伦萨军队的实力不可小觑，公爵却在孤军奋战：查理五世夸口许下的承诺（那不勒斯的船舰和德国的军队援助）都尚未兑现。[35]

若不是敌人盟友的"无心之举"，科西莫便会跌入谷底，一蹶不振。其实，还有一个重要的未知因素——"杀手军队"，他们是由波利诺率领的法国舰队，在土耳其分遣队的支援下抵达。按照皮耶罗的计划，海上援军将会给佛罗伦萨致命一击。5 月底，皮耶罗还向国王确认了舰队会在 6 月 19 日前抵达。[36] 但时间一天天过去，却迟迟不见人影。皮耶罗转移到了皮萨诺山，以便掌控沿海一带，然而在蔚蓝无垠的第勒尼安海却始终未见一片船帆。

舰队的延误造成了致命的后果，急不可耐的莱昂内前往格罗塞托海岸的斯卡尔利诺进行侦察，法国人本该在那里抵达。6 月 26 日，躲过袭击和刺杀的莱昂内被一名来自波吉邦西的神甫用火绳枪射中，刺穿了身体。临死之前，他尚有余力留下一封口述遗书给他的哥哥，鼓励他继续与可恶的科西莫作战，并为其出谋划策。

莱昂内被埋葬在埃尔科莱港，不过后来被敌人发现并扔进了大海，以示不屑。其实，对于这头海洋雄狮来说，或许海葬是最为合适的方式。皮耶罗饱受痛苦，他失去了一位情谊深厚的手足和一个强大可靠、可以并肩作战的伙伴。据说，或许是为了抚慰他的悲痛，不久后法国国王便任命他为王国元帅。[37]

在艰难时刻，阿雷蒂诺总是以诗歌作为慰藉。在洛伦佐·斯特罗齐主教的弟弟莱昂内去世之际，他为其送去一首十四行诗以作纪念：

火星和海王星皆在阴郁之中……
他在凯旋的军队之中享有盛誉

......神圣的英雄之名流芳百世

永存于不朽的记忆之中。[38]

两周后，托洛梅伊报告称"皮耶罗的一位秘书向法国宫廷通报了卡普阿执政官逝世的噩耗，宫廷上下，尤其是摄政王后深感痛心"。[39] 凯瑟琳内心明白，她重返佛罗伦萨的梦想已成泡影。[40]

马尔恰诺之战

兄弟逝世，皮耶罗独自一人为再次征服佛罗伦萨而战。一个月后，法国舰队终于在 7 月 11 日抵达斯卡利诺。其实早在 6 月波利诺就离开了托斯卡纳海岸出海航行，但出于对彼时已有八十八岁高龄的安德烈亚·多利亚的恐惧，他武断地前往马赛招募更多部队，[41] 这的确说得通，不过他的过度谨慎或是懦弱怕事——早在 1545 年夏天，他的兄弟便已斥责过他——对他造成了深远的影响。

法国驻罗马大使、回忆录作家——路易·德·圣-格莱·德·兰萨克（Louis de Saint-Gelais de Lansac）证实，倘若舰队及时抵达，皮耶罗便能不费吹灰之力拿下一半的佛罗伦萨公国。如今，征战计划不仅会被推迟，甚至还可能付之一炬。[42] 7 月 16 日，在锡耶纳举行的战争会议再度浪费了宝贵的时间。

正如皮耶罗所担忧的那般，饥荒令这座城市和整个地区陷入窘境。皮耶罗曾盼望受到公爵暴政压迫的托斯卡纳人民会自发进行反抗，可人们对科西莫的忠诚却让他的政治盘算落空，他所率部队的军需供给也陷入僵局。在背叛皮耶罗并对法锡联军激烈抵抗后，福亚诺镇付出了惨重代价，被洗劫一空。[43]

时间追溯到 1554 年 8 月 2 日，即马尔恰诺之战（或因其地处谷底，又被称为斯卡纳加洛之战）爆发那天。十七年零一日后，此处成了第二个蒙特穆尔洛。马里尼亚诺侯爵是一名"谨小慎微的将领，其谨慎程度堪比皮耶罗的勇猛大胆"。[44] 侯爵就像与汉尼拔（Annibale）对抗的法比奥·马西莫（Fabio Massimo）一样是一个等待时机的人（而菲利波留作纪念的维吉尔诗句所含有的讽刺意味便是：镶嵌在其骨子里的复仇魂恰恰来自于汉尼拔）。时机降临，清算新老旧账的时刻也随之而来。

锡耶纳法学家亚历山德罗·索齐尼（Alessandro Sozzini）以日记形式留下了一份珍贵的资料。据他所说，造成锡耶纳溃败的原因是一笔丰厚的款项——借白葡萄酒之名，法国骑兵队的旗手收到十二个塞满斯库多金币的酒瓶（这名旗手后来因叛国罪被绞死；而"pot de vin"这个词本意为"一瓶酒"，实为"贿赂"之意！）。有些人将叛逃责任归咎于皮耶罗·斯特罗齐的朋友——米兰多拉伯爵，在十年前他曾着一席深红色服饰前去陪伴埃唐普夫人；他还和科西莫签订了秘密的和平协议，不过并没有证据证实这一点。[45]

看到骑兵均被歼灭，皮耶罗跃下马背，与他骁勇的将领们一同徒手搏斗。然而他们打不过西班牙和美第奇家族的联军，于是到处弥漫着"眼泪、屠杀与悲痛"。[46] 在龙塞斯瓦利斯的再次溃败中，皮耶罗未能像英勇的奥兰多那样战死疆场，而是一直战斗到最后一刻，伤势迫使他不得不撤退到蒙塔奇诺。战场上尸横遍野，其中大部分是法国人。

五百人大厅中，瓦萨里创作的一组壁画绘制了科西莫的胜利庆典。壁画嘲讽了骑士皮耶罗"弱不禁风"的形象：在敌军的迅猛攻势下，皮耶罗似乎被制服，盾牌都快要失手。盾牌上，象征斯特罗齐家族的三轮月亮图案已经模糊难辨。[47] 毫无疑问，这次溃败标志着流亡者们开始走向衰落，然而战争并未结束，战乱又持续了数年。

为防止王后情绪起伏过大，对腹中胎儿造成影响，战败的噩耗并未立即传入王后耳中。[48] 王后得知消息时潸然泪下，但她很快便重新振作，恢复了一贯的冷静。之后的日子里，她并未丧失信心，依然像锡耶纳"勇猛的长官一样"大力支持表兄皮耶罗。[49] 在与背信弃义的红衣主教法尔内塞的信札来往中，她也显得胸有成竹。[50] 这种力量令托洛梅伊深感钦佩，他写道："为了国家的安危和国王的荣誉，王后昼夜不眠地推进那些伟大崇高的事业。"[51] 然而，锡耶纳大使的诸多信件最后都落到了科西莫手中，在王宫受到悉心保护的科西莫，对王后的挫败一定感到十分得意。

凯瑟琳的真诚和实际行动毋庸置疑。然而，其幕后的丈夫却已然放弃了对锡耶纳的援助。1554 年 9 月，他与费拉拉公爵秘密商谈达成一项协议，[52] 在皮耶罗不知情的情况下与其开展合作。[53]

阿雷蒂诺向马里尼亚诺侯爵吉安·贾科莫·梅迪奇献上一首赞歌："最尊敬的主，谁不曾在一些宽广的凉廊下看到过一支正风餐露宿的队伍呢……"用诸如此类的话语讴歌不朽的梅迪基诺，尽管他的残暴妇孺皆知。[54]

科西莫的军队以势不可挡的劲头全速进行。9 月中旬，他们包围并重新占领了克雷沃勒和卢奇尼亚诺。正如几周前受到训斥的秘书孔奇尼夸张地宣布的那样，他们又卷土重来了。一如往常，传来了医生对死敌的诊疗报告："皮耶罗已经痊愈，大腿的伤口已结痂，但子弹还在里面，只能拄着棍子一瘸一拐地走路。"[55]

尽管在数量上有着压倒性的优势，马里尼亚诺侯爵却总是对未能抓获或是手刃皮耶罗而感到失望："皮耶罗和这些人在一起，魔鬼希望这次他仍能脱身。"[56] 其实，在众人都以为他已经死去或是奄奄一息的时候，他已经"生龙活虎地"离开了蒙塔奇诺，带着大量军需补给和七十头牲口前往锡耶纳，还击退了敌军和数千名西班牙与德国雇佣兵设下的两次伏击。[57]

存活下来并不意味着获得胜利。在一份详细的辩解书中，皮耶罗提出合情合理但如今已于事无补的反诉：面对失利的局势，他被迫想尽办法进行补救。食物储备不足，金钱短缺，他知道：

试着碰碰运气，有可能在锡耶纳解放后的一天内拿下佛罗伦萨。而能否拿下佛罗伦萨则取决于国王在意大利的牢固地位与其跟皇帝之间的真正抗衡。我们战斗的决心毋庸置疑，它是这般重要，而且仅付出小小代价，便能给国王带来无上荣光。

"全身心投入"其中，却未能赢得荣耀，皮耶罗深感遗憾。[58]他的言词强烈、真挚且满怀热忱。然而，皮耶罗的无私奉献并不足以颠覆一场妥协之战的命运。遭遇变节与背叛后，流亡者的阵线不可避免地走向分崩离析的地步，比如在蒙特里久尼地区。[59]一些诸如蒙塔奇诺内陆和埃尔科莱港海岸线的关键据点仍掌控在法国人手里。要守住这些地方急需一场猛攻，但围攻的设想一直未能实现。

不知不觉间，皮耶罗居然与米开朗琪罗所作的海格力斯雕像的命运相互交织。二十五年前，菲利波通过皮耶罗将该雕像赠予弗朗索瓦一世，之后这座雕像便被搁置在枫丹白露宫的花园里，受尽风吹日晒。正如手持棍棒的希腊半神，这位一瘸一拐的法国元帅也挂着他的手杖。可惜这故作庄重的"指挥棒"只会凸显他的无能。英勇行为接二连三地上演，却都是徒劳无功。与此同时，科西莫军队的势力却在不断壮大。

第九章

英雄主义

（1555—1559）

王后向我吐露她是多么希望完成丈夫阿里戈国王的陵墓。

——切利尼,《生命》（II, 112）

"两位教皇之死"*

1555 年 3 月 18 日，凯瑟琳诞下第八个孩子，受洗名为埃尔科莱［后因患有侏儒症，在坚信礼**时改为弗朗索瓦（Francesco Ercole di Valois）］。仅过去两日，凯瑟琳便与深得皮耶罗信任的锡耶纳密使——托马索·德尔·韦基奥（Tommaso del Vecchio）进行了会谈。3 月 22 日，托马索给皮耶罗写了一封内容详细的密函，其中包括一份真正的行动计划。不过，遗憾的是流亡者的通信网遭到破坏，这封密函被敌军截获并破译。

---

* 原文为 Ogni morte di papa，本意为两位教皇之死，通常用来指一起不常发生的事件。——译者注
** 坚信礼，是基督教的礼仪，象征人通过洗礼与上帝建立的关系获得巩固。——译者注

密函的主要内容是关于国王对托斯卡纳发生的冲突所做的决定。在王后看来，和去年相比，丈夫如今更倾向于同科西莫对抗，但无奈资金不足——在马基雅维利眼中此乃战争的主神经。为收回必要的款项（未详细说明，但数额不菲），除了居住在罗马的流亡者的资金外，还必须了解在里昂的佛罗伦萨人准备投入多少金额。有人甚至向国王提议，用未被驱逐的佛罗伦萨人在里昂持有的动产作抵押。但亨利并没有接受这个提议，理由是"不能扰乱商人的安全、破坏他们的贸易自由，以免失去市场"。

皮耶罗和罗伯托出售了一些土地（价值约为十四万斯库多或者更甚）来解决资金问题。王后亲自将这笔钱交予国王，请他出资，以便尽早展开军事行动，她深知抢得先机的重要性。此外，她还希望土耳其舰队也能参与进来。

在法国，并非所有人都赞成重新对战佛罗伦萨公爵，但在国王和王室统帅眼中，那些公开表示异议之人（诸如包括杜贝莱在内的一些红衣主教）愚蠢至极。德尔·韦基奥称，国王甚至告诫皮耶罗，让其切勿听从红衣主教的话，因为他们根本不懂战争。[1]

其实，杜贝莱并非对战事冲突一窍不通，毕竟红衣主教之间的冲突与此类似。正如他自己所写，他自认是"一名武装的神职人员"。[2] 3月23日，久病在床的儒略三世逝世，阿尔卑斯山另一侧的众人长舒了一口气。但大多数忠于亨利二世的红衣主教（除了杜贝莱）都身处法国。皮耶罗·斯特罗齐在给凯瑟琳写的信中表示此事对国王有益，信中写道："这是目前有关意大利的事件中最大的喜讯。"[3] 为推动局势发展，他给罗马方面也写了一封信，表示希望锡耶纳人法比奥·米尼亚内利（Fabio Mignanelli）当选新任教皇，并得到武力支持。这封密信也被科西莫截获了，而科西莫表面希望让"一名善良、寡言的非煽动分子"[4] 当选，却在选举教皇的秘密会议中途将破译后的信件寄了出去。[5] 4 月 9 日，选举结果很快揭晓：马尔切洛·切尔维尼（Marcello Cervini）胜出。

当选者直截了当地自称为马尔切洛二世（Marcello II）。与举止轻浮、贪图享乐的前任教皇截然相反，新任教皇处事严谨、品行高尚，致力于将罗马和全世界转化为道德高地。首先，犹太人应该戴上黄色帽子，妓女应回到丈夫身边，或是进入修道院。除此之外，这位狂热的新手还试图对教会音乐进行改革。5 月 1 日，教皇因患黏膜炎突然病故，但许多罗马人并不为此而感到遗憾。在其昙花一现的任期之内，最为持久的硕果便是帕莱斯特里纳（Palestrina）献给他的崇高的复调弥撒曲。

第二次选举教皇的秘密会议紧接着召开，保罗四世（Paolo IV）——本名为吉安·彼得罗·卡拉法（Gian Pietro Carafa）随之上任。其过度的严厉令切尔维尼显得温和稳健了许多。这位令人既畏惧又憎恨的新教皇在 5 月 23 日耶稣升天节当日当选。尽管已有七十九岁，但他的身体非常健康：高大修长、敏捷健硕、健步如飞。他有一双黑色的眼眸，眸里闪烁着身为一名诞生于维苏威火山下的意大利人的火热激情，那种熔岩般的气质足以令人寒意四起。[6]

教皇的加冕盛宴辉煌而隆重，令人联想到利奥十世加冕时的盛宴：在宴席上，特意定制的金银币被分发给众人，币上还印有卡拉法家族的徽章。在丰盛奢华的宴会上，超六十只孔雀被用于献祭。对以反对俗世虚荣而闻名的教皇来说，此举着实不同寻常！[7]但新教皇称这些铺张奢靡并非为满足其一己私欲，而是为了彰显教会的荣耀和圣母的慷慨。尽管教皇鲜少进食，并严格地遵循着清规戒律，但他总是要求在餐桌上摆满食物。其坚定的禁食态度与贪吃的侄子卡洛形成鲜明对比。

卡洛·卡拉法（Carlo Carafa）是一名军人，曾效忠于皮耶罗·斯特罗齐。1555 年 3 月，他正在埃尔科莱港驻军时，法国驻罗马大使想起了他，并写信给皮耶罗让他将其送回罗马。[8]在两次选举教皇的秘密会议的短短间隔期内，卡洛·卡拉法与其红衣主教叔父的关系逐渐密切，在叔父当选新任教皇后，卡洛和兄长一同来到了梵蒂冈。起初，卡洛仅担任一个边缘职位，他也以为自己会得到一些与之前军事生涯相匹配的任务。至于卡洛那位"头脑灵活"的兄弟——乔瓦尼（Giovanni Carafa）则希望引导叔父与查理五世签署协议，而卡洛与皮耶罗和法国的联系则是他们跟查理五世达成协议的绊脚石，于是他想出了另一套解决办法，即令卡洛成为红衣主教。

然而，这不仅要给一开始不大情愿的当事人做工作，更为紧要的是要说服教皇。1555 年 6 月 7 日，在枢机会议上，两方的红衣主教的一致坚持说服了保罗四世，最终卡洛获封红衣主教。然而，卡洛因人人皆知的往事而声名狼藉，六天后，他得到了一份敕令，敕令上详细列出了他的罪行——抢劫、亵渎、盗窃、谋杀等——并一概予以赦免。[9]

元帅的"碎片"

正当卡洛·卡拉法开始其辉煌的红衣主教生涯（尽管只是昙花一现），皮耶罗却仍在奋力抵抗科西莫施加的巨大压力。他三番五次向亨利提出请求，还提出需要紧急支援，[10]却未能得到回应。雇佣兵队长波利诺驻留在科西嘉岛的海岸，继续看亨利的笑话。[11]锡耶纳沦陷只是时间问题了。4月，经历了马里尼亚诺侯爵在夜间的短暂围攻之后，锡耶纳就此沦陷。凯瑟琳勃然大怒：这并非真正的斗士所为，而是胆小懦弱之人的行径。[12]死里逃生的叛军在蒙塔奇诺避难，成立了一个幽灵共和国。

1555年的6月15日，伴随着此次重大溃败，锡耶纳失去了防御重地——埃尔科莱港，这便意味从第勒尼安海运送援助物资的希望彻底破灭。噩耗令流亡者们陷入绝望，而将马基雅维利奉若权威的巴乔·卡瓦尔坎蒂（Baccio Cavalcanti）得知这一消息时陷入深深的沮丧之中，差点忧郁而终。[13]

让凯瑟琳长久以来担忧的事情还是发生了。4月的时候，在一封写给王室统帅的信中，王后便表达了自己的忧虑：尽管她全然信任皮耶罗，但很明显，皮耶罗身边的人却并没有对他或国王有着同样的忠诚，尤其是在马尔恰诺之战后，因此，皮耶罗信不过任何人。[14]

面对敌军对埃尔科莱港的一系列进攻，皮耶罗竭尽全力抵抗，一直到被迫撤退。他试着向国王解释撤退缘由，声称自己是去寻求援助，[15]随后又称被一场"狂风暴雨"困住。正如皮耶罗在写给国王的书信中所言，港口最后的守卫战士也不得不撤退，部分士兵躲在邻近的堡垒里，但那里水源匮乏，因为水都储存在陶罐中，而在持续不断的轰炸下，这些陶罐都被打碎了。[16]像福音书中的寓言一般——铁罐子的运气更好。这些破碎的"碎片"就是皮耶罗留下的所有军事声誉，其失败是得不到法国援助的必然结果。呈给"陛下"的信其实是"呈给王后"的，或许皮耶罗还盼望着信件能先抵达表妹手里，那么这场袭击的损失将会有所减轻。

正如一位锡耶纳的双面间谍所写，如今的皮耶罗颜面尽失，濒临崩溃。[17]回到土伦，他遇到了雇佣兵队长波利诺，后者狂妄地声称自己已经准备好与土耳其人联手。[18]皮耶罗想将他掐死，但却无能为力。7月底，皮耶罗派了一些亲信去见王后，但没有等到返回攻打托斯卡纳沿岸的指令，[19]最后只得夹着尾巴回到巴黎，而彼时的王宫在阿内。

整个7月里，面对新局势，凯瑟琳和蒙莫朗西——这对不可能的盟友倾其耐心平息国王对皮耶罗的怒火，请求国王满足他的要求，恢复他在意大利的地位。然而王后与王室统帅的每次尝试都遭到不可逾越的阻碍：吉斯家族坚定而决绝地反对此事。吉斯家族一直记着其亲戚与盟友——红衣主教德斯特的仇恨，因此也是皮耶罗的敌人，曾将其驱逐出锡耶纳。

10月末，国王在维莱科特雷召见了皮耶罗，允许他不兼一职回到意大利，让他安排好自己的私人事务，最主要的是收集他品行端正的证据，以对其在托斯卡纳受到的严重指控予以反击。众所周知，这位元帅是红衣主教卡拉法的挚友，他回到意大利，就是指望能从这位年轻冒险家的巨额财富中获利一笔，以此找回自己失去的荣誉。

11月7日，离开宫廷后，皮耶罗在马赛登船前往奇维塔韦基亚。[20] 在他踏上旅途之际却传来其宿敌梅迪基诺的死讯。阿雷蒂诺以其华丽浮夸的文笔写下这一喜讯，并给公爵寄了一封信，里面有一首题为《已故的英雄之神马里尼亚诺》（*L'estinto Marignano Dio degli Eroi*）的十四行诗。[21]

在罗马，科西莫的密使望眼欲穿地等待着皮耶罗的到来。红衣主教卡拉法亦在等待，他**"对科西莫的厌恶丝毫不亚于皮耶罗"**。[22] 卡拉法以世俗之心编织着自己的政治阴谋，丝毫未听教皇的话——学习做弥撒，成为一名神甫。[23] 他同法国同事图尔农和洛雷纳（Lorena）两位神职人员一起努力，不惜一切代价助力皮耶罗，声称他在近期的锡耶纳战争中落败"并非因为他缺乏勇气，亦非他不够谨慎，而是运气不好"，所以他们必须采取行动，让皮耶罗有机会回到意大利。

卡拉法的愚蠢行径

凯瑟琳也在卡拉法编织的反科西莫人脉网络之中。1556 年 1 月，卡拉法在写给凯瑟琳的信中写道，"意大利的存亡"取决于她，"意大利正如您的第一位母亲，您是她最尊贵、最高尚的女儿，她爱您、以您为荣，给您无尽宠爱"。[24] 这番谄媚是为了向王后说明元帅返意会相当困难。由于教皇的谨慎入微和彼此间的嫌隙，1556 年 2 月 2 日，即圣烛节之夜 *，在候客厅等待了几周的皮耶罗终于在罗马受到接见。

前些日子里，米开朗琪罗·博纳罗蒂（Michelangelo Buonarroti）给他寄去了一件珍贵的谢礼，以此答谢十几年前斯特罗齐家族曾给予他的慷慨恩惠——他们曾收留米开朗琪罗并让其在家中休养[25]（为表报答，米开朗琪罗还赠予了罗伯托《垂死的奴隶》和《被缚的奴隶》两个大理石雕像，现藏于卢浮宫）。如今轮到了皮耶罗亟须援手，但他并没有灰心丧气，仍然想"让那些想方设法伤害他的人看到，他还没死"。[26]

抵达罗马后，皮耶罗被安排入住宗座宫红衣主教的房间，即博

---

* 圣烛节在 2 月 2 日，即圣母玛利亚产后 40 天带着耶稣往耶路撒冷去祈祷的纪念日。据《路加福音》第二章记载，圣母玛利亚在耶稣降生后 40 日将其带入圣殿行洁净礼，并将婴儿耶稣献给上帝。——译者注

尔贾寓所 *。随后，他又在几位法国红衣主教和法尔内塞的陪同下用了晚餐。当天夜里，他被邀请至教皇的寝卧，已经躺在床上的教皇垫着枕头起身，没有让皮耶罗亲吻他的脚，反而亲吻了皮耶罗，还同他私下会见了半个小时，之后又将其侄子唤回，一直闲谈到深夜。次日，教皇接见了不少红衣主教。[27]

葫芦里究竟卖的什么药呢？经历最初的踌躇犹豫后，保罗四世决定在攻防方面给予皮耶罗强有力的军事援助，并向其随行人员传达了这一指示。在红衣主教卡拉法的陪同下，皮耶罗视察了罗马的城墙和军械库。[28]科西莫在罗马的新任大使——雷厉风行的邦詹尼·詹菲利亚齐（Bongianni Gianfigliazzi）报告称，在梵蒂冈望楼庭院的一个库房里，有个神秘的"器械装置"，里面还有其他达·芬奇式的军用器械，这些都是**"皮耶罗·斯特罗齐的奇思妙想"**。[29]

在法国的凯瑟琳对新联盟持乐观态度，她频繁致信红衣主教卡拉法，向其保证法方会对战争予以支持。比起军械，王后更是一心一意和皮耶罗一同关注着资金问题。[30]

在罗马短暂驻留后，皮耶罗与妻子一起去了斯塔比亚（如今为维泰博地区的法莱里亚），这是他的妹夫弗拉米尼奥·德兰圭拉拉（Flaminio dell'Anguillara）的居所。1556 年 2 月 15 日，皮耶罗获得一项殊荣——他拿到一份诏书，可代表教皇在教会国发号施令。[31]但当他重拾信心准备返回战场时，法国与查理五世及其子腓力二世

---

* 博尔贾寓所（Apartamento Borgia）是梵蒂冈使徒宫内的一套房间。——译者注

（Filippo II）缔结五年停战协议的消息如同冷雨一般浇来（彼时查理五世正在逐步退位，将权力交接给他的儿子腓力二世）。[32] 新战况使得红衣主教卡拉法和斯特罗齐家族举步维艰。罗伯托写信给王后说，倘若亨利不在"托斯卡纳立稳脚跟，就相当于把整个意大利拱手让给查理五世和他的儿子，那么很快他们会成为有史以来最强大的主宰者"。[33]

可想而知流亡者们的紧张与不安。对此有一封信可以证实，这封信的字里行间充斥着污言秽语和淫秽的图画，是 1556 年 3 月皮耶罗的一个穷亲戚潘多尔福·斯特罗齐（Pandolfo Strozzi）——一个五十多岁的老雇佣兵队长寄给皮耶罗的。潘多尔福的妻子是巴尔托洛梅亚·阿尔托维蒂（Bartolomea Altoviti），她是银行家之女，其父亲的财产被科西莫没收了。潘多尔福在自称为混账后，继续说道：

> 很抱歉我没能见到您就离开了，这实在是混账又荒唐，我一向胡作非为，您应该也不足为奇了。我保证这趟旅程让我下了决心，到了巴黎后我会走上正道，不再荒唐行事了。现在是时候学会放弃的艺术了，在罗马的时候我也注意到教皇（保罗四世）不喜欢插科打诨之人，无论是瘦子小丑还是胖子小丑都不讨他喜欢。[34]

这是一个真正的嘲讽，好比之前的布吕斯克那样，但潘多尔福并非小丑……教皇卡拉法也不是能拿来开玩笑的。在那几个月里开始制定禁书书单，红衣主教吉斯莱里（Ghislieri）——未来的庇护五世（Pio V）还下令让试图禁止薄伽丘、阿里奥斯托和其他"故弄玄虚的作品"的狂热分子，即热那亚审判官慎重一些。[35]

皮耶罗仍处于悲喜交织的史诗之中，但他尚未放弃。凯瑟琳是他的后盾，关于这一点，凯瑟琳的宾客均可作证，诸如莱昂内·斯特罗齐舰队的前雇佣兵队长巴乔·马尔泰利（Baccio Martelli）向他保证称"上帝知晓王后对您的事情是何等关怀"。[36]

5月，教皇公开表示将与佛罗伦萨公爵为敌。邦詹尼·詹菲利亚齐将此事告知科西莫，并将教皇的这一态度归咎于红衣主教卡拉法和皮耶罗·斯特罗齐，是他们二人所致的负面影响：

> 红衣主教卡拉法执政不足为奇，在一切事务上，他都会征求皮耶罗·斯特罗齐的意见，而后者则绞尽脑汁来损害您的利益，他已经找到教皇这座靠山，还将他们目前正在进行的事摆上台面，看看能否打破这个停战协定，毕竟和平并非皮耶罗之意。[37]

皮耶罗的确不肯死心。他不惜一切代价试图重获亨利二世的支持，为此他还以陪同卡拉法红衣主教为由，毅然回到法国，后者则是为国王送去一份教皇的礼物——一把神圣之剑与一顶圣帽。他们于 1556 年 6 月 25 日抵达法国宫廷。

头天夜里，凯瑟琳诞下了一对双胞胎——维克图瓦（Vittoria）和让娜（Giovanna），只有维克图瓦活了下来，但也仅仅活了两周。冷漠又狡黠的帝国雄辩家——西蒙·勒纳尔（Simon Renard）讲述了这一痛苦的过程：医生们一开始未曾注意到第二个胎儿，他们花了六个小时才将其取出。最后，为了保住产妇的性命，他们不得不截去已夭折的胎儿的一条腿。[38] 医生提醒国王，分娩过程相当痛苦，他的妻子不能再冒险怀孕了。他们的夫妻生活走到了终点，在接下来的三年里，亨利都只同迪亚娜行房。

于国王而言，如今的凯瑟琳不过是一个废弃的子宫。这段始于二十三年前的婚姻，尽管满是苦涩，但在经历了十年的不孕不育期后，他们还是孕育了五男五女总共十个孩子。他们有三个孩子尚在襁褓时便夭折了。除此之外，有三个儿子会在将来成为国王，两个女儿会成为王后，还有一位（患有侏儒症、因天花而毁容的埃尔科莱）试图登上王位，却未能成功。对于一个在修道院里长大，在年仅十二岁就险些在妓院被强奸的佛罗伦萨孤女来说，这样的结局是能够接受的。

倘若产后头几日王后的身体状况允许，皮耶罗是否探望过王后呢？我们不得而知。不管怎样，皮耶罗在巴黎有诸多事务和麻烦亟须解决。当务之急便是让在意大利的人知道他在法国逗留期间跟国王和蒙莫朗西相处融洽。为此，皮耶罗还致信红衣主教的兄弟——

帕利亚诺公爵，向其保证称国王和王室统帅是站在教皇和卡拉法家族这边的。[39] 糟糕的是，这封信再次被科西莫截获。

尽管遭到吉斯家族反对，皮耶罗还是被任命为战事委员会负责人，该头衔相当模棱两可，但足以让其在意大利享获盛誉。8月，皮耶罗前往马尔凯拜访吉斯公爵，企图与在意大利的神圣同盟的将军达成和解。将军患有疟疾，而皮耶罗此行的唯一成果便是自己也染上了疟疾。[40] 一个月后，疟疾毒性显露，可皮耶罗丝毫未曾收敛其一贯的暴躁和耿直。他告诉红衣主教卡拉法自己不会在他人手下做事，也不会效忠于帕利亚诺公爵。皮耶罗被指控"野蛮无礼"，而关于教皇威胁要将其囚禁在圣天使城堡的谣言四起，又因为他受到的"训斥"，其高烧愈发严重。[41]

9月14日，皮耶罗参加了由教皇、红衣主教卡拉法和法国教士们出席的枢机会议。"皮耶罗列举出诸多理由，以此说明他们的羸弱和帝国力量的强大"，会议决定最好与敌人达成协议。[42]

两天后，"绝望的皮耶罗离开罗马，病弱的他选择违背教皇和卡拉法的意愿，乘着轿子来到自己位于普拉蒂的一处葡萄园，以逃避他们不断的滋扰和折磨。或许正因他意识到局势正明显走向毁灭，所以并不想困顿其中。"[43]

教皇向西班牙国王腓力二世及其教士发出了虚张声势的驱逐令，但这不足以震慑任何人。对又一次"罗马之劫"的恐惧感四处蔓延，"城里草木皆兵，人们疏离四散"。[44] 动乱当下，仅有搬运工和马车夫有所获利，他们对来往于红衣主教府邸、教堂和修道院的货物收取高昂的费用。[45] 但在卡拉法家族的战争中，西班牙驻意大利的代理司令阿尔巴公爵言语恐吓下的"罗马之劫"并没有再次降临，这还要得益于秋天时皮耶罗虽然勉强但却及时的干预。[46]

不过，皮耶罗的军队仍在上演变节戏码：卡拉布里亚的雇佣兵队长莫雷托跟随元帅皮耶罗的舰队从尼斯出逃（不过他随后在拉齐奥沿岸——聂图诺的英勇保卫战中表现不凡）。而拉加德男爵，即一贯爱骗人的波利诺则对红衣主教卡拉法撒了一个弥天大谎——他声称奇维塔韦基亚的防御措施非常到位。可是，在随后的仔细检查中却发现情况完全相反，因此皮耶罗必须亲自前往此地，立马着手重建与修复工作。[47] 但在这艘正在下沉的船上，补救者皮耶罗又能撑多久呢？

皮耶罗的暮年时分

1557 年 1 月，皮耶罗带领一队佛罗伦萨年轻人前往奥斯蒂亚港，配合因帝国军队占领要塞而发起的攻击。炸起的碎石击中了他的嘴巴，他的牙齿被打碎两颗，唇部也受了伤。不过伤情并不严重，这位老兵拒绝了教皇送来的轿子，但他看起来已经像个"骄兵"* 了，小丑布吕斯克一定会滑稽地模仿他。[48] 两天后，他们攻下了要塞，罗马

---

* 原文为拉丁语 miles gloriosus，指骄兵、爱吹牛的士兵，尤指古典喜剧中爱自吹自擂的士兵角色。——译者注

免遭袭击。教皇回到自己的密室中，虔诚感谢上帝赋予的胜利。

神权与世俗权力的割裂，或者说教皇和红衣主教侄子之间的嫌隙显而易见，但也并非完全如此。3月，红衣主教卡拉法回到罗马，发现他的秘书、我们的老熟人——西尔韦斯特罗·阿尔多布兰迪尼遭到冷遇。教皇怒气冲冲地对他的侄子说："有些人的气焰过于嚣张了，他们不知道的是，我能让他们手中掌握权力，也能再从他们手中收回权力，或许你就是其中之一。"[49]那一次，这个年轻人再次获得了叔叔的垂怜，但警告已经相当明显了。

在那个动荡不安的时期，斯特罗齐家族起码还有一项令人满意的成果：已经成为准红衣主教两年的洛伦佐，终于登上了期盼已久的红衣主教职位。凯瑟琳大喜并以此为荣。[50]受到任命几个月后，凯瑟琳向其建议寻觅最好的画家为其作肖像画。[51]米开朗琪罗的优秀学徒——亚科皮诺·德尔·孔特（Jacopino del Conte）曾为其兄弟绘制过一副肖像画，[52]但这未能给他带去多少好运。

此外，幸运之轮仍旧为斯特罗齐家族而转动。希望与失望此起彼伏。1557年春天，皮耶罗有机会被任命为罗马涅的总司令，只要他能够全力以赴征服教皇的"故土"——那不勒斯。显然，比起征服托斯卡纳，皮耶罗对后者更感兴趣。与此同时，皮耶罗不断地遭到吉斯公爵的羞辱：吉斯公爵把他晾在一边，很长时间后才告诉他没钱给他。没有资金来源的元帅向帕利亚诺公爵埋怨道："那他让我靠什么生活呢？"

除了和吉斯公爵之间剑拔弩张，[53] 皮耶罗还陷入了经济危机，他几乎掏空了父亲留下的丰厚遗产。走投无路之下，为了重新获取吉斯公爵的支持，他甚至试图从其饕餮之欲入手，他说道，"红衣主教卡拉法比我更了解法国的葡萄酒，他明天会给您送来一批酒，看看您是否喜欢"。[54] 但鱼与熊掌不可兼得……

6 月 15 日，由于法国人信不过反复无常的卡拉法红衣主教，皮耶罗便带着一名人质（帕利亚诺公爵之子）从罗马离开。[55] 威尼斯大使写道："公爵夫人和她的儿子泣不成声，而且那哀号声震天响。"[56] 出乎意料的是，这场预期糟糕的家庭闹剧竟然进展得相当顺利。7 月底，皮耶罗回到了罗马，一同到来的还有超乎期待的好消息。皮耶罗带回了价值五十万斯库多金币的军资，此外，还拿到了二十万的军备承诺。尽管仍有不少旧债有待偿还，但算上教皇的资助，反帝国阵线将会有一百万的军备经费。[57]

看起来已万事俱备，只欠东风，但时运再次不济。1557 年 8 月 10 日，就像不详的预言那般，在皮卡第的圣康坦遭遇溃败，又一位命中注定的圣洛伦佐 * 如期而至。埃马努埃莱·菲利贝托·迪·萨伏依（Emanuele Filiberto di Savoia）所指挥的西班牙军队大败法国军队，蒙莫朗西也被俘虏（正如 1525 年的帕维亚战争）。科西莫如愿以偿，让教皇知道皮耶罗近期的法国之行只会徒增对他的怨恨，而当下正是削弱皮耶罗气焰之时。[58]

* 伊波利托·德·美第奇此前也是死于圣洛伦佐。——编者注

凯瑟琳在这场溃败后的反应是她第一次作为王后开展的真正行动，也为凯瑟琳未来的行动奠定了基调。8 月 14 日，消息一传到巴黎，王后便在议会积极鼓舞人心，激励官员们切勿军心涣散——显然他们快失去信心了。凯瑟琳的发言很有说服力，赢得了雷鸣般的掌声，她还向新兵承诺了具体薪资。凯瑟琳的细心、稳重以及在这般紧急状态下的反应得到了全城人民的认可。[59]

　　1557 年夏末，在那场毁灭性失败的促使下，教皇带着与其侵略野心相当的勇气放弃了法国轴心，转而与腓力二世结盟。所有驻扎在意大利的军队都回到了法国，而皮耶罗也只能带着难以遏制的失望离开祖国。1558 年初，一场空前的军事行动彰显出皮耶罗对复仇的急切渴望。他夺回了被英国人占领的加来城，那是一段十分传奇的冒险历程，大仲马在其作品《两个迪亚娜》(Le due Diane) 中也讲述了这起事件。

　　皮耶罗乔装成一名普通的信使，以传递信息为由进入沿海城镇。随后，佯装迷路的他沿着城墙四处行走，将易攻之处记了下来。回到营地后，凭借超强的视觉记忆和建筑工程知识，他重新绘制出了整面城墙，还制订了一个完美的突袭计划，打得英国人猝不及防，来不及向海峡对岸发出求救信号。

　　当法国驻罗马大使传来胜利的喜讯时，保罗四世难得地展露出自己在古典文化上的博学——平时这些都隐藏于他的神学外衣之下。他说英国女王嫁给西班牙的腓力二世，得到了应得的嫁妆，还笑着

引用了维吉尔的诗句，是关于埃涅阿斯和狄多两人的失败婚姻的：[60]

> 如果你和这样一个人结为夫妇，姐姐，
>
> 我们的城邦、我们的王国
>
> 将会有多伟大的前程啊！ *

　　菲利波·斯特罗齐的孩子们的一生都被一个致命的预言打上了烙印，而这个预言恰恰是受那位自杀的女王所启发而产生的。现在，皮耶罗的这一次成功为其洗刷净无数羞辱，他终于可以卸下担子，或者起码能够卸下部分负担了。可他的职业生涯正走向尽头。或许他那无尽的勇气快化为一种不可摧毁的幻想了。1558 年 6 月 20 日，在围攻法国东北部被帝国占领的另一座城市蒂永维尔之际，皮耶罗被打中要害。

　　夏至的前一天，他的代理人兼好友阿方索·贡迪（Alfonso Gondi）向皮耶罗的哥哥罗伯托通知了其死讯。他说，当皮耶罗在战壕里与其傲慢的上司吉斯公爵交谈时，一支步枪（皮耶罗一直致力于推广的武器）射出的杀伤性子弹击中了他的左肩。他呻吟了几声便应声倒地，不到半小时便死去了。起码他没遭受过多的痛苦。这匹"流浪种马"的身体千疮百孔，那是战争所遗留的痕迹，不论是

＊　这段译文引自杨周翰作品集《埃涅阿斯纪·特洛亚妇女》，上海人民出版社，2016。——译注

胜仗还是败仗。"他的死令整个宫廷陷入悲痛之中，"贡迪说道，"我无法将它写下来，不管是过去还是现在，国王一直都很青睐他，王后更是如此。"[61]

亨利二世在位期间，他对皮耶罗的态度时好时坏，时而投机，时而冷漠，他对战亡的皮耶罗却不吝赞美，赞叹其"为人忠厚、德行兼具、有勇有谋，是一位老练的骑士"。[62]不难想象凯瑟琳的悲恸情意，她不仅仅失去了从小一起长大的挚爱的表兄，还不得不放弃对佛罗伦萨的干预。两天后，蒂永维尔便投降了，那条生命是白白牺牲的，这令人更为悲痛。

皮耶罗·斯特罗齐是一名愈挫愈勇的英雄。倘若我们愿意相信占星师加布里埃莱·西梅奥尼（Gabriele Simeoni）在1555年的夏天为他观测的星象，我们就会明白或许他的失败是不可避免的。加布里埃莱·西梅奥尼为其占卜之后，便不再对其频繁招致的不幸与折磨感到诧异。也许皮耶罗也开始认为自己"亟须重生，才能闯出一片天地"。[63]通晓军务的文人希皮奥内·迪·卡斯特罗（Scipione di Castro）也认为他"天赋异禀"，却"总是沦为败将"，正如皮耶罗本人向他吐露的那样——"尽管他有很多机会去干大事，但却总有一股来自上天的神秘力量阻碍着他，使他无法获得成功。"[64]

斯特罗齐的遗产——"您最乖巧的侄子"

皮耶罗留下了摇摇欲坠的财务烂摊子，这是对其家族经济实力最为苍白无力的追忆。沉重的遗产负担落在了他唯一的儿子、十六岁的菲利波（Filippo di Piero Strozzi）肩上，他希望能够走上跟父亲一样的军事道路，不过却是在意大利。他是一个沉默寡言的少年，在战场上却勇猛无畏。此外，他的妹妹克拉丽斯（以她祖父菲利波的妻子——来自美第奇家族的祖母——的名字命名）很幸运地得到了凯瑟琳的宠爱。1558 年 5 月 12 日，凯瑟琳在一份契约中为她准备了丰厚的嫁妆，其中包括她自己的五万里拉*土地租金和价值一万里拉的珠宝和动产。而去世前的皮耶罗仅能负担一万里拉的现金和六千里拉的珠宝与衣服。[65]

　　王后对皮耶罗的遗孀和孩子们的将来非常上心：她为菲利波指定了一位监护人——杜尔菲（d'Urfé）阁下，还为其委派了一位管理人，即焦万巴蒂斯塔·贡迪（Giovanbattista Gondi），他是阿方索的亲戚，还协助处理了皮耶罗的后事。[66] 几个月后，焦万巴蒂斯塔给罗伯托·斯特罗齐写了一封长信，向他报告菲利波所获遗产的最新情况。王后希望元帅夫人、即皮耶罗的遗孀劳多米亚·德·美第奇能够以一家之主的身份搬到法国，并把动产、衣物服饰和皮耶罗的"老古董"以及他所有的藏书统统带上。王后想要为她的城堡（大概是舍农索城堡，她还命人在里面修建了一个老桥**的仿造物）添置

---

* 里拉曾是意大利、马耳他、圣马力诺、梵蒂冈的流通货币。在中世纪至近代，法国、英国均使用"里拉"作为货币单位。——译者注

** 老桥，意大利语为 Ponte Vecchio，一座中世纪建造的石造拱桥，是意大利佛罗伦萨最重要的标志之一。——译者注

物件。

人们觉得凯瑟琳会为菲利波规划姻缘，让他娶一位法国贵族女子。毫无疑问，王后希望将剩下的家产用来购置一座精美的住宅。除了国王的些许赏赐外，这个年轻人一无所有。[67]

父亲的财产已经一个子儿不剩。藏书里还剩有几件珍品，其中包括皮耶罗从拉丁文翻译成希腊文的珍贵藏品《恺撒评注》（*Commentari di Cesare*），文中附有注释、评论和对战争的指导，菲利波向布朗托姆展示了这个传家宝。[68]皮耶罗的工程智慧的见证也留存了下来，那是一本关于军事和水利的设计图纸，作者正是皮耶罗本人，他就像再生的达·芬奇。设计图纸辗转落到了性情暴躁的佛罗伦萨流亡者雅克布·科尔比内利（Jacopo Corbinelli，将来会成为王后的顾问）手中，他赞叹该图纸蕴含了"古代智者凭借独特的技艺制造出的美妙的机密"。[69]

不过，皮耶罗·斯特罗齐年幼的儿子却并不通晓这些精细的人文学科。当他给叔叔罗伯托写信，向其汇报家庭负债情况时，他用蹩脚的意大利语署上了自己的名字——"您最乖巧的侄子，菲利波·斯特罗齐"。[70]

除了觐见托斯卡纳公爵和大公，斯特罗齐家族再也没有回到过佛罗伦萨。17世纪在罗马的圣安德烈大教堂里建了一个小礼拜堂作为纪念。这个带有十足的佛罗伦萨共和主义风格的小礼拜堂是对上个世纪的追溯，是对16世纪斯特罗齐家族（支离破碎的）丰功伟绩的赞颂，而并非为了纪念其博学又风趣的资助者——银行家罗伯托的儿子莱昂内。[71] 莱昂内的三位叔父——元帅皮耶罗、同名叔父执政官莱昂内、红衣主教洛伦佐——和他的父母（他的母亲玛达莱娜是暴君洛伦齐诺的妹妹）的墓碑上都空无一文，但这并不意味着毫无寓意。这些墓碑和圣洛伦佐教堂里的美第奇家族的墓冢相似，工匠在黑色大理石上简单地雕刻出他们的轮廓。黑色是忘川之色，祭坛上没有仿真的或是经美化的人物肖像，有的只是一对仿造米开朗琪罗的作品《圣母怜子》(Pietà) 的青铜雕像，上面刻画的两个人物形象——利亚和拉结*——象征着世俗生活和沉思生活，二者皆取材于"战争教皇"儒略二世坟墓中的原作。

斯特罗齐家族既是勇士也是叛军，他们"光荣"地战败了。歌剧《托斯卡》(Tosca) 的第一幕就恰好发生在那座戴蒂尼会（克莱门特七世在位期间基耶蒂主教、同时也是红衣主教的吉安·彼得罗·卡拉法创建的修会）教堂里：由于共和派的邪恶阴谋，发生了卡瓦拉多西和托斯卡**在圣天使城堡城垛上的惨剧，难道这只是巧合吗？[72]

幸福的寡妇

1559 年 5 月，亨利二世签署了《卡托–康布雷西和约》，法国以

---

* 利亚 (Lia)，《圣经·创世记》里以色列族长雅各的第一位妻子；拉结 (Rachele)，利亚的妹妹，两姐妹都嫁给了以色列族长雅各，一生都在斗争中度过。——译者注
** 《托斯卡》是意大利作曲家普契尼创作的一部三幕歌剧，歌剧讲述了 1800 年发生在罗马的一个动人的爱情悲剧故事，卡瓦拉多西和托斯卡分别为男女主人公。——译者注

战败落下帷幕。法国还放弃了一些垂涎已久的领土。而在政治层面上，意大利也彻底沦为了无关紧要的永久战壕和帝国下辖的省份。

于腓力二世而言，这一年并不太平：他的妻子玛丽，即英格兰女王和他的父亲查理五世都相继去世。老皇帝与世长辞，退位生活已抵达终点。腓力二世严格遵循葬礼规定，举行了私人葬礼，外国大使们未曾获许入内。

具有讽刺意味的是，在一场庆祝和平的比武中，一柄长矛击中了法国国王（亨利二世）的面甲。诺查丹玛斯的预言成真了，而且精准得令人生畏——他预言小狮子会在一场决斗中刺穿老狮子的一只眼，从而将其灭掉。外科医生安布鲁瓦兹·帕雷（Ambroise Paré）尝试与著名的解剖学家安德烈亚·维萨里奥（Andrea Vesalio）协作进行这台难于登天的手术。虽然有着这些名医的救助，亨利二世还是在痛苦万分中于 1559 年 7 月 10 日撒手人寰。

十五岁的弗朗索瓦二世（Francesco II di Francia）成为新国王，他的未成年身份意味着其母亲将作为摄政王太后来替其行使权力。三天后，新的局面已然完美呈现出来："在现在以及将来，法国的寡妇王太后都将被称作国王的太后。这是国王所希望的，国王对她尊敬无比，倘若没有她的允许，国王不会下任何命令，还称自己会继续这样。"[73]

7 月 14 日，迪亚娜被勒令永远不准再踏入宫廷半步。第二天，人们搜获一张清单，上面罗列着老国王曾赏赐给她的珠光宝物。先王情妇心甘情愿地归还一切，继而宣布自己会效忠于摄政王太后，王太后就是她的主人。[74] 这是来自凯瑟琳的报复，她还重获了众多子女的监护权。"死者已死"，阿尔瓦罗蒂开玩笑道，还说年纪轻轻的国王"是世上最幸福的人，整天寻欢作乐，昨天夜里就是和女伴一起度过了一段良宵"。[75]

不过，当下最开心的当属凯瑟琳。身为一个幸福的寡妇和王太后，她年仅四十岁，还有三十年的时光，虽然后三十年的光阴也不见得比前半生容易……尽管凯瑟琳又迅速投入哀悼之中，滚滚泪珠落入燃烧的火炉，意指她对丈夫的热情不会熄灭，但她却无意在泪水中度过余生。为了纪念已故的丈夫，她委托米开朗琪罗的门徒达尼埃莱·达·沃尔泰拉（Daniele da Volterra）制作了一座宏伟的骑马者纪念雕像。[76] 不过，这座宏伟的青铜雕像未能雕成，因为沃尔泰拉去世了——或许是死于二次熔解青铜而产生的致命烟雾，而第二个被选中的艺术家切利尼也因被禁止离开佛罗伦萨公国而无法前往法国。[77]

除了葬礼上的纪念雕像，寡妇和摄政王太后的新身份让凯瑟琳得以充分展露其决心和治理能力。这是多年前便悄然萌芽的硕果，她确保了瓦卢瓦家族后裔的安全，由此在宫廷逐渐培养出一批追随者，还练就了机敏的处事能力和能言善辩的口才，彰显出其卓越的智慧。在守寡之前的几个月里，凯瑟琳对手里拿着一本书的迪亚娜感到十分好奇。她问国王的这位情妇在看什么书，迪亚娜回答道："在这个王国，自古以来总会有妓女给国王引来祸水。"这让凯瑟琳惊讶万分。[78] 如今，法国的历史将由身为王太后的她（抑或是正如她的绰号——蛇蝎夫人）来书写。

那时的凯瑟琳·德·美第奇还没有机会展示自己的冷漠无情，这是她走上缓慢、艰辛还夹杂着痛苦的上位之路的结果。羞辱、危险和几分命运的悲戚锤炼了她的性格。但是，从不同寻常的视角也偶然浮现出一位女王的温情和脆弱面孔，随着时间的推移，她将成为一位众所周知的玩弄权术、善于算计的女人……在与胡格诺派的斗争中，她还有别的选择吗？

一件小物件向我们倾诉了她作为女人的心境。这个物件并非价值不菲的艺术品，但却富有暗示以及神秘寓意。这是凯瑟琳的爱情护身符，一个呈椭圆状的铜制品——伏尔泰（Voltaire）用尖锐的讽刺口吻这样形容它：护身符正面的背景里充斥着十二星座的象征符号，画面中还有一位站立的裸体维纳斯，她右手拿着苹果，左手举着梳子。而在背面则是一位坐在宝座上的国王（朱庇特），他面前有一位鸟头鹰足的女人，手里还拿着一支箭。这个神秘图像设计的灵感源自于康奈利·阿格里帕（Cornelio Agrippa）的《神秘哲学》（De occulta philosophia），作品完成于 1533 年，即凯瑟琳大婚那一年。迥异的字母之中，可以在一个皇冠之上窥见 H、K、F 和 A 几个字母。这几个字母分别是亨利二世（Henricus）、夏尔九世（Karolus）、弗朗索瓦二世（Francesco）和亚历山大（未来的亨利三世）名字的首字母。在这枚护身符的边缘还刻着一行希伯来神秘哲学的铭文：

> 我恳求你，神啊，赐予我你无上的美德。
>
> 我恳求你，庇佑我的丈夫免受外族侵扰。
>
> 神啊，请向我展露神力，脱离黑暗，驱逐庸人，求你
>
> 赐予我力量。

　　如果解读正确，我们便可顺而推测出一股感伤之情裹着这个护身符。王后祈求星宿和神灵能够庇护她的婚姻及其子女免受外人侵扰。将凯瑟琳、亨利和迪亚娜之间的三角恋神圣化的同时，也带有了魔法色彩。1559 年之前打造的椭圆状护身符将王后的秘密、恐惧、欲望和内心的渴求统统展露无遗。

　　我们尚未知晓存于法国国家图书馆中的那个神秘物件是否为原件（存在三个版本，都略有不同）。17 世纪末，一位诡辩者曾证明了一件本是虚构之事的真实性：王后曾给一位信任的大管家留下了一个匣子，其中装有她最珍贵的宝物，她的继承人打开匣子，在里面找到了一枚椭圆形的铜制勋章，勋章上的王后及其子女俯首跪在一个坐在王位上的神灵面前，旁边还题有一句话："只要是我统治。"这一说法是不合时宜的诽谤中伤，尽管隐隐约约受到护身符上图像的启发，却显而易见地透露出反对王太后的挑衅意图。该说法还被用以渲染黑皇后的传说。[79]

正如占星家西梅奥尼所描述的"伟大的审慎",他将凯瑟琳的壮举转化为简洁的四行诗：

> 一个人仅是生来幸福是不够的，
>
> 若无审慎之德，便无福消受，
>
> 王太后的智慧与技巧
>
> 读者，此处已为你呈上范例。[80]

尾声

身为一名被囚的孤女，辗转于家族斗争，嫁给了一个不爱自己还时常施以羞辱的男人，凯瑟琳用她的耐心和顽强的抵抗为自己赢得了近乎不可能的逆风翻盘。这位王太后的三个儿子都会成为法国国王，而她将比其中两个儿子更长寿，但她还是会带着其王朝注定要走向灭亡的预感（来自诺查丹玛斯的占卜，但即使不诉诸神秘学也完全可以理解）与世长辞。

讽刺的是，美第奇的名字将在回忆的地平线上继续闪耀几个世纪，这是由胜利者所谱写的故事。不过，鲜少有人记得，恰恰是未受青睐的科西莫的后裔玛丽·德·美第奇（Maria de' Medici）嫁给了亨利四世（Enrico IV），这位国王谱写了瓦卢瓦家族以及卡法吉奥罗的美第奇家族（家族的主要分支，即老科西莫和"豪华者"洛伦佐这一脉）的结局。简而言之，我们在谈到佛罗伦萨这个家族时总是一概而论，而现实中家族各分支间的暗流涌动却招致了无数冲突、背叛和杀戮。

在佛罗伦萨第一位公爵委托（或起码算是赞成）毒死其堂弟伊波利托（凯瑟琳的初恋）后，凯瑟琳同父异母的兄弟亚历山德罗遭到堂兄弟洛伦齐诺的杀害。两位私生子都离世后，科西莫（来自所谓的"主流"分支，这一分支已不再受到青睐）的崛起遭到了斯特罗齐家族的反对。先是享乐主义者菲利波，他最终像小加图*一样在牢中自缢，免遭极端凌辱。随后便是他的儿子们，在强烈的复仇欲望的驱使下，他们借用表妹王后充满关怀也夹带私心的援助，向他们眼中的祖国的暴君与篡位者发动了战争，一直持续到他们油尽灯枯或是屈服于命运的捶打。

这是一个有关野心遭阻、激情四射和马基雅维利式阴谋与算计的故事。到最后，只有人称"黑皇后"的凯瑟琳和托斯卡纳第一任大公科西莫留在了历史的舞台上。他们是赢家，但本书旨在说明他们是以怎样的代价并且克服了怎样的困难才笑到了最后。

历史是由胜利者书写的，但失败者的声音却总能揭示出我们最深处的脆弱，而这值得我们永远铭记。

---

* 小加图是罗马共和国末期的政治家和演说家，斯多葛学派哲学的践行者。他坚定支持罗马共和制，强烈反对尤利乌斯·恺撒将罗马帝国化的企图，当恺撒违背元老院的意志，进军罗马时，他坚决抵抗，战败后自杀而死。——译者注

注 释

第一部分

第一章

1 阿雷蒂诺在《廷臣论》以及其他文本中引用了薄伽丘（*Dec.* V 3 4）的这句文字游戏。感谢保罗·普罗卡乔利（Paolo Procaccioli）指出这一点。

2 参见 *Quando gli dei si spogliano. Il bagno di Clemente VII a Castel Sant'Angelo e le altre stufe romane del primo Cinquecento*, Roma 1984。

3 贝尔纳多·布拉奇写给红衣主教萨尔维亚蒂的信，罗马，1525 年 3 月 31 日（CS I, 155, 427r–v）。见《意大利人传记辞典》（*Dizionario biografico degli italiani*）中关于乔瓦尼·鲁切拉伊的词条。

4 弗朗切斯科·圭契阿迪尼写给罗伯托·阿恰约利（Roberto Acciaiuoli）的信，马里尼亚诺，1526 年 7 月 18 日（AGF XX, IV, 4, n. 54, c. 42r）。

5 尼科洛·马基雅维利写给弗朗切斯科·圭契阿迪尼的信，佛罗伦萨，1526 年 11 月 5 日（Machiavelli, *Lettere*, p. 495），参见 M. Simonetta, *Volpi e leoni. I misteri dei Medici*, Milano 2017, pp. 230–231。

6 吉安·巴蒂斯塔·布西尼（Gian Battista Busini）写给贝内代托·瓦尔基的信，佛罗伦萨，1549 年 1 月 23 日（Busini, *Lettere*, p. 85）。彼得罗·卡尔内塞基（Pietro Carnesecchi）曾是马基雅维利的旅伴，后来成为异教徒，1567 年被处以火刑。

7 吉安·巴蒂斯塔·布西尼写给贝内代托·瓦尔基的信，佛罗伦萨，1548 年 11 月 23 日（Busini, *Lettere*, p. 9）。

8 见 Varchi II, pp. 588–590 中菲利波的超凡肖像画；关于菲利波的"毫无节制"，参见 Simonetta, *op. cit.*, p. 77。感谢达里奥·布兰卡托（Dario Brancato）提供的未出版的内容。

9 Cellini, *Vita* (I, 38)。

10 *Ibid.*

11 BNCF II.III.433, 67r.

12 J. Pitti, *Istoria fiorentina*, a cura di A. Mauriello, Napoli 2007, p. 145.

13　Varchi I, p. 164.

14　Ivi, p. 166; *Ricordi storici di Filippo di Cino Rinuccini dal 1282 al 1460 colla continuazione di Alamanno e Neri suoi figli fino al 1506, seguiti da altri monumenti inediti di Storia Patria e Continuazione di Ricordi storici a tutto l'Agosto 1530 estratti dal Priorista scritto e compilato da Paolo di Girolamo di Ser Paolo Paoli, autore contemporaneo*, Firenze 1840, p. 130. 参见 Reumont, p. 60：凯瑟琳是在安东尼奥·达·巴贝里诺（Antonio da Barberino）和贝尔纳多·里努奇尼（Bernardo Rinuccini，亦被称作 Braciaiuolo，是菲利波的代理人之一）的陪同之下。安东尼奥是教皇乌尔班八世（Urbano VIII）的祖先，有趣的是，至少有两个对年幼的凯瑟琳有恩的人的后代在将来会成为教皇，另一位则是西尔韦斯特罗·阿尔多布兰迪尼。

15　J.N. Stephens, *L'infanzia fiorentina di Caterina de' Medici, Regina di Francia*, «Archivio storico italiano», 142 (1984), pp. 421–436.

16　参见 Simonetta, *op. cit.*, pp. 65 ss.。

17　巴尔达萨雷·卡斯蒂廖内写给克莱门特七世的信，布尔戈斯，1527 年 12 月 10 日（*Lettere di principi* I, pp. 83r–86r）。

18　其他的军队要员还包括“爱夸夸其谈者”路易吉·贡扎加，米兰前任总理大臣吉罗拉莫·莫罗内（Girolamo Morone）。路易吉的哥哥皮罗碰巧于 11 月 12 日成为红衣主教。

19　Reumont, p. 69; D. Mellini, *Ricordi intorno ai costumi, azioni e governo del serenissimo Gran Duca Cosimo I*, Firenze 1821, p. 126（未注明出处，BNCF, Palatino 976）。穆拉特建筑群位于城墙内，意大利统一后被改为男子监狱。

20　Niccolini, p. LIV.

21　S. Lo Re, *La crisi della libertà fiorentina. Alle origini della formazione politica e intellettuale di Benedetto Varchi e Piero Vettori*, Roma 2006, p. 63; Varchi I, p. 392.

22　蒂雷纳写给奥尔巴尼公爵的信，伦敦，1527 年 5 月 1 日（AN, J965）。

23　蒂雷纳和贾伦特（Jarente）写给路易莎·迪·萨伏依的信，奥尔维耶托，1528 年 5 月 9 日（BnF, Fr. 20438, 70）。

24　尼古拉·兰斯写给维朗德里（Villandry）的信，博洛尼亚，1530 年 3 月 21 日（BnF, Fr. 3009, 57 ; Colbert 13, 180）。

25　蒂雷纳写给路易莎·迪·萨伏依的信，奥尔维耶托，1528 年 5 月 24 日（BnF, Fr. 20438, 134v–135 = 139）。

26　Pastor IV, 2, p. 319.

27　奥兰治亲王写给克莱门特七世的信，那不勒斯，1528 年 8 月 31 日（ASV, Segreteria di Stato, Lettere di Principi, 5, 233, cit. in Pastor IV, 2, p. 320）。

28　Pastor IV, 2, pp. 323 e 730.

29　1528 年 10 月 20 日克莱门特七世给吉罗拉莫·达·斯基奥（Girolamo da Schio）的敕书，后者是瓦索内主教，也是教廷财产管理局主管——来自托马索·加尔（Tommaso Gar）的礼物（BNCF, Cassetta Capponi, 65）。

30　恰逢当时乔瓦尼·德莱·班德·内雷的遗孀，即未来佛罗伦萨公爵科西莫的母亲写信给斯特罗齐，恳求借 200 杜卡特：玛丽亚·萨尔维亚蒂给身在里昂的菲利波·斯特罗齐的信，特雷比奥，1528 年 9 月 2 日（CS, V, 1209, 172; Niccolini, pp. 179–180; Reumont, p. 119）。十年后，反过来轮到菲利波求生的时刻了。

31　焦万·巴蒂斯塔·桑加写给蒂雷纳的信，罗马，1528 年 10 月 10 日（*Lettere di principi* II, pp. 130v–131r；参见 A. Monti, *L'assedio di Firenze. 1529–1530*, Pisa 2015, p. 27）。

32　克莱门特七世写给查理五世的信，罗马，1528 年 10 月 24 日（Pastor IV, 2, p. 323；参见克莱门特七世写给巴尔达萨雷·卡斯蒂廖内的信，随附给查理五世的敕书，载于 *Lettere di principi* II, 140v–143v）。

33　蒂雷纳写给奥尔巴尼公爵的信，佛罗伦萨，1528 年 12 月 26 日和 12 月 19 日（BnF, Fr. 20439, 18 e 101）。

34　加斯帕罗·孔塔里尼写给威尼斯元老院的信，罗马，1529 年 1 月 4 日（引自 Pastor IV, 2, pp. 326–328）。

35　尼古拉·兰斯写给蒂雷纳的信，罗马，1529 年 2 月 24 日（BnF, Fr. 20639, 205）。

36　菲利波·斯特罗齐写给弗朗切斯科·韦托里的信，罗马，1525 年 6 月 12 日，载于 A. Bardi, *Filippo Strozzi (da nuovi documenti)*, «Archivio storico italiano», ser. V, t. XIV (1894), p. 40。

37　蒂雷纳写给奥尔巴尼公爵的信，佛罗伦萨，1528 年 12 月 19 日（BnF, Fr. 20439, 101; variante 111）。

38　巴尔达萨雷·卡尔杜奇写给佛罗伦萨十人军事委员会的信，巴黎，1529 年 2 月 16 日（Canestrini-Desjardins II, p. 1046）。

39　凯瑟琳·德·美第奇写给弗朗索瓦一世的信，佛罗伦萨，1529 年 3 月 16 日，«L'Amateur d'autographes», II (1863), p. 270, n. 38; *Lettres de Catherine*, p. 613；参见同日写给蒂雷纳的另一封信，ivi, pp. IV-V。

40　皮耶罗·斯特罗齐写给在里昂巴隆切利别墅的菲利波·斯特罗齐的信，1529 年 3 月 11 日（CS, V, 1209, 97），引自 C. Elam, *Art in the Service of Liberty: Battista della Palla, Art Agent for Francis I*, «I Tatti Studies: Essays in the Renaissance», vol. 5 (1993), pp. 98 e 102，其中还提到洛伦佐·斯特罗齐 1529 年 4 月 [4 日] 写给菲利波·斯特罗齐的信（CS, V, 1209, 30）。

41　格雷戈里奥·卡萨莱写给蒙莫朗西的信，罗马，1529 年 4 月 22 日（BnF, Fr.

6636, 31–36）。

42 格雷戈里奥·卡萨莱写给蒙莫朗西的信，罗马，1529 年 6 月 13 日（BnF, Fr. 6636, 21–27）。

43 格雷戈里奥·卡萨莱写给红衣主教沃尔西（Wolsey）的信，1529 年 6 月 13 日，«Caesarii a stabulis inservire, nedum a sacris»（参见 Pastor IV, 2, p. 338）。

44 蒂雷纳子爵弗朗索瓦·德·拉图尔在西班牙的旅程和使团（BnF, Fr.20639）。

45 M. Pellegrini, *Guerra santa contro i Turchi. La crociata impossibile di Carlo V*, Bologna 2015, p. 160.

46 吉安·焦阿基诺·达·帕萨诺（Gian Gioacchino da Passano）写给弗朗索瓦一世的信，威尼斯，1529 年 7 月 19 至 20 日（BnF, Dupuy 264, 91–95）。

47 格雷戈里奥·卡萨莱写给蒙莫朗西的信，罗马，1529 年 7 月 31 至 8 月 1 日（BnF, Fr. 3034, 146）。

48 卡洛·卡佩洛（Carlo Cappello）写给威尼斯总督的信，佛罗伦萨，1529 年 9 月 17 日（*Relazioni*, II.1, p. 216），关于送回公爵女儿的请求，"她被关在城中的一座修道院里，与这位能言善辩的法国人一起督促向教皇派遣使者，为此已经展开了整整两日的磋商"。

49 弗朗切斯科·德尔·内罗写给菲利波·斯特罗齐的信，罗马，1529 年 12 月 8 日（CS, V, 1209,［1521–30］, 27r）。

50 菲利波·斯特罗齐写给弗朗切斯科·韦托里的信，卢卡，1529 年 11 月 29 日（Bardi, *op. cit.*, p. 60）。

51 格雷戈里奥·卡萨莱写给蒙莫朗西的信，博洛尼亚，1529 年 12 月 23 日（BnF, Fr. 2986, 91; Molini II, pp. 265–266）。关于权力关系和教皇对战争的一定财政贡献，参见 Monti, *op. cit.*。

52 参见安杰洛·皮萨诺（Angelo Pisano）于 1530 年 3 月 17 日对弗朗索瓦一世的预言，这是占星术和政治的完美结合（BnF, Fr.3063, 43–49, in Molini II, pp. 284 ss.）。

53 Cellini, *Vita* (I, 45).

54 *Mt* 26,50. 这幅壁画的作者是维托里奥·吉贝尔蒂（Vittorio Ghiberti），他是洛伦佐的后代，佛罗伦萨圣若望洗礼堂中著名的"天堂之门"就是他的杰作。见 Varchi II, pp. 281–282。

55 Varchi (ivi, pp. 150 ss.) 中提到了什一税专员兰贝托·德尔·内罗·坎比（Lamberto del Nero Cambi）的戏剧性演讲。

56 加布里埃尔·德·格拉蒙（塔布主教）写给弗朗索瓦一世的信，博洛尼亚，1530 年 3 月 27 日（BnF, Fr. 3041, 69r）。

57 加布里埃尔·德·格拉蒙写给弗朗索瓦一世的信，1530 年 4 月（BnF, Fr. 3005, 35–39; in Appendice all'«Archivio storico italiano», t. I, Firenze 1842–1844, p. 476;

cit. Pastor IV, 2, p. 367. 参见 Monti, *op. cit.*, p. 237 da A. Fabretti, *Vita e fatti d'arme di Malatesta Baglioni condottiero dei fiorentini*, Perugia 1846, p. 165）。

58　奥兰治亲王写给克莱门特七世的信，1530 年 6 月 30 日（ASV, Segreteria di Stato, *Lettere di Principi*, 6, 128r），引自 Monti, *op. cit.*, p. 286。

59　保罗·焦维奥写给马尔科·孔塔里尼（Marco Contarini）的信，罗马，1530 年 8 月 9 日，引自 Monti, *op. cit.*, pp. 317 ss.。

60　关于这一重构的许多元素是基于 Monti, *op. cit.*, cap. 9。关于费鲁奇的生动形象，亦可见 F. Baldovinetti, *Appunti di un fautore dei Medici*, a cura di E. Londi, Firenze 1911，这一形象受到许多历史小说的青睐，如弗朗切斯科·多梅尼科·圭拉齐（Francesco Domenico Guerrazzi）1836 年的作品［朱塞佩·马志尼（Giuseppe Mazzini）对此很是欣赏也不足为奇）］。

61　格雷戈里奥·卡萨莱写给在里昂的蓬波尼奥·特里武尔齐奥（Pomponio Trivulzio）的信，罗马，1530 年 8 月 12 日（BnF, Fr. 20505, 163）。

62　菲利波·德·内利写给雅各布·萨尔维亚蒂的信，佛罗伦萨，1530 年 10 月 3 日（BNCF, Magl. XXV, 552, 121–122）。

63　Vettori, p. 145; 弗朗切斯科·韦托里写给巴尔托洛梅奥·兰弗雷迪尼的信，博洛尼亚，1529 年 11 月 19 日（Albertini, p. 437）。

64　弗朗切斯科·圭契阿迪尼写给路易吉·圭契阿迪尼的信，佛罗伦萨，1530 年 10 月 30 日（CS, I, 59, 346；参见 *Opere inedite*, IX, p. 160）。

65　弗朗切斯科·圭契阿迪尼写给雅各布·萨尔维亚蒂和克莱门特七世的信，1530 年 10 月 4 日（*Lettere di principi* II, 201r–v）。

66　菲利波·斯特罗齐写给路易吉·圭契阿迪尼的信，卢卡，1530 年 9 月 25 日（CS, I, 59, 77r）："我认为现在在佛罗伦萨，他们比以往任何时候都更需要钱，帕拉（鲁切拉伊）和巴尔托洛梅奥·瓦洛里写信给我，让我把佛罗伦萨十人军事委员会的信给你。"

67　弗朗切斯科·德尔·内罗写给菲利波·斯特罗齐的信，罗马，1530 年 10 月 15 日（CS, V, 1207, I, 101），加密信。

68　弗朗切斯科·圭契阿迪尼写给巴尔托洛梅奥·兰弗雷迪尼的信，佛罗伦萨，1530 年 10 月 17 日："这里的一切将按照主人的意愿安排，他会从即将抵达的菲利波·斯特罗齐那里了解所有人的想法"（Otetea, p. 11）；弗朗切斯科·圭契阿迪尼写给巴尔托洛梅奥·兰弗雷迪尼的信，佛罗伦萨，1530 年 10 月 20 日："我们已经派菲利波·斯特罗齐前去，他会将一切都安排妥当。"（ivi, p. 12; cfr. Lo Re, *La crisi*, cit., p. 145）。

69　菲利波·斯特罗齐写给弗朗切斯科·韦托里的信，罗马，1530 年 10 月 23 日（Niccolini, pp. 180–182; Albertini, p. 184）。

70 菲利波·斯特罗齐写给弗朗切斯科·韦托里的信, 罗马, 1530 年 10 月 26 日（Bardi, *op. cit.*, p. 63; cit. in Albertini, p. 182）。

71 弗朗切斯科·韦托里写给巴尔托洛梅奥·兰弗雷迪尼的信, 佛罗伦萨, 1530 年 10 月底（Albertini, p. 439）。

72 弗朗切斯科·贡扎加（Francesco Gonzaga）写给费代里科·贡扎加（Federico Gonzaga）的信, 罗马, 1530 年 8 月 5 日（Monti, *op. cit.*, p. 340）。

73 尼古拉·兰斯写给蒙莫朗西的信, 罗马, 1530 年 8 月 4 日（Chantilly, L-II 250–251）。这封信还回顾了阿尔贝托·皮奥·达·卡尔皮（Alberto Pio da Carpi）伯爵在帕维亚战役前的第一次求婚, 当时他的两个孩子大约五岁了。

74 红衣主教德·格拉蒙写给蒙莫朗西的信, 罗马, 1530 年 10 月 11 日（BnF, Fr. 3091, 47r–v）, 加密信。

75 尼古拉·兰斯写给蒙莫朗西的信, 罗马, 1530 年 8 月 26 日（Chantilly, L-II 254）。

76 参见 Reumont-Baschet, pp. 279–280, 1530 年 10 月 5 日。

77 弗朗切斯科·达·蓬特雷莫利写给蒙莫朗西的信, 罗马, 1530 年 10 月 21 日（BnF, Fr. 20506, 122）, 信中的内容为法语写成。

78 乔治·安德烈亚斯（Giorgio Andreasi）写给曼托瓦公爵的信, 罗马, 1530 年 10 月 28 日, 是关于凯瑟琳的（Reumont-Baschet, p. 282）。

79 尼古拉·兰斯写给蒙莫朗西的信, 罗马, 1530 年 8 月 26 日,（Chantilly, L-II 254）。

80 弗朗西斯科·韦托里写给巴尔托洛梅奥·兰弗雷迪尼的信, 佛罗伦萨, 1530 年 10 月底（Albertini, p. 442）。

81 关于克莱门特引起的神怒, 见 Borgia, *Historiae*, 250r; Cornelio de Fine 中认为洪水来自一个人们未曾见过的城市; Guido da Crema a Isabella d'Este Roma, 9–13 ottobre 1530（ASMa, 879）, in G. Rebecchini, *After the Medici: The New Rome of Pope Paul III Farnese*, «I Tatti Studies: Essays in the Renaissance», vol. 11（2007）, pp. 176 ss.。

82 红衣主教德·格拉蒙写给蒙莫朗西的信, 罗马, 1530 年 8 月 31 日（BnF, Fr. 3019, 21）。

83 红衣主教朱利奥·德·美第奇写给乔瓦尼·斯塔菲利奥（Giovanni Staffileo）的信, 罗马, 1520 年 4 月 10 日（ASFi, Manoscritti Torrigiani, 3, carte sciolte）。

84 弗朗切斯科·达·蓬特雷莫利写给蒙莫朗西的信, 罗马, 1530 年 11 月 4 日（BnF, Fr. 20506, 116; Clair. 332, 151）。

85 尼古拉·兰斯或是弗朗切斯科·达·蓬特雷莫利写给蒙莫朗西的匿名信, 罗马, 1530 年 11 月初（BnF, Fr. 3005, 107; Clair. 332, 151）。

86 尼古拉·兰斯写给蒙莫朗西的信, 罗马, 1530 年 11 月 7 日（BnF, Fr. 3009, 80;

Colbert 13, 208v–211v）。参见克莱门特七世写给弗朗索瓦一世的信，罗马，1530 年 11 月 8 日（ASV, Segreteria di Stato, *Lettere di Principi*, 11, minuta 207 e 209），信中对其亲戚奥尔巴尼公爵的到来表示欣慰。事实上，教皇在年初就曾劝阻公爵本人不要来意大利，当时凯瑟琳的宿命尚未尘埃落定，克莱门特担心其法国舅舅的干预会影响到侄女的安危："关于把她嫁出去这件事，即便这世上所有的结婚对象都来提亲，[教皇]也不会在把她从佛罗伦萨解救出来之前做出决定。"参见焦万·巴蒂斯塔·桑加写给奥尔巴尼公爵的信，[博洛尼亚]，1530 年 1 月 29 日（BAV, Capp.239, 21; BnF, It.2101, 34r–v）。

第二章

1　Antonio Soriano (Roma 1531), in *Relazioni*, II.3, pp. 280 ss.："这种胆怯是教皇优柔寡断、犹豫不决的原因，即便他下了决心，也很容易改变；并非为了当下之事（这是贤者的伟业），而是出于怯弱。"

2　关于这一点，我参考于：N. Arikha, *Gli umori. Sangue, flemma, bile*, Milano 2009。

3　Soriano (Roma 1531), p. 283；值得注意的是，1554 年，过去整整 23 年后，威尼斯驻法国大使乔瓦尼·卡佩洛（Giovanni Cappello）几乎用了同样的话："他的眼睛很圆，嘴唇很高，看起来像他的祖先——教皇利奥。"（*Relazioni*, I.2, p. 280）

4　洛伦佐·本奇文尼写给弗朗切斯科·奥尔西尼的信，罗马，1531 年 4 月 20 日（AO, 72, 1, 152）。

5　洛伦佐·本奇文尼写给弗朗切斯科·奥尔西尼的信，罗马，1531 年 5 月 5 日（AO, 72, 1, 174）。

6　尼古拉·兰斯写给蒙莫朗西的信，罗马，1531 年 5 月 4 日（BnF, Fr. 3040, 47; Clair. 334, 78）。

7　Pastor IV, 2, p. 403.

8　教皇与法国国王的各位大使之间关于乌尔比诺夫人和奥尔良公爵亨利的婚约所达成的秘密协议，阿尔巴诺，1531 年 6 月 9 日（BnF, Fr. 2988,23; Clair. 334, 75）。

9　"最尊敬的教皇给奥尔巴尼公爵的秘密条款"，1531 年 6 月 14 日（BnF, Fr. 3010, 104; Clair. 334, 73）；奥尔良公爵与凯瑟琳·德·美第奇的婚约密文等，1531 年（BnF, Fr. 3016, 34; Clair. 334, 74）。

10　Reumont, pp. 189 ss.（ASFi, Appendice Strozziana, I, 19, or CS, II, 148, 49–50, 59–60, 61：克莱门特七世和弗朗索瓦一世为凯瑟琳·德·美第奇和亨利的婚姻所签订的条约）。参见克莱门特七世写给弗朗索瓦一世的信，罗马，1531 年 6 月 16 日（ASV, Segreteria di Stato, *Lettere di Principi*, 11, minuta 210）。

11　*Corr*. I, p. 204; cfr. F. Decrue, *Anne de Montmorency Grand Maître et Connétable de France*, Paris 1885, p. 172.

12 弗朗索瓦·德·丁特维尔写给蒙莫朗西的信，罗马，1531 年 8 月 26 日（BnF, Dupuy 260, 4–6）。

13 "1531 年 8 月 30 日教皇敕书"，弗朗索瓦·德·丁特维尔写给国王的信（BnF, Dupuy 260, 9）。

14 弗朗索瓦·德·丁特维尔写给弗朗索瓦一世的信，罗马，1531 年 9 月 11 日（BnF, Dupuy 260, 14）。

15 焦万·马里亚·德拉·波尔塔写给弗朗切斯科·马里亚·德拉·罗韦雷的信，罗马，1531 年 9 月 18 日（Urbino, G 132, 545r–v）。

16 让·杜贝莱写给弗朗索瓦·德·丁特维尔的信，拉费尔，1531 年 11 月 15 日（BnF, Fr. 15970, 1–4; *Corr.* I, p. 221）。

17 弗朗索瓦一世写给弗朗索瓦·德·丁特维尔的信，拉费尔，1531 年 11 月 15 日，«L'Amateur d'Autographes», 5 (1866), p. 264, n. 14。

18 弗朗索瓦·德·丁特维尔写给让·杜贝莱的信，罗马，1531 年 12 月 3 日（BnF, Dupuy 260, 43; *Corr.* I, p. 229）。

19 弗朗索瓦·德·丁特维尔写给拉扎尔·德·巴伊夫（驻威尼斯大使）的信，罗马，1531 年 9 月 7 日（BnF, Dupuy 260, 12），引自 L. Dorez, *Le sac de Rome (1527). Relation inédite de Jean Cave, Orléanais*, «Mélanges de l'école française de Rome», 16 (1896), p. 365 : "我会在罗马的几处遗址散心，希望你也在。"

20 弗朗索瓦·德·丁特维尔写给奥尔巴尼公爵的信，罗马，1532 年 1 月 4 日（BnF, Dupuy 260, 76; cit. in *Corr.* I, p. 244n）。

21 弗朗索瓦一世写给弗朗索瓦·德·丁特维尔的信，阿布维尔，1531 年 12 月 23 日（BnF, Dupuy 726, 65）。

22 弗朗索瓦一世写给弗朗索瓦·德·丁特维尔的信，日期不详（BnF, Dupuy 547, 15），但可能附在国王写给伊波利托·德·美第奇的信中，枫丹白露宫，1531 年 7 月 20 日（BnF, Dupuy 547, 13; Camusat II, p. 34r–v）。

23 弗朗索瓦·德·丁特维尔写给让·杜贝莱的信，罗马，1532 年 1 月 18 日（BnF, Dupuy 260, 85v; *Corr.* I, p. 249）。关于同样的话题，见弗朗索瓦·德·丁特维尔写给奥尔巴尼公爵的信，罗马，1532 年 1 月 17 日（BnF, Dupuy 260, 91）。

24 Simonetta, *op. cit.*, pp. 254–255.

25 Varchi II, p. 589.

26 菲利波·斯特罗齐写给佛罗伦萨的扎诺比·布拉奇的信，罗马，1531 年 11 月 25 日（CS, I, 336, 231v）。

27 Lorenzo Strozzi, *Vita di Filippo* in Niccolini, pp. LXI ss.（关于凯瑟琳，见 p. LXVIII）。

28 焦万·马里亚·德拉·波尔塔写给弗朗切斯科·马里亚·德拉·罗韦雷的信，罗马，1532 年 6 月 6 日（Urbino, G 132, 641r）。

29 弗朗索瓦·德·丁特维尔写给奥尔巴尼公爵的信，罗马，1532 年 4 月 29 日（BnF, Dupuy 260, 205v）。

30 弗朗索瓦·德·丁特维尔写给蒙莫朗西的信，罗马，1532 年 4 月 30 日（BnF, Dupuy 260, 211）。

31 奥尔巴尼公爵写给弗朗索瓦·德·丁特维尔的信，1532 年 5 月 17 日，加密信（BnF, Dupuy 726, 81）。

32 利贝里奥·迪·阿尔比齐（Liberio di Albizi）写给巴邦·迪·纳尔多（Babon di Naldo）的信，佛罗伦萨，1532 年 5 月 15 日（M. Sanuto, *Diarii*, Venezia 1901, vol. 56, col. 300）。

33 凯瑟琳·德·美第奇写给克莱门特七世的信，佛罗伦萨，1532 年 10 月 3 日（ASV, Segreteria di Stato, *Lettere di Principi*, 7, c. 488r）。

34 弗朗索瓦·德·丁特维尔写给奥尔巴尼公爵的信，罗马，1532 年 5 月 26 日（BnF, Dupuy 260, 227-228）。

35 焦万·马里亚·德拉·波尔塔写给弗朗切斯科·马里亚·德拉·罗韦雷的信，罗马，1532 年 5 月 15 日（Urbino, G 132, 637v）。

36 弗朗索瓦·德·丁特维尔写给让·杜贝莱的信，罗马，1532 年 7 月 13 日（BnF, Dupuy 260, 284; *Corr.* I, p. 280）。

37 M. Alberini, *Ricordi*, in A. Corvisieri, *Documenti inediti sul Sacco di Roma nel 1527*, Roma 1873, p. 392.

38 法布里齐奥·佩莱格里诺（Fabrizio Pellegrino）写给费代里科·贡扎加的信，罗马，1532 年 6 月 29 日（引自 Pastor IV, 2, p. 743；参见 Rebecchini, p.93）。

39 弗朗索瓦·德·丁特维尔写给蒙莫朗西的信，罗马，1532 年 8 月 5 日（Camusat II, pp. 103v-104r）。参见 Pastor IV, 2, p. 368，其中详细介绍了教皇的典礼司仪比亚焦·马丁内利（Biagio Martinelli）。这些方法与 1517 年朱利奥·德·美第奇为剥夺红衣主教彼得鲁奇、绍利和里亚里奥的权力而秘密进行的审讯相似（见 Simonetta, *op. cit.*, capitolo 5）。

40 弗朗索瓦·德·丁特维尔写给弗朗索瓦一世的信，博洛尼亚，1533 年 1 月 8 日（BnF, Dupuy 260, 438v; Camusat II, pp. 117v-118v）。

41 焦万·马里亚·德拉·波尔塔写给弗朗切斯科·玛丽亚·德拉·罗韦雷的信，博洛尼亚，1533 年 1 月 11 日（Urbino, G 132, 770r）。

42 Pastor IV, 2, p. 440（关于适得其反的皇室压力）。

43 Reumont, p. 129.

44 凯瑟琳·德·美第奇写给奥尔巴尼公爵的信，尼斯，1533 年 9 月 12 日（BnF, Dupuy 486, 55）。

45 Pellegrini, *op. cit.*, cit., pp. 47, 64 e *passim* 中可以窥见这位"眉头紧皱、聪明又

无情的海盗”的非凡身姿。

46　红衣主教图尔农写给奥尔巴尼公爵的信，罗马，1533 年 9 月 9 日（AN, K 84, 27/1）。

47　凯瑟琳·德·美第奇写给奥尔巴尼公爵的信，尼斯，1533 年 9 月 12 日（BnF, Dupuy 486, 55）。

48　A. Santangelo-L. Celi, *Caterina la Magnifica*, Torino 2017, pp. 72–73 中有“令我们想起洛杉矶桑拿房里的同性恋，而不是教皇的船”等诸如此类的评论。

49　弗朗切斯科·韦托里，引自 Simonetta, *op. cit.*, p. 101。

50　H. de Valbelle, *Le mariage de Catherine de Médicis et Henri d'Orléans à Marseille vu par un bourgeois de la ville*, éd. par V. L. Bourrilly, Aix-en Provence 1985, 1, p. 254.

51　阿尔贝托·萨克拉蒂（Alberto Sacrati）写给埃尔科莱·德斯特的信，马赛，1533 年 10 月 26 日（ASMo, Francia, 10）。

52　阿尔贝托·萨克拉蒂写给埃尔科莱·德斯特的信，马赛，1533 年 10 月 18 日（ASMo, Francia, 10）。

53　阿尔贝托·萨克拉蒂写给埃尔科莱·德斯特的信，马赛，1533 年 10 月 30 日（ASMo, Francia, 10）。焦万·马里亚·德拉·波尔塔给弗朗切斯科·马里亚·德拉·罗韦雷的信，马赛，1533 年 10 月 28 日（Urbino, G 132, 894r）。

54　焦万·马里亚·德拉·波尔塔写给弗朗切斯科·马里亚·德拉·罗韦雷的信，马赛，1533 年 10 月 30 日（Urbino, G 132, 895v; Pastor, IV, 2, p. 450）。

55　焦万·马里亚·德拉·波尔塔写给弗朗切斯科·马里亚·德拉·罗韦雷的信，马赛，1533 年 10 月 19 日（Urbino, G 132, 887r）。

56　*Frammenti*, 113r–v. 感谢万尼·布拉曼蒂（Vanni Bramanti）为我指出这一手稿。

57　焦万·马里亚·德拉·波尔塔写给弗朗切斯科·马里亚·德拉·罗韦雷的信，马赛，1533 年 10 月 19 日（Urbino, G 132, 888r）。拉丁文原文为“Urbem venalem cito peritura si emptorem viverit”。

58　Reumont, p. 140.

59　R. Knecht, *Catherine de' Medici*, Harlow 1998, p. 17

60　焦万·马里亚·德拉·波尔塔给弗朗切斯科·马里亚·德拉·罗韦雷的信，马赛，1533 年 10 月 24 日（Urbino, G 132, 884r）。

61　阿尔贝托·萨克拉蒂写给埃尔科莱·德斯特的信，马赛，1533 年 10 月 13 日，（ASMo, Francia, 10）。

62　焦万·马里亚·德拉·波尔塔写给弗朗切斯科·马里亚·德拉·罗韦雷的信，马赛，1533 年 10 月 28 日（Urbino, G 132, 891r–v）。

63　焦万·马里亚·德拉·波尔塔给弗朗切斯科·马里亚·德拉·罗韦雷的信，马赛，1533 年 10 月 30 日（Urbino, G 132, 896r）。

64　菲利波·斯特罗齐写给本韦努托·奥利维耶里的信，里昂，1533 年 12 月 1 日（CS, V, 1208, 87）。

65　菲利波·斯特罗齐写给本韦努托·奥利维耶里的信，第戎，1533 年 12 月 28 日（CS, V, 1208, 91–92）。

66　克莱门特七世写给弗朗索瓦一世的信，罗马，1533 年 12 月 11 日（BnF, Moreau 774, 90）。

67　克莱门特七世写给弗朗索瓦一世的信，罗马，1533 年 12 月 18 日（BnF, Moreau 774, 92）。

68　A. Luzio, *Un pronostico satirico di Pietro Aretino*, Bergamo 1900, pp. 26–27.

69　Ivi, p. 99.

70　凯瑟琳·德·美第奇写给克莱门特七世的信，巴黎，1534 年 2 月 22 日（ASV, Segreteria di Stato, *Lettere di Principi*, 8, 236）。

71　法布里齐奥·佩莱格里诺写给费代里科·贡扎加的信，罗马，1534 年 2 月 21 日（ASMa, 883, 27–28）。

72　Rebecchini, p. 113.

73　洛伦佐·本奇文尼写给吉罗拉莫·奥尔西尼的信，罗马，1534 年 6 月 27 日（AO, 391, 135）。

74　洛伦佐·本奇文尼写给弗朗切斯科·奥尔西尼的信，罗马，1534 年 7 月 6 日（AO, 74, 1, 43）。

75　*Frammenti*, 113r–v.

76　洛伦佐·本奇文尼写给弗朗切斯科·奥尔西尼的信，罗马，1534 年 8 月 2 日（AO, 74, 2, 270）。

77　红衣主教亚历山德罗·法尔内塞写给弗朗切斯科·奥尔西尼的信，罗马，1534 年 8 月 4 日（AO, 74, 3, 455）。

78　洛伦佐·本奇文尼写给弗朗切斯科·奥尔西尼的信，罗马，1534 年 8 月 7 日（AO, 74, 2, 271）；亦可见写给吉罗拉莫·奥尔西尼的信，罗马，1534 年 8 月 8 日（AO, 391, 135）。

79　洛伦佐·本奇文尼写给弗朗切斯科·奥尔西尼的信，罗马，1534 年 8 月 26 日（AO, 74, 2, 275）。

80　洛伦佐·本奇文尼写给弗朗切斯科·奥尔西尼的信，罗马，1534 年 9 月 8 日（AO, 74, 2, 273）。

81　格雷戈里奥·卡萨莱写给罗奇福德的信，1534 年 10 月 15 日。感谢大卫·波特（David Potter）寄给我原稿。

82　*Frammenti* 113r–v：“他没有与他的任何秘书和大臣商讨，就对帝国事务大肆谈论，巴巴罗萨后来迫害基督徒并轻而易举就夺取了突尼斯王国，他们还说是教皇克莱门特建议弗朗索瓦国王这般行事的。"

83 格雷戈里奥·卡萨莱写给诺福克（Norfolk）的信，罗马，1534 年 10 月 15 日。感谢大卫·波特寄给我原稿。

84 Rebecchini, *op. cit.*, p. 154.

85 法布里齐奥·佩莱格里诺写给费代里科·贡扎加的信，罗马，1534 年 10 月 17 日（ASMa, 883, 198r）。

第三章

1 安东尼奥·加泽蒂（Antonio Gazzetti）写给菲利波·斯特罗齐的信，圣皮耶罗（？），1534 年 8 月 15 日（CS, V, 1208, 121）："如果公爵夫人收到了这封信，而且她状态很好的话，我就不会看到她躺下的样子了。"加泽蒂将会被科西莫囚禁，之后在凯瑟琳的坚持之下获释。关于凯瑟琳秀美的双腿，见 Brantôme, *Œuvres complètes*, a cura di L. Lalanne, Paris 1873, t. VII, p. 342。

2 菲利波·斯特罗齐写给弗朗切斯科·韦托里的信，巴黎，1534 年 7 月 6 日（Niccolini, pp. 191–193）。

3 亦被称为"红衣主教弗雷内塞"，因为据说他早期起家是得到了教皇博尔贾的妹妹"漂亮的朱莉娅"的帮助；参见 Antonio Soriano (Roma 1535), *Relazioni*, II.3, p. 315。

4 菲利波·斯特罗齐写给弗朗切斯科·韦托里的信，罗马，1535 年 1 月 2 日（Niccolini, pp. 199–201）。

5 菲利波·斯特罗齐写给弗朗切斯科·韦托里的信，罗马，1534 年 12 月 12 日（Bardi, *op. cit.*, p. 71）。参见 Varchi III, pp. 74–75。

6 格雷戈里奥·卡萨莱写给让·杜贝莱的信，罗马，1535 年 5 月 14 日（BnF, Dupuy 264, 30–31；参见 *Corr.* I, pp. 483–486）："近日，教皇陛下前往奇维塔韦基亚为船舰上的人们发薪水，并给予他们祝福，免除了那些将在反抗巴巴罗萨战役中丧生之人的罪罚。"

7 埃尔科莱·贡扎加写给弗朗切斯科二世·斯福尔扎的信，罗马，1534 年 12 月 27 日（BAV, Barb. lat. 5788, 69r；引自 Simoncelli, *Fuoriuscitismo*, p. 54）："教皇陛下在听说亚历山德罗公爵在佛罗伦萨的所作所为后，对他大动肝火，最后还告诉他，如果他不改过自新，令教皇再苛责于他，他就会被剥夺公民身份并逐出这个城市。"

8 焦万·马里亚·德拉·波尔塔写给弗朗切斯科·马里亚·德拉·罗韦雷的信，马赛，1535 年 6 月 18 日（Urbino, G 133, 240r）："但尚未确定"。

9 莱昂内·斯特罗齐写给罗伯托·斯特罗齐的信，那不勒斯，1535 年 2 月 12 日（CS, V, 1208, 97），信中请他的弟弟断绝与歌妓阿尼奥拉（Agnola）过于频繁的关系。

10　埃尔科莱·贡扎加写给弗朗切斯科二世·斯福尔扎的信,1535 年 6 月 18 日（BAV, Barb. lat. 5788, 172r–v）:"红衣主教［向教皇］提出让他从菲利波·斯特罗齐和其他人那里赚取五十万杜卡特";埃尔科莱·贡扎加写给费代里科·贡扎加的信，罗马，1535 年 6 月 20 日（Rebecchini, p. 125）。

11　保罗·焦维奥写给弗朗切斯科二世·斯福尔扎的信,罗马,1535 年 6 月 6 日(Giovio, *Lettere* I, p. 156)。

12　Simoncelli, *Fuoriuscitismo*, p. 96.

13　埃尔科莱·贡扎加写给弗朗切斯科二世·斯福尔扎的信，罗马，1535 年 6 月 22 日（BAV, Barb. lat. 5788, 179r–180r），大致与埃尔科莱·贡扎加写给费代里科二世·贡扎加（Federico II Gonzaga）的相同，载于 Rebecchini, pp. 279–280。

14　焦万·马里亚·德拉·波尔塔写给圭杜巴尔多·德拉·罗韦雷（Guidubaldo Della Rovere）的信，罗马，1535 年 7 月 19 日（Urbino, G 133, 287r）。

15　乔瓦尼·安德烈亚·达·圣塞波尔克罗的做证书原稿（Misc. Med., 586, 12; parz. in L.A. Ferrai, *Lorenzino de' Medici e la società cortigiana del Cinquecento*, Milano 1891, pp. 457–465）。

16　保罗·焦维奥写给鲁道夫·皮奥（Rodolfo Pio）的信，罗马，1535 年 8 月 20 日（Giovio, *Lettere* I, p. 161）。

17　凯瑟琳·德·美第奇写给菲利波·斯特罗齐的信,埃克拉龙,1535 年 9 月 2 日（CS, V, 1207, ins. 3, 284bis）。

18　马里诺·朱斯蒂尼亚尼（法国，1535 年），*Relazioni*, I.1, p. 191。

19　埃尔科莱·贡扎加写给乔瓦尼·阿涅洛（Giovanni Agnello）的信，罗马，1535 年 12 月 19 日，载于 A. Segre, *Un registro di lettere del cardinale Ercole Gonzaga (1535–36) con un'appendice di documenti inediti (1520–48)*, Torino 1912, pp. 60–61。

20　Brantôme, *Œuvres*, t. VIII, p. 339.

21　安东尼奥·圭杜奇（Antonio Guiducci）写给彼得罗·阿雷蒂诺的信，帕维亚，1535 年 9 月 1 日（*Lettere a P.A.*, I, n. 257）。

22　公爵亚历山德罗·德·美第奇写给彼得罗·阿雷蒂诺的信，佛罗伦萨，1535 年 11 月 11 日（*Lettere a P.A.*, I, n. 164）。

23　弗朗索瓦一世写给菲利波·斯特罗齐的信,丰坦弗朗赛斯,1535 年 9 月 27 日(CS, V, 1207, ins. 2, 262)。

24　菲利波·斯特罗齐写给红衣主教让·杜贝莱和夏尔·埃马尔（Charles Hémard）的信，［罗马，1535 年 11 月］（CS, V, 1208, 121）。

25　Reumont, p. 195 (*Ricordi* del 10 novembre 1535).

26　弗朗索瓦·拉伯雷写给戈德弗鲁瓦·德斯蒂萨克（Godefroy d'Estissac）的信，罗马，1535 年 12 月 30 日，载于 R. Cooper, *Rabelais et l'Italie*, Genève 1991, p. 112。

27 西尔韦斯特罗·阿尔多布兰迪尼写给皮耶罗·斯特罗齐的信，那不勒斯，1536年2月9日（CS, V, 1207, ins. 3, n. 93）。

28 Simoncelli, *Fuoriuscitismo*, p. 136.

29 关于弗朗索瓦一世，参见查理五世写给保罗三世的信，1536年6月17日［L. Cardauns, *Paul III., Karl V. und Franz I. in den Jahren 1535 und 1536*, «Quellen und Forschungen aus italienischen Archiven und Bibliotheken», 11 (1908), pp. 232 ss.］。

30 总督佩德罗·德·托莱多（Pedro de Toledo）写给查理五世的信，那不勒斯，1536年6月29日（AGS, Estado, K 1632, 38）。感谢贾恩卡洛·达米科（Giancarlo D'Amico）指出了这一点。

31 菲利波·斯特罗齐写给弗朗切斯科·科沃斯（Francisco Covos）的信，罗马，1536年6月29日（CS, V, 1207, Lettere di diversi, 303）。

32 L. de' Medici, *L'Apologia e l'Aridosio*，包括前言 M. Bontempelli, Milano s.a., pp. 26 e 55。

33 Varchi III, pp. 236–237.

34 Borgia, *Historiae*, 254v.

35 保罗·焦维奥写给乔瓦尼·安杰洛·德·美第奇（Giovanni Angelo de' Medici）的信，科莫，1537年1月30日（Giovio, *Lettere* I, p. 191）。

36 弗朗切斯科·韦托里写给在威尼斯的菲利波·斯特罗齐的信，佛罗伦萨，1537年1月15日（Niccolini, pp. 216–218, cit. in Albertini, p. 215）。

37 菲利波·斯特罗齐写给弗朗切斯科·韦托里的信，博洛尼亚，1537年1月20日（Niccolini, pp. 224–227; CS, V, 1207, 40）。

38 查理五世写给费迪南多一世（Ferdinando I）的信，巴利亚多利德，1537年2月15日。感谢克里斯托弗·拉费尔（Christopher Laferl）指出了这一点。

39 鲁道夫·皮奥写给安布罗焦·雷卡尔卡蒂（Ambrogio Recalcati）的信，巴黎，1537年1月19日（*Nunziatura*, p. 581）。

40 吉安·巴蒂斯塔·斯特罗齐写给菲利波·斯特罗齐的信，巴黎，1537年1月21日（*Documenti che illustrano la Cronica di Fra Giuliano Ughi*, appendice all'«Archivio storico italiano», t. VII, Firenze 1849, pp. 265–267）。在信的结尾，他要求把他"极力推荐给尊贵的洛伦齐诺·德·美第奇，他的宽宏大量之举超过了布鲁托和所有像他一样的人"。

41 菲利波·斯特罗齐写给红衣主教萨尔维亚蒂和里多尔菲的信，［博洛尼亚，］1537年1月［24日］（Niccolini, pp. 221–224; Varchi III, pp. 265–268）。

42 红衣主教乔瓦尼·萨尔维亚蒂写给科西莫一世（Cosimo I）的信，1537年1月27日，载于 L.A. Ferrai, *Cosimo de' Medici Duca di Firenze*, Bologna 1882, pp. 225–226。

43 主教乔治·德·塞尔夫（Georges de Selve）和主教乔治·达马尼亚克（Georges d'Armagnac）写给菲利波·斯特罗齐的信，威尼斯，1537 年 1 月 28 日（CS, V, 1207, 62）。这封信和其他意大利文信件的作者可能是安东尼奥·布鲁乔利（Antonio Brucioli）。

44 主教乔治·德·塞尔夫和主教乔治·达马尼亚克写给红衣主教梅肯（Macon）的信，威尼斯，1537 年 2 月 9 日（BnF, Fr. 3053, 67–68）。参见 Adriani, p. 34。

45 本韦努托·奥利维耶里写给菲利波·斯特罗齐的信，罗马，1537 年 2 月 10 日（CS, V, 1207, ins. 3, 97 e1209, 69；引自 Simoncelli, *Fuoriuscitismo*, p. 239）。

46 本韦努托·奥利维耶里写给菲利波·斯特罗齐的信，罗马，1537 年 2 月 12 日（CS, V, 1207, ins. 3, 103）。

47 安布罗焦·雷卡尔卡蒂写给鲁道夫·皮奥·达·卡尔皮的信，罗马，1537 年 4 月 6 日（*Nunziatura*, pp. 624–625）。

48 关于马基雅维利的引述，参见 *Discorsi* II.10。关于这篇著名文本的论战价值，参见 Simonetta, *op. cit.*, p. 126。关于"乡土屁股"这一表达，参见 Simonetta, *op. cit.*, p. 247。

49 菲利波·斯特罗齐未注明日期和姓名的草稿，1537 年 1 月末（CS, V, 1207, 72–73）。

50 Varchi III, pp. 293–296.

51 Segni, p. 227.

52 贝尔纳迪诺·杜雷蒂写给科西莫·德·美第奇的信，威尼斯，1537 年 7 月 15 日（MdP, 3093, 25v，引自 Simoncelli, *Fuoriuscitismo*, pp. 317–318；参见第 319 页："他们不考虑佛罗伦萨的事情，而是选择静待时机。"）。

53 红衣主教里多尔菲写给红衣主教萨尔维亚蒂的信，博洛尼亚，1537 年 7 月 21 日（MdP, 3716, 38）。

54 参见 Nardi II, pp. 357–358。

55 雅各布·纳尔迪写给菲利波·斯特罗齐的信，钦戈利，1536 年 12 月 18 日（CS, V, 1209, 229）。

56 Nardi II, p. 344.

57 贝尔纳迪诺·杜雷蒂写给科西莫·德·美第奇的信，威尼斯，1537 年 8 月 4 日（MdP, 3093, 20v；引自 Simoncelli, *Fuoriuscitismo*, p. 323）；弗朗切斯科·马里亚·德拉·罗韦雷写给焦万·马里亚·德拉·波尔塔的信，穆拉诺岛，1537 年 8 月 5 日（Urbino, G 161, 371）。

58 焦万·马里亚·德拉·波尔塔写给弗朗切斯科·马里亚·德拉·罗韦雷的信，罗马，1537 年 8 月 4 日（Urbino, G 133, 807r）。瓦斯托侯爵直接下令处决瓦洛里。

59 查理五世写给贝尔纳多·圣齐奥·达·列蒂（Bernardo Sanzio da Rieti）的信，蒙宗，

1537 年 8 月 20 日；引自 Simoncelli, *Fuoriuscitismo*, p. 179。

60　贝尔纳多·圣齐奥［写给查理五世的信］，1537 年 8 月 20 日（BAV, Ottob. lat. 2443, 5r；引自 Simoncelli, *Fuoriuscitismo*, p. 340）。

61　*Journal* di Saint-Blancard in E. Charrière, *Négociations de la France dans le Levant*, t. I , Paris 1848, p. 351：科孚岛，1537 年 9 月 13 日。参见贝尔纳迪诺·杜雷蒂写给科西莫·德·美第奇的信，威尼斯，1537 年 10 月 24 日（MdP, 3093, 50v）。

62　弗朗切斯科·圭契阿迪尼写给路易吉·圭契阿迪尼的信，佛罗伦萨，1537 年 6 月 19 日（CS, I, 60, 56）。

第二部分

第四章

1　乔治·德·塞尔夫写给乔治·达马尼亚克的信，罗马，1537 年 8 月 2 日。感谢妮科尔·勒迈特（Nicole Lemaitre）指出这一点。

2　红衣主教图尔农写给弗朗索瓦一世的信，里昂，1537 年 8 月 17 日（BnF, Fr. 17357, 16）。

3　参见 CS, V, 1207 e 1208 中贝尔纳多·塔索的信件（参见 Niccolini, pp. 265 ss.）。

4　菲利波·斯特罗齐写给皮耶罗·斯特罗齐的信，罗马，1536 年 7 月 29 日（CS, V, 1209, 44）。国王通过流亡诗人路易吉·阿拉曼尼（Luigi Alamanni）表达了谢意：路易吉·阿拉曼尼写给菲利波·斯特罗齐的信，瓦朗斯，1536 年 8 月 11 日（CS, V, 1209, 51）。

5　玛丽亚·萨尔维亚蒂写给乔瓦尼·班迪尼的信，佛罗伦萨，1537 年 11 月 17 日（Misc. Med., 660, ins. 12, c. 3），1538 年 1 月 2 日收到；感谢亚历山德罗·洛·巴尔托洛指出这一点。

6　Pastor V, pp. 189 ss.

7　焦万·马里亚·德拉·波尔塔写给弗朗切斯科·马里亚·德拉·罗韦雷的信，尼斯，1538 年 6 月 10 日（Urbino, G 133, 1148）。

8　D. Le Fur, *François Ier*, Paris 2015, pp. 622-623; *L'embouchement de notre Saint Père le pape, l'empereur et le roy faict à Nice*, Paris 1538.

9　Nardi II, p. 353. 见 MAP, CLIX, 281–285（菲利波于 285r 处被提及）。

10　由科西莫签署，并由维泰利的代理人附署的赎金（MdP 657, 11）。

11　皮耶罗·斯特罗齐写给本韦努托·奥利维耶里的信，艾格莫尔特，1538 年 7 月 17 日（CS, V, 1208, 158; Niccolini, pp. 311–312）。乔瓦尼·班迪尼写给科西莫的加密信，蒙特迪普罗奇达，1538 年 7 月 16 日（MdP, 4296, 227v），其中说明"王储夫人曾在维拉弗兰卡为菲利波·斯特罗齐跟陛下谈过，在此处意欲再次提起"。

12　贝尔纳迪诺·杜雷蒂写给科西莫·德·美第奇的信，威尼斯，1538 年 11 月 28

日（MdP, 3093, 168v–169r）。

13　Niccolini, p. CXIX. E. Bonora, *Aspettando l'imperatore*, Torino 2014, p. 141 中引用了红衣主教奇博的档案副本。墓志铭的亲笔签名见 CS, V, 1221；参见 Niccolini, p. CXXIV.

14　科西莫·德·美第奇写给乔瓦尼·迪尼和安东尼奥·圭杜奇的信，佛罗伦萨，［1538 年］12 月 21 日（草稿见 MdP, 3, 99r–101v；副本见 Misc. Med., 54, 34, cc. 6–11）。

15　乔瓦尼·德·罗西斯（Giovanni de Rosis）——皮罗·科隆纳（Pirro Colonna）阁下的秘书，佛罗伦萨，1538 年 12 月 18 日（AGS, Estado, Leg. 1439, 222）。感谢贾恩卡洛·达米科指出这一点。

16　这句诗引自《埃涅阿斯记》（*Eneide*, IV, 625）。

17　贝尔纳迪诺·杜雷蒂写给科西莫·德·美第奇的信，威尼斯，1538 年 12 月 28 日（MdP, 3093, 176r–v）。这封信是写给多纳托·詹诺蒂（Donato Giannotti）的。

18　贝尔纳迪诺·杜雷蒂写给科西莫·德·美第奇的信，威尼斯，1539 年 1 月 15 日（MdP, 3093, 78r）。这封信是写给多纳托·詹诺蒂的。

19　D. Le Fur, *Diane de Poitiers*, Paris 2017, p. 107.

20　科西莫·德·美第奇写给乔瓦尼·班迪尼的信，比萨，1539 年 3 月 10 日（MdP, 4299, 88）；关于嫁妆议价，见 R. Cantagalli, *Cosimo I de' Medici Granduca di Toscana*, Milano 1985, p. 111.

21　阿尼奥洛·尼科利尼（Agnolo Niccolini）写给乌戈利诺·格里福尼（Ugolino Grifoni）的信，罗马，1539 年 2 月 20 日（MdP, 3261, 259v）。

22　皇帝于 1540 年 1 月进入巴黎（CS, V, 1210, 11）；Le Fur, *François Ier*, cit., p. 652.

23　乔瓦尼·德兰泰拉（Giovanni dell'Antella）写给科西莫·德·美第奇的信，罗马，1540 年 10 月 2 日（MdP, 3263, 238）。

24　菲利贝托·费雷里奥（Filiberto Ferrerio）写给红衣主教法尔内塞的信，瓦特维尔，1540 年 8 月 10 日（*Correspondance* 1, p. 597）。

25　菲利贝托·费雷里奥写给红衣主教法尔内塞的信，默伦，1540 年 12 月 16 日（ivi, p. 620）。

26　V. Pacifici, *Ippolito d'Este Cardinale di Ferrara*, Tivoli 1920, p. 66.

27　洛伦佐·孔塔里尼（法国，1551 年），*Relazioni*, I.4, p. 78.

28　Brantôme, *Le dame galanti*, a cura di A. Savinio, Milano 1982, pp. 240–241.

29　Cellini, *Vita* (II, 14–15)；另一次去是在 1544 年，见 ivi, in II, 41.

30　卢多维科·达·蒂内（Lodovico da Thiene）写给埃尔科莱二世·德斯特的信，布鲁日，1541 年 7 月 22 日（ASMo, Francia, 17）。

31　洛伦佐［·帕尼］（Lorenzo Pagni）写给皮耶尔·弗朗切斯科·里乔（Pier

Francesco Riccio）的信，波焦阿卡亚诺，1541 年 7 月 10 日（MdP, 1170, 44）。

32　弗朗索瓦一世写给皮耶罗·斯特罗齐的信，圣日耳曼昂莱，［1542 年］2 月 4 日（CS, V, 1210, 32）。

33　阿韦拉多·塞里斯特里写给乌戈利诺·格里福尼的信，罗马，1542 年 3 月 6 日（MdP, 3264, 166）。

34　皮耶罗·阿雷蒂诺写给皮耶罗·斯特罗齐的信，威尼斯，1542 年 3 月 10 日（*Lettere* II, n. 326）。

35　皮耶罗·阿雷蒂诺写给雇佣兵队长波利诺的信，威尼斯，1542 年 4 月 13 日（*Lettere*, II, n. 348）。

36　M. de Montaigne, *Essais*, I 46 (*Dei nomi*).

37　卢多维科·达·蒂内写给埃尔科莱二世·德斯特的信，巴黎，1542 年 3 月 12 日（ASMo, Francia, 17）。

38　参见 L. Lepri, *Del denaro o della gloria*, Milano 2012。

39　皮耶罗·阿雷蒂诺写给纪尧姆·佩里西耶的信，威尼斯，1542 年 8 月 24 日（*Lettere* II, n. 451）。

40　P. Larivaille, *Varia Aretiniana (1972–2004)*, Manziana 2005, p. 75.

41　皮耶罗·阿雷蒂诺写给提香·韦切利奥（Tiziano Vecellio）的信，威尼斯，1542 年 7 月 6 日（*Lettere* II, n. 395）。克拉丽斯是罗伯托和马达莱娜之女，提香·韦切利奥为其画肖像时，她大约六岁（画像如今在柏林）。

42　多纳托·德·巴尔迪给科西莫·德·美第奇的信中说了小菲利波诞生的消息，威尼斯，1542 年 3 月 15 日（MdP, 2964, 164）。

43　马泰奥·丹多洛（法国，1542 年），*Relazioni*, I.4, pp. 46–47。

44　Santangelo-Celi, *op. cit*, p. 115.

45　吉罗拉莫·丹迪尼写给红衣主教法尔内塞的信，圣日耳曼昂莱，1543 年 5 月 26 日至 27 日（*Correspondance* 3, pp. 220–221）。

46　红衣主教德斯特给埃尔科莱二世·德斯特的信，梅罗莱斯修道院，1543 年 6 月 30 日（ASMo, Casa e Stato, 147）。

47　红衣主教德斯特与给埃尔科莱二世·德斯特的信，普吕奈，1543 年 9 月 6 日（ASMo, Casa e Stato, 147）。

第五章

1　纳瓦拉的玛格丽特写给弗朗索瓦一世的信，1544 年 1 月，载于 Le Fur, *François Ier*, cit., p. 712。

2　*Les Marguerites de la Marguerite des Princesses*, Paris 1873, t. III, pp. 201 ss.

3　Pellegrini, *Guerra santa*, cit., pp. 336 ss.; Le Fur, *François Ier*, cit., p. 719.

4 红衣主教德斯特写给埃尔科莱二世·德斯特的信，枫丹白露宫，1544 年 2 月 11 日（ASMo, Casa e Stato, 147）。

5 *Cronaca fiorentina 1537–1555*, p. 32.

6 克劳迪奥·托洛梅伊写给路易吉·阿拉曼尼的信，皮亚琴察，1547 年 4 月 25 日（Tolomei, *Lettere*, 220r）。

7 克劳迪奥·托洛梅伊写给凯瑟琳·德·美第奇的信，罗马，1544 年 3 月 8 日（Tolomei, *Lettere*, 88r–v）。

8 Bosio, p. 232.

9 BAV, Ottob. lat. 2811, 156r.

10 BAV, Ottob. lat. 2811, 167r–v.

11 多纳托·德·巴尔迪写给科西莫·德·美第奇的信，威尼斯，1544 年 4 月 19 日（MdP, 365A, 775–777; Canestrini-Desjardins III, p. 64）。

12 多纳托·德·巴尔迪写给科西莫·德·美第奇的信，威尼斯，1544 年 5 月 3 日（Canestrini-Desjardins III, p. 70）。

13 克里斯蒂亚诺·帕尼（Cristiano Pagni）写给科西莫·德·美第奇的信，沃盖拉，1544 年 6 月 5 日（MdP, 366, 46–47, 51–52; Canestrini-Desjardins III, pp. 116–119; L. Staffetti, *Un episodio della vita di Piero Strozzi*, «Archivio storico italiano», ser. V, t. 15, 1895, pp. 66–68）。关于法国人的描述是阿尼巴尔·卡罗对克劳迪奥·托洛梅伊说的，皮亚琴察，1544 年 6 月 20 日（*ibid.*）。

14 贝尔纳迪诺·杜雷蒂写给科西莫·德·美第奇的信，皮亚琴察，1544 年 6 月 6 日。（MdP, 366, 85）"他们说皮耶罗·斯特罗齐已经逃跑了……他们认为他已经去了菲利扎诺；有人说他受伤了，有人说他安然无恙。他们认为他无处可逃，因为他们在全力寻找他。"

15 多纳托·德·巴尔迪写给科西莫·德·美第奇的信，威尼斯，1544 年 4 月 26 日（MdP, 365, 240–241; Canestrini-Desjardins III, p. 67）。

16 匿名人士写给曼托瓦公爵的信，克雷比，1544 年 9 月 19 日至 20 日（Canestrini-Desjardins III, pp. 84–87）。

17 Pellegrini, *Guerra santa*, cit., p. 350. 事实上，正如阿方索·卡尔卡尼尼（Alfonso Calcagnini）于 1544 年 10 月 18 日在迪耶普给埃尔科莱二世·德斯特的信中所示（ASMo, Francia, 19），波利诺到了法国宫廷，传达了苏丹的提议。

18 阿尼巴尔·卡罗写给皮耶尔·路易吉·法尔内塞的信，布鲁塞尔，1544 年 10 月 29 日（*Delle lettere facete e piacevoli. Libro secondo*, Venezia 1575, II, pp. 139–145）。

19 贝尔纳多·德·美第奇写给科西莫·德·美第奇的信，枫丹白露宫，1544 年 12 月 22 日（MdP, 4590, 8）。

20　莱昂内·斯特罗齐写给骑士米廖雷·科沃尼（Migliore Covoni）的信，巴黎，1544年11月25日（CS, V, 1210, 71）。凯瑟琳亲自帮助大使解决了债务问题。参见贝尔纳多·德·美第奇（写给科西莫·德·美第奇）的信，枫丹白露宫，1545年1月10日（MdP, 4590, 52–53）。

21　贝尔纳多·德·美第奇写给洛伦佐·帕尼的信，枫丹白露宫，1544年12月25日（MdP, 4590, 26）。

22　贝尔纳多·德·美第奇写给科西莫·德·美第奇的信，枫丹白露宫，1544年12月27日（MdP, 4590, 32r–v; Canestrini-Desjardins III, pp. 140–141）。

23　贝尔纳多·德·美第奇写给科西莫·德·美第奇的信，枫丹白露宫，1544年12月31日（MdP, 4590, 39–40）。

24　贝尔纳多·德·美第奇写给科西莫·德·美第奇的信，枫丹白露宫，1545年1月10日（MdP, 4590, 48–50; Canestrini-Desjardins III, pp. 141–142）。

25　贝尔纳多·德·美第奇写给洛伦佐·帕尼的信，枫丹白露宫，1545年1月17日（MdP, 4590, 61r; Canestrini-Desjardins III, p. 142n）。

26　贝尔纳多·德·美第奇写给洛伦佐·帕尼的信，奥尔良，1545年2月11日（MdP, 4590, 98=100）。

27　贝尔纳多·德·美第奇写给科西莫·德·美第奇的信，罗莫朗坦，1545年4月29日（MdP, 4590, 244r; Canestrini-Desjardins III, p. 158）。

28　朱利奥·阿尔瓦罗蒂写给埃尔科莱二世·德斯特的信，布卢瓦，1545年5月2日（MdP, 4590, 254–256；258–259的内容被拦截和被破译。原件在ASMo, Francia, 21，大卫·波特指出的这一点）。

29　贝尔纳多·德·美第奇写给科西莫·德·美第奇的信，阿让通，1545年6月9日（MdP, 4590, 328）。

30　雅各布·圭迪（Jacopo Guidi）写给洛伦佐·帕尼的信，阿让通，1545年6月11日（MdP, 4590, 340v; Canestrini-Desjardins III, p. 164n）。

31　贝尔纳多·德·美第奇写给科西莫·德·美第奇的信，奥尔良，1545年2月20日（MdP, 4590, 105r; Canestrini-Desjardins III, p. 144）。

32　贝尔纳多·德·美第奇写给洛伦佐·帕尼的信，蒙塔基，1545年2月9日（MdP, 4590, 90–93）。

33　贝尔纳多·德·美第奇写给科西莫·德·美第奇的信，昂布瓦斯，1545年3月30日（MdP, 4590, 155–158）。

34　*Frammenti*, 81r–v："最终嘲笑卢克莱修和琉善（萨莫萨塔）的一切宗教观念"。

35　贝尔纳多·德·美第奇写给科西莫·德·美第奇的信，昂布瓦斯，1545年4月13日（MdP, 4590, 206–207）。

36　焦万·吉罗拉莫·德·罗西写给科西莫·德·美第奇的信，巴黎，1545年6月

15 日（MdP, 376, 522）。

37 参见 G.A. Albicante, *Occasioni aretiniane*, Manziana 1999, p. 153。

38 彼得罗·阿雷蒂诺写给科西莫·德·美第奇的信，威尼斯，1540 年 6 月 19 日（MdP, 372, 253–254）。

39 彼得罗·阿雷蒂诺写给弗朗索瓦一世的信，威尼斯，1540 年 3 月 7 日（*Lettere* II, n. 170）。

40 彼得罗·阿雷蒂诺写给科西莫·德·美第奇的信，威尼斯，1545 年 6 月 27 日（MdP, 372, 256r–257r）。

41 Cellini, *Vita* (II, 48).

42 关于 1545 年 3 月镇压反基督教徒，参见 Le Fur, *François Ier*, cit., pp. 740 ss.。

43 见帝国大使巴尔托洛梅奥·孔奇尼送来的挑战牌副本（MdP, 4305, 86–88v）。

44 皮耶罗·斯特罗齐写给路易吉·德尔·里乔（Luigi del Riccio）的信，贡比涅，1545 年 11 月 11 日（CS, V, 1210, 182）。

45 马里诺·卡瓦利（法国，1546 年），*Relazioni*, I.1, p. 242。

46 卢多维科·达·蒂内写给埃尔科莱二世·德斯特的信，莫林，1541 年 8 月 21 日（ASMo, Francia, 17）。

47 贝尔纳多·德·美第奇写给洛伦佐·帕尼的信，图尔，1545 年 4 月 8 日（MdP, 4590, 191r; Canestrini-Desjardins III, p. 151）。

48 *Cronaca fiorentina 1537-1555*, p. 56. 参见托莱多的埃莱奥诺拉写给凯瑟琳·德·美第奇的信，佛罗伦萨，1545 年 9 月 15 日（MdP 6, 232bis）。

49 凯瑟琳·德·美第奇写给托莱多的埃莱奥诺拉的信，巴黎，1546 年 5 月 11 日（MdP, 4726, 47）。需要注意的是，许多人仍然认为凯瑟琳的第二个孩子出生于 1545 年，并未考虑到法国的复活节年。

50 Cellini, *Vita* (II, 49–62).

51 皮埃尔·菲利波·潘多尔菲尼（Pier Filippo Pandolfini）写给科西莫·德·美第奇的信，威尼斯，1546 年 9 月 18 日（MdP, 2967, 280r），参见 G. Sforza, *Un documento sconosciuto sulla congiura di Francesco Burlamacchi*, «Archivio storico italiano», ser. V, t. 5 (1890), pp. 279–282。

52 乔瓦尼·德拉·卡萨写给乔瓦尼·比安凯蒂（Giovanni Bianchetti）的信，威尼斯，1546 年 10 月 2 日（L. Campana, *Monsignor Giovanni Della Casa e i suoi tempi*, in «Studi storici», XVI, 1907, pp. 380–381）。

53 P. Simoncelli, *Le comunità fiorentine all'estero nel '500: ideologia e politica finanziaria*, «Bollettino della Società di Studi Valdesi», CLXXXI (1997), p. 9 dai *Briefwechsel* del langravio d'Assia; M. François, *Le cardinal François de Tournon homme d'État, diplomate, mécène et humaniste (1489–1562)*, Paris 1951, p. 224.

54 埃尔科莱·贡扎加写给费兰特·贡扎加的信，[曼托瓦]，1546 年 10 月 13 日（BAV, Barb. lat. 5793, 170r）。

第六章

1 弗朗切斯科·朱斯蒂尼亚尼写给总督的信，巴黎，1547 年 6 月 8 日（BnF, It. 1716, 181）。

2 朱利奥·阿尔瓦罗蒂写给埃尔科莱二世·德斯特的信，马尔萨奈莱布瓦，1546 年 10 月 9 日（MdP, 4849, 44v，信件被拦截；ASMo, Francia, 23）。

3 朱利奥·阿尔瓦罗蒂写给埃斯特的埃尔科莱二世，巴黎，1547 年 2 月 10 日（ASMo, Francia, 24; MdP, 1858, 73–74）。

4 朱利奥·阿尔瓦罗蒂写给埃尔科莱二世·德斯特的信，巴黎，1547 年 3 月 15 日（ASMo, Francia, 24）。

5 朱利奥·阿尔瓦罗蒂写给埃尔科莱二世·德斯特的加密信，特拉普，1547 年 3 月 29 日（ASMo, Francia, 24）。

6 朱利奥·阿尔瓦罗蒂写给埃尔科莱二世·德斯特的信，巴黎，1547 年 4 月 11 日（ASMo, Francia, 24; MdP, 1858, 55）。

7 马泰奥·丹多洛（法国，1547 年），*Relazioni*, I.2, p. 170。

8 I. Luzzatti, *Caterina de' Medici*, Milano 1939, p. 108.

9 朱利奥·阿尔瓦罗蒂写给埃尔科莱二世·德斯特的信，巴黎，1547 年 4 月 3 日（ASMo, Francia, 24）。

10 Le Fur, *Diane de Poitiers*, cit., pp. 110–111.

11 让·圣–莫里斯写给查理五世的信（1547 年 6 月），载于 C. Paillard, *La mort de François Ier*, «Revue historique», t. V（septembre-décembre 1877）, p. 112。

12 朱利奥·阿尔瓦罗蒂写给埃尔科莱二世·德斯特的信，维莱科特雷，1547 年 8 月 7 日（ASMo, Francia, 25）。

13 查理五世写给其驻罗马大使的信，[日期不详，应该是 1547 年春夏]（Ribier II, p. 2）。

14 朱利奥·阿尔瓦罗蒂写给埃尔科莱二世·德斯特的信，巴黎，1547 年 7 月 8 日（ASMo, Francia, 24）。

15 吉安·巴蒂斯塔·里卡索利写给科西莫·德·美第奇的信，1547 年 6 月 3 日（MdP, 4592, 39）。

16 吉安·巴蒂斯塔·里卡索利写给科西莫·德·美第奇的信，桑利斯，1547 年 7 月 18 日（MdP, 4592, 124）。

17 朱利奥·阿尔瓦罗蒂写给埃尔科莱二世·德斯特的信，巴黎，1547 年 5 月 3 日（ASMo, Francia, 24）。

18 吉安·巴蒂斯塔·里卡索利写给科西莫·德·美第奇的信，兰斯，1547 年 7 月 21 日（MdP, 4592, 130–131）。

19 克劳迪奥·托洛梅伊写给加布里埃莱·切萨诺（Gabriele Cesano）的信，皮亚琴察，1546 年 7 月 26 日（Tolomei, *Lettere* 217r–v）。

20 弗朗切斯科·诺韦利（Francesco Novelli）写给埃尔科莱二世·德斯特的信，兰斯，1547 年 7 月 24 日（ASMo, Francia, 51）。

21 弗朗切斯科·诺韦利写给埃尔科莱二世·德斯特的信，兰斯，1547 年 7 月 25 日（ASMo, Francia, 24）。

22 弗朗切斯科·诺韦利写给埃尔科莱二世·德斯特的信，兰斯，1547 年 7 月 27 日（ASMo, Francia, 24）。

23 吉安·巴蒂斯塔·里卡索利写给科西莫·德·美第奇的信，兰斯，1547 年 7 月 27 日（MdP, 4592, 141–146）；乔治·科内格拉尼写给弗朗切斯科三世·贡扎加（Francesco III Gonzaga）的信，兰斯，1547 年 7 月 28 日（ASMa, 640）。争端将持续数十年。

24 马泰奥·丹多洛（法国，1547 年），*Relazioni*, I.2, p. 173。

25 科西莫·德·美第奇写给吉安·巴蒂斯塔·里卡索利的信，佛罗伦萨，1547 年 8 月 11 日（MdP, 10, 356–361）。

26 朱利奥·阿尔瓦罗蒂写给埃尔科莱二世·德斯特的信，维莱科特雷，1547 年 8 月 7 日（ASMo, Francia, 25）。

27 Brantôme, *Œuvres*, t. II, pp. 244 ss.

28 皮耶罗·斯特罗齐写给罗伯托·斯特罗齐的信，贡比涅，1547 年 8 月 14 日（CS, V, 1210, 77）。

29 阿韦拉多·塞里斯特里写给科西莫·德·美第奇的信，罗马，1549 年 7 月 19 日（MdP, 3268, 254），提到了前几年红衣主教伊波利托·德斯特目睹的皮耶罗·斯特罗齐和蒙莫朗西之间的分歧。参见贝内代托·博南尼（Benedetto Bonanni）写给科西莫的信，1549 年 10 月 8 日（MdP, 3268, 457），附有从法国回来的加布里埃莱·切萨诺的证词。

30 吉安·巴蒂斯塔·里卡索利写给科西莫·德·美第奇的信，努瓦永，1547 年 8 月 16 日（MdP, 4592, 187）。

31 科西莫·德·美第奇写给吉安·巴蒂斯塔·里卡索利的信，1547 年 8 月 25 日（MdP, 10, 379）。

32 吉安·巴蒂斯塔·里卡索利写给科西莫·德·美第奇的信，贡比涅，1547 年 8 月 28 日（MdP, 4592, 202）。

33 红衣主教洛伦佐·斯特罗齐的书单，附带每本书的价目表（CS, III, 135, 313）。

34 吉安·巴蒂斯塔·里卡索利写给科西莫·德·美第奇的信，贡比涅，1547 年 9 月 1 日（MdP, 4592, 215）。

35 阿尼巴尔·卡罗写给皮耶尔·路易吉·法尔内塞的信，米兰，1547 年 7 月 17 日（*Lettere inedite*, a cura di P. Mazzucchelli, Milano 1827, p. 184）。

36 弗朗切斯科·文塔写给科西莫·德·美第奇的信，米兰，1547 年 9 月 10 日（MdP, 3101a, 748）。

37 皮耶罗·斯特罗齐写给罗伯托·斯特罗齐的信，枫丹白露宫，1547 年 9 月 19 日（CS, V, 1210, 80）。

38 吉安·巴蒂斯塔·里卡索利写给科西莫·德·美第奇的信，默伦，1547 年 10 月 8 日（MdP, 4592, 290r）。

39 O. Lando, *Commentario delle più notabili et mostruose cose d'Italia*, s.l.［Venezia?］1548, p. 24.

40 写给尊敬的乔瓦尼修士——误写为红衣主教比尔戈斯（Burgos）——的信（1543, in BAV, Ottob. lat. 2812, cc. 28v–32r），载于 G. Sanesi, *Un libello e una pasquinata di Pietro Aretino*, «Giornale storico della letteratura italiana», 26 (1895), pp. 176–194, p. 190。感谢马尔科·亚科韦拉（Marco Iacovella）指出这一点。

41 弗朗切斯科·文塔写给科西莫·德·美第奇的信，米兰，1547 年 9 月 21 日（MdP, 3101A, 778v）。

42 感谢马尔科·亚科韦拉提供的即将出版的文本。参见 Bonora, *Aspettando l'imperatore, passim*.

43 红衣主教萨尔维亚蒂写给科西莫·德·美第奇的信，费拉拉，1547 年 10 月 11 日（MdP, 611, 15）。

44 N. Machiavelli, *Principe*, cap. 22.

45 弗朗切斯科·文塔写给科西莫·德·美第奇的信，皮亚琴察，1547 年 9 月 21 日（MdP, 3101a, 781r）。

46 弗朗切斯科·文塔写给科西莫·德·美第奇的信，皮亚琴察，1547 年 9 月 22 日（MdP, 3101a, 785v, 788）。

47 弗朗切斯科·文塔写给克里斯蒂亚诺·帕尼的信，皮亚琴察，1547 年 10 月 14 日（MdP, 3101a, 839），加密信。由于无法查阅保存在一个佛罗伦萨家庭中的原稿，我们只能参考焦万·吉罗拉莫·德·罗西所著《通史》（*Storia generale*）的摘录，载于 G. Montani, *Lettera sesta*, «Antologia, giornale di scienze, lettere e arti», vol. n. 43 (luglio 1831), p. 103："在他讲述的关于保罗三世的众多逸事中，还有一个关于寄给皮耶尔·路易吉·法尔内塞的魔盒（谁知道是什么盒子呢），他说这是法尔内塞死后他的朋友费兰特·贡扎加阁下给他看的。"

48 费兰特·贡扎加写给弗朗切斯科·塔韦尔纳（Francesco Taverna）的信，皮亚琴察，1547 年 10 月 22 日（ASMi, Autografi, 127）。这些含有关于国王和教皇死亡预言的副本被送到了米兰。

49　弗朗切斯科·文塔写给科西莫·德·美第奇的信，皮亚琴察，1547 年 10 月 25 日（MdP, 3101a, 858），加密信。参见科西莫·德·美第奇写给焦万·吉罗拉莫·德·罗西的信，佛罗伦萨，1547 年 11 月 25 日（MdP, 9, 210–211），信中告诫费兰特"保持警惕，要考虑到一切可能发生的事情，有防人之心"，谨慎行事，尤其是如果法尔内塞想要对查理五世开枪，或许皮耶罗·路易吉才是这个离奇计划的始作俑者。

50　科西莫·德·美第奇写给弗朗切斯科·文塔的信，比萨，1547 年 10 月 22 日（MdP, 9, 120）。

51　皮耶罗·斯特罗齐写给蒙莫朗西的信，都灵，1547 年 10 月 23 日（Mosca, t. 9, 228–229）。

52　科西莫·德·美第奇写给弗朗切斯科·文塔的信，佛罗伦萨，1547 年 11 月 25 日（MdP, 9, 209r）；弗朗切斯科·文塔写给科西莫·德·美第奇的信，米兰，1547 年 11 月 29 日（MdP, 3101a, 895–900）。

53　弗朗切斯科·文塔写给克里斯蒂亚诺·帕尼的信，米兰，1547 年 12 月 3 日（MdP, 3101a, 901v）。

54　弗朗切斯科·文塔写给克里斯蒂亚诺·帕尼的信，米兰，1548 年 1 月 23 日（MdP, 3101a, 969）。

55　吉安·巴蒂斯塔·里卡索利写给科西莫·德·美第奇的信，枫丹白露宫，1547 年 11 月 15 日（MdP, 4592, 350）。

56　Cellini, *Vita* (I, 64).

第三部分

第七章

1　乔治·科内格拉尼写给弗朗切斯科三世·贡扎加的信，枫丹白露宫，1547 年 12 月 20 日（ASMa, 640）。

2　如今，这一传统仍然保留在国王格雷派饼中，即在蛋糕中放置一粒豌豆。

3　乔治·科内格拉尼写给弗朗切斯科三世·贡扎加的信，默伦，1548 年 1 月 18 日（ASMa, 641）。

4　S. Dall'Aglio, *L'assassino del duca. Esilio e morte di Lorenzino de' Medici*, Firenze 2011；参见 la *Memoria* di Francesco Bibboni in L. de' Medici, *L'Apologia e l'Aridosio*, cit.。

5　莱昂内·斯特罗齐写给皮耶罗·斯特罗齐的信（副本），马赛，1548 年 3 月 14 日，载于 BNCF, Magl. VIII, 45, c. 323r："我在弗朗切斯科阁下的一封信中了解了洛伦佐阁下的情况，但并不知道具体的细节。人们对他的结局深信不疑，因为也很少有人关注这件事。"（Dall'Aglio, *op. cit.*, p. 259）

6 皮耶罗·斯特罗齐的回忆［日期不详，应该是 1548 年 1 月］（Mosca, t. 9, pp. 337–339）。

7 彼得罗·卡尔内塞基写给吉安·巴蒂斯塔·里卡索利的信，瓦西，1548 年 5 月 30 日（MdP, 387, 542–545）。

8 来自罗马的通知（通过法国），1548 年 7 月（MdP, 3267, 146）。

9 乔治·科内格拉尼写给弗朗切斯科三世·贡扎加的信，第戎，1548 年 7 月 15 日（ASMa, 641）。

10 乔治·科内格拉尼写给弗朗切斯科三世·贡扎加的信，里昂，"国王和王后进入里昂"（ASMa, 641）。

11 参见 L. Capodieci, *Medicœa Medœa. Art, astres et pouvoir à la cour de Catherine de Médicis*, Genève 2011, pp. 78 ss.? 最后的分析。

12 乔治·科内格拉尼写给弗朗切斯科三世·贡扎加的信，普瓦西，1549 年 2 月 2 日至 3 日（ASMa, 642）。

13 Romier I, p. 110.

14 红衣主教杜贝莱的回忆，罗马，1549 年 7 月 4 日（*Corr.* V, p. 277）。

15 巴尔托洛梅奥·潘恰蒂奇写给科西莫·德·美第奇的信，普瓦西，1549 年 4 月 15 日（MdP, 393, 229）。潘恰蒂奇热情地讲述了他对纳瓦拉的玛格丽特的拜访，"真是一面礼节和诚实的镜子"。从他的话可以推断出，潘恰蒂奇熟悉玛格丽特的诗歌和宗教作品（见 G. Caravale, *Panciatichi, Bartolomeo*, in *Dizionario biografico degli italiani*）。事实上，几年后，他将被指控被魔鬼引诱，为了出狱，他不得不将自己的巨额财产的一大部分交给公爵，参见 *Cronaca fiorentina 1537–1555*, pp. 138–139。

16 Capodieci, *Medicœa Medœa*, cit., p. 589.

17 朱利奥·阿尔瓦罗蒂写给埃尔科莱二世·德斯特的信，巴黎，1549 年 7 月 7 日（ASMo, Francia, 26）。

18 克劳迪奥·托洛梅伊写给锡耶纳政府的信，普瓦西，1553 年 9 月 8 日（ASSi, Balìa, 756, 17）。

19 贝内代托·博南尼写给科西莫·德·美第奇的信，罗马，1549 年 7 月 31 日（MdP, 3268, 281 e 273）。

20 参见 Bonora, *op. cit.*, pp. 227 ss.。

21 克劳德·迪尔费（Claude d'Urfé）写给亨利二世的信，罗马，1550 年 1 月 20 日（Ribier II, p. 259），也可参见 L. Byatt, *Ridolfi, Niccolò*, e M. Simonetta, *Salviati, Giovanni*, in *Dizionario biografico degli italiani*。

22 朱利奥·阿尔瓦罗蒂写给埃尔科莱二世·德斯特的信，贡比涅，1549 年 10 月 1 日（ASMo, Francia, 26）。

23 埃尔科莱·斯特罗齐写给弗朗切斯科三世·贡扎加的信，圣日耳曼昂莱，1550

年 6 月 30 日（ASMa, 643 ）。

24　红衣主教德斯特写给埃尔科莱二世·德斯特的信，罗马，1550 年 8 月 9 日和 12 日（ASMo, Casa e Stato, 148 ）。

25　朱利奥·阿尔瓦罗蒂写给埃尔科莱二世·德斯特的信，普瓦西，1550 年 9 月 2 日（ASMo, Francia, 27 ）。

26　参见 Luzzatti, *op. cit.*, pp. 129–130。

27　路易吉·卡波尼写给科西莫·德·美第奇的信，布卢瓦，1551 年 2 月 6 日（MdP, 4593, 66; 253 s.d. ）。

28　贝尔纳多·朱斯蒂写给科西莫·德·美第奇的信（MdP, 4593, 268 s.d. ）。

29　皮耶罗·斯特罗齐写给亨利二世的信，里昂，1551 年 5 月 10 日（Mosca, t. 18, 248–249 ）。

30　科西莫·德·美第奇写给皮斯托亚专员的信，佛罗伦萨，1551 年 5 月 29 日（CS, III, 135, 336 ）。

31　皮耶罗·斯特罗齐写给亨利二世的信，帕尔马，1551 年 7 月 15 日（Mosca, t. 1, 170–172v ）。

32　安东尼奥·帕加努佐（Antonio Paganuzzo）写给科西莫·德·美第奇的信，罗马，1551 年 6 月 28 日（MdP, 403A, 709 ）。

33　儒略三世写给亨利二世的信，罗马，1551 年 9 月 4 日（BAV, Capp. 239, 100v; BnF, It. 2101, 234r ）。

34　文森佐·德·诺比利（Vincenzo de'Nobili）写给科西莫·德·美第奇的信，卡斯泰尔夫兰科，1551 年 6 月 29 日（MdP, 403A, 724 ）。

35　吉罗拉莫·丹迪尼写给科西莫·德·美第奇的信，博洛尼亚，1551 年 7 月 5 日至 6 日（MdP, 403A, 827 e 838 ）。

36　G. Goselini, *Compendio storico della guerra di Parma e del Piemonte*, «Miscellanea di Storia italiana», t. XVII, Torino 1878, p. 168.

37　Brantôme, *Œuvres*, t. IV, pp. 131–132.

38　Bosio, p. 320.

39　莱昂内·斯特罗齐写给凯瑟琳·德·美第奇的信，马赛，1551 年 9 月 4 日（BnF, Fr. 3129, 25–26 ）。

40　路易吉·卡波尼写给科西莫·德·美第奇的信，［来自法国，1551 年 6 月］（MdP, 404, 489v; Canestrini-Desjardins III, p. 278 ）。

41　科西莫·德·美第奇写给路易吉·卡波尼的信，佛罗伦萨，1551 年 7 月 5 日（Canestrini-Desjardins III, p. 279 ）。

42　弗朗切斯科·诺韦利写给埃尔科莱二世·德斯特的信，枫丹白露宫，1551 年 9 月 14 日至 21 日（ASMo, Francia, 51 ）。

43 凯瑟琳·德·美第奇写给蒙莫朗西的信，1551 年 9 月 26 日（BnF, Fr. 3129, 31; *Lettres de Catherine*, pp. 44–45），手稿。

44 凯瑟琳·德·美第奇写给蒙莫朗西的信，[日期不详,应该是 1551 年 9 月底]（BnF, Fr. 3129, 38; *Lettres de Catherine*, pp. 45–46），手稿。

45 彼得罗·阿雷蒂诺写给亨利二世的信，[日期不详,应该是 1551 年下半年]（*Lettere* VI, n. 32）。

第八章

1 Ribier II, p. 387.

2 凯瑟琳·德·美第奇写给红衣主教波旁（Ribier II, p. 389）和杜贝莱的信，香槟沙隆，1552 年 4 月 21 日（*Corr.* VI, p. 1228）。

3 红衣主教波旁写给凯瑟琳·德·美第奇的信，1552 年 4 月 27 日（BL, Egerton, 20, 63）。

4 弗朗切斯科·诺韦利写给埃尔科莱二世·德斯特的信，兰斯，1552 年 10 月 22 日（ASMo, Francia, 51）。

5 亨利二世将波利诺交给海盗德拉古特时，恳求"造物主将你置于他的保护之下"。尚不清楚在这种玩世不恭的虚伪的忏悔中他指的是哪位上帝，在这种情况下，基督教和伊斯兰教的神灵容易混淆。参见亨利二世写给德拉古特–赖斯的信，枫丹白露宫，1553 年 6 月 6 日（MdP, 1862, 71），信件被截获。参见不同的翻译副本（CS, I, 109, 31）。

6 克劳迪奥·托洛梅伊写给锡耶纳政府的信，贝塞，1552 年 11 月 16 日（ASSi, Balìa, 738, 4）；参见 Romier I, p. 342 e R. Cantagalli, *La guerra di Siena (1552–1559)*, Siena 1962, p. 211。

7 克劳迪奥·托洛梅伊写给锡耶纳政府的信，巴黎，1553 年 1 月 7 日（Romier I, p. 343）。

8 红衣主教杜贝莱写给蒙莫朗西的信，费拉拉，1553 年 6 月 3 日（*Corr.* VI, p. 142）。

9 亨利二世写给雇佣兵队长波利诺和阿拉蒙大使的信，枫丹白露宫，1553 年 6 月 6 日（CS I, 109, 27）。

10 克劳迪奥·托洛梅伊写给锡耶纳政府的信，普瓦西，1553 年 8 月 31 日（ASSi, Balìa, 755, 103）。

11 克劳迪奥·托洛梅伊写给锡耶纳政府的信，米隆堡，1553 年 10 月 30 日（ASSi, Balìa, 756, 98）。

12 Cantagalli, *La guerra di Siena*, cit., p. 180 中提到了埃斯特家族驻罗马的大使。

13 埃尔科莱二世·德斯特写给皮耶罗·斯特罗齐的信［日期不详，应该是 1554

年初]（Misc. Med., 54, 33, 11–12）。

14 红衣主教德斯特写给蒙莫朗西的信，锡耶纳，1554 年 1 月 7 日（Mosca, t. 28, 32–33）。

15 皮耶罗·斯特罗齐写给蒙莫朗西的信，锡耶纳，1554 年 4 月 2 日（BnF, Fr. 20455, 238）。

16 参见 Cantagalli, *La guerra di Siena*, cit., p. 192。

17 克劳迪奥·托洛梅伊写给锡耶纳政府的信，巴黎，1554 年 2 月 13 日（ASSi, Balìa, 777, 23）。

18 阿韦拉多·塞里斯特里写给科西莫·德·美第奇的信，罗马，1554 年 1 月 29 日（MdP, 3272, 517）。

19 皮耶罗·斯特罗齐写给吉安·贾科莫·梅迪奇的信，锡耶纳，1554 年 2 月 4 日（MdP, 438, 49）。

20 皮耶罗·斯特罗齐写给吉安·贾科莫·梅迪奇的信，锡耶纳，1554 年 2 月 6 日（MdP, 438, 64）。

21 克劳迪奥·托洛梅伊写给锡耶纳政府的信，巴黎，1554 年 5 月 4 日（ASSi, Balìa, 768, 85; Romier I, p. 418）。

22 皮耶罗·斯特罗齐写给亨利二世的信，锡耶纳，1554 年 2 月 23 日（BnF, Fr. 20455, 209）。

23 G.A. Pecci, *Memorie storico-critiche della città di Siena*, vol. IV, Siena 1760, p. 130.

24 奥代·德·塞尔夫（Odet de Selve）写给亨利二世的信，威尼斯，1554 年 4 月 5 日（BnF, Fr. 20643, 48v）。

25 莱昂内·斯特罗齐写给西西里总督的信，写于船上，1554 年 4 月 21 日（CS, I, 109, 8）; Romier I, p. 400; Bosio, p. 352。

26 保罗·德·美第奇·德拉·莫塔（Paolo de' Medici della Motta）写给莱昂内·斯特罗齐的信，威尼斯，1554 年 5 月 5 日（CS, V, 1211, 90）。

27 阿尼巴尔·卡罗写给红衣主教亚历山德罗·法尔内塞的信，罗马，1554 年 5 月 11 日（*Lettere inedite*, p. 206）。

28 皮耶罗·斯特罗齐写给兰萨克的信，1554 年 5 月 24 日（MdP, 1861, 182），信件被拦截。

29 *Cronaca fiorentina 1537–1555*, p. 152.

30 皮耶罗·斯特罗齐写给凯瑟琳·德·美第奇的信，佩夏，1554 年 6 月 20 日（Mosca, t. 35, 239）。

31 乔瓦尼·卡佩洛写给威尼斯总督的信，兰斯，1554 年 7 月 10 日（Romier I, p. 422）。

32 关于布鲁托和卡西奥对科西莫的嘲弄，见阿韦拉多·塞里斯特里写给科西莫·德·美第奇的信，罗马，1554 年 6 月 24 日（MdP, 428, 832）和 1554 年 7 月 10 日（MdP, 3273, 442r–443v），引自 Romier I, p. 415 e P. Simoncelli, *La Repubblica fiorentina in esilio. Una storia segreta*, Roma 2018, vol. 1, p. 157。

33 Cantagalli, *La guerra di Siena*, cit., pp. 266 e 277.

34 科西莫·德·美第奇写给巴尔托洛梅奥·孔奇尼的信，佛罗伦萨，1554 年 6 月 13 日（CS, I, 35, 17）。

35 奥代·德·塞尔夫写给亨利二世的信，威尼斯，1554 年 6 月 21 日（Ribier II, p. 505）。

36 皮耶罗·斯特罗齐写给蒙莫朗西的信，锡耶纳，1554 年 5 月 29 日（Mosca, t. 35, 197）。

37 *Vita di Piero Strozzi scritta da Antonio Albizzi, in Vite di uomini d'arme e d'affari del secolo XVI*, a cura di C. Guasti, Firenze 1866, pp. 574 ss.

38 彼得罗·阿雷蒂诺写给洛伦佐·斯特罗齐的信，1554 年 8 月（*Lettere* VI, n. 377）。

39 克劳迪奥·托洛梅伊写给锡耶纳政府的信，兰斯，1554 年 7 月 10 日（MdP, 1863, 379）。

40 皮耶罗·斯特罗齐写给洛伦佐·斯特罗齐的信，蒙塔尔奇诺，1554 年 7 月 10 日（MdP, 3273, 431r），信件被拦截，引自 Simoncelli, *La Repubblica fiorentina in esilio*, cit., p. 174："我们本该大获全胜，倘若军队在 6 月 10 日如约而至，那位可怜的执政官（莱昂内）也不会因为贪婪前去滋扰敌人，导致死得那么凄惨。"19 世纪的一位传记作者则采用更为戏剧性的口吻描述："他让锡耶纳的自由，托斯卡纳的独立乃至整个意大利的希望都付之一炬。"（F. Trucchi, *Vita e gesta di Piero Strozzi fiorentino Maresciallo di Francia scritta su documenti originali*, Firenze 1847, p. 90）。

41 雇佣兵队长波利诺写给朗萨克的信，埃尔科莱港，7 月 11 日（CS, I, 109, 10-11），意大利语副本。

42 朗萨克写给亨利二世的信，锡耶纳，1554 年 7 月 2 日（BnF, Fr.20455, 241），引自 Cantagalli, *La guerra di Siena*, cit., p. 277。

43 Cantagalli, *La guerra di Siena*, cit., p. 296; *Cronaca Fiorentina 1537–1555*, pp. 159–160.

44 R. Galluzzi, *Istoria del Granducato di Toscana sotto il governo della Casa Medici*, Livorno 1820, I, p. 282.

45 参见 CS, III, 135, 343–344 中皮耶罗的生平概述。

46 A. Sozzini, *Diario delle cose avvenute in Siena (1550–1555)*, «Archivio storico italiano», t. 2（1842），pp. 270 ss.

47 感谢毛里齐奥·阿尔法约利（Maurizio Arfaioli）关于战役的思考。

48 Romier I, p. 428.

49 克劳迪奥·托洛梅伊写给锡耶纳政府的信，贡巴涅，1554 年 8 月 23 日（ASSi, Balìa, 774, 19）。

50 凯瑟琳·德·美第奇写给红衣主教法尔内塞的信，1554 年 8 月末（*Lettres de Catherine*, p. 94）。

51 克劳迪奥·托洛梅伊写给锡耶纳政府的信，巴黎，1554 年 10 月 29 日、31 日和 11 月 5 日（MdP, 1863, 493–494 e 504），三封信都被拦截了。

52 亨利二世写给埃尔科莱二世·德斯特的信，维莱科特雷，1554 年 9 月 13 日（Romier I, p. 431）。

53 贝尔纳迪诺·博宁塞尼（Bernardino Buoninsegni）写给锡耶纳共和国的信，蒙塔尔奇诺，1554 年 10 月 29 日至 30 日（CS, I, 109, 24v–26v）。

54 皮耶罗·阿雷蒂诺写给科西莫·德·美第奇的信，威尼斯，1554 年 8 月 18 日（MdP, 432, 729; *Lettere* VI, n. 378）。

55 巴尔托洛梅奥·孔奇尼写给科西莫·德·美第奇的信，锡耶纳，1554 年 9 月 16 日（MdP, 1854, 196）。

56 吉安·贾科莫·梅迪奇写给科西莫·德·美第奇的信，库纳，1554 年 9 月 18 日（MdP, 1853, 629）。

57 *Cronaca fiorentina 1537–1555*, p. 165.

58 Trucchi, *Vita*, pp. 170 ss. 更多副本见 CS, I, 109 e V, 1250。载于 B. Zucchi, *Idea del segretario. Parte I*, Venezia 1606, pp. 530 ss.。

59 尚特罗（Chantreau，奥代·德·塞尔夫的助手）写给蒙莫朗西的信，威尼斯，1554 年 9 月 5 日（BnF, Fr. 20643, 104）。

第九章

1 托马索·德尔·韦基奥写给皮耶罗·斯特罗齐的信，枫丹白露宫，1555 年 3 月 22 日（MdP, 1863, 627–628），信件被拦截且被破译。

2 红衣主教杜贝莱写给蒙莫朗西的信，罗马，1555 年 3 月 23 日（*Corr.* VI, p. 487）。

3 皮耶罗·斯特罗齐写给凯瑟琳·德·美第奇的信，蒙塔尔奇诺，1555 年 3 月 25 日（Mosca, t. 39, 154）。

4 科西莫·德·美第奇写给阿韦拉多·塞里斯特里和红衣主教团的信，佛罗伦萨，1555 年 4 月 6 日（MdP, 36, 61r e 65r; 原件见 ASV, Segreteria di Stato, *Lettere di Principi*, 15, 148）。

5 皮耶罗·斯特罗齐写给锡耶纳市民官和参议院的信，蒙塔尔奇诺，1555 年 3 月 25 日（ASV, Segreteria di Stato, *Lettere di Principi*, 15, 70 e 79; decifrato 69 e 80, con la

cifra a 71）。主教德·罗西曾在其 *Frammenti*, 111r–v 中记录过该片段。

6　Pastor VI, p. 346.

7　迪奥尼吉·阿塔纳吉（Dionigi Atanagi）写给主教费利切·蒂兰尼（Felice Tiranni）的信，罗马，1555 年 5 月 29 日（BAV, Vat. lat. 6327, 34r）。

8　皮耶罗写给亨利二世的信,蒙塔尔奇诺,1555 年 3 月 24 日（CS, I, 109, 41）；让·达万森（Jean d' Avanson）写给皮耶罗·斯特罗齐的信，罗马，1555 年 3 月 24 日（MdP, 1862, 191）；参见 Romier II, p. 10。

9　参见 A. Prosperi, *Carafa, Carlo, in Dizionario biografico degli italiani*, e Pastor VI, pp. 358 ss.。

10　皮耶罗·斯特罗齐（对亨利二世）的回忆,蒙塔尔奇诺,1555 年 3 月 2 日（Mosca, t. 33, 261–262）。

11　雇佣兵队长波利诺写给皮耶罗·斯特罗齐的信,阿雅克肖,1555 年 3 月 23 日（BnF, Fr. 20463, 61）。

12　Brantôme, *Œuvres*, t. I, p. 297.

13　迪奥尼吉·阿塔纳吉写给主教费利切·蒂兰尼的信,罗马,1555 年 6 月 22 日（BAV, Vat. lat. 6327, 45r）。

14　凯瑟琳·德·美第奇写给蒙莫朗西的信,［日期不详,应该是 1555 年 5 月末］（BnF, Fr. 3129, 34; *Lettres de Catherine*, pp. 98–99），手稿。

15　迪奥尼吉·阿塔纳吉写给费利切·蒂兰尼主教的信,罗马,1555 年 6 月 15 日（BAV, Vat. lat. 6327, 39v）。

16　皮耶罗·斯特罗齐写给亨利二世（但封面写的是写给凯瑟琳·德·美第奇的信），奇维塔韦基亚，1555 年 6 月 15 日（BnF, Fr. 20455, 319–326）。

17　亚历山德罗·托马西（Alessandro Tommasi）写给克里斯蒂亚诺·帕尼的信，锡耶纳，1555 年 7 月 11 日（MdP, 1862, 387 e 388）。

18　皮耶罗·斯特罗齐写给蒙莫朗西的信，土伦，1555 年 7 月 5 日（Mosca, t. 40, f. 198）。

19　皮耶罗·斯特罗齐写给凯瑟琳·德·美第奇的信，土伦，1555 年 7 月 30 日（BnF, Fr. 20455, 307）。

20　弗朗切斯科·诺韦利诺写给埃尔科莱二世·德斯特的信,米隆堡,1555 年 10 月 25 日,1555 年 11 月 2 日至 12 日（ASMo, Francia, 51）。

21　皮耶罗·阿雷蒂诺写给科西莫·德·美第奇的信，随附十四行诗,［日期不详,但应该略迟于 1555 年 11 月 8 日］（MdP, 2971, 280）。

22　卡米洛·蒂齐奥（Camillo Tizio）写给科西莫·德·美第奇的信，罗马，1555 年 11 月 26 日（MdP, 3274, 513r）。

23　阿韦拉多·塞里斯特里写给科西莫·德·美第奇的信，罗马，1555 年 10 月 12

日（MdP, 3274, 448）。

24　红衣主教卡拉法写给科西莫·德·美第奇的信，罗马，1556 年 1 月 22 日（ASV, Misc. Arch. II, 122, 61v–62v）。

25　安东尼奥·德·巴尔贝里尼（Antonio de' Barberini）写给皮耶罗·斯特罗齐的信，罗马，1556 年 1 月 13 日（CS, III, 96, 1v）："后来我和米开朗琪罗·博纳罗蒂阁下一起，他两次说到主人对他爱护有加，对主人赞不绝口。"

26　皮耶罗·斯特罗齐写给红衣主教法尔内塞的信，斯塔比亚，1556 年 1 月 21 日（CS, III, 135, 157–158）。

27　邦詹尼·詹菲利亚齐写给科西莫·德·美第奇的信，罗马，1556 年 2 月 4 日（MdP, 3275, 121）。

28　贝尔纳多·纳瓦杰罗（Bernardo Navagero）写给总督的信，罗马，1556 年 2 月 8 日（Santarelli n. 53）。

29　邦詹尼·詹菲利亚齐写给科西莫·德·美第奇的信，罗马，1556 年 2 月 13 日（MdP, 3275, 139=141）。

30　科西莫·德·美第奇写给皮耶罗·斯特罗齐的信，布卢瓦，1556 年 2 月 27 日（*Lettres de Catherine*, t. X, p. 15）。

31　邦詹尼·詹菲利亚齐写给科西莫·德·美第奇的信，罗马，1556 年 2 月 15 日（MdP, 3275, 145）。

32　邦詹尼·詹菲利亚齐写给科西莫·德·美第奇的信，罗马，1556 年 2 月 18 日（MdP, 3275, 150–151）。

33　罗伯托·斯特罗齐写给凯瑟琳·德·美第奇的信，罗马，1556 年 1 月 17 日（BnF, Fr. 20442, 139）。

34　潘多尔福·斯特罗齐写给皮耶罗·斯特罗齐的信，奇维塔韦基亚，［1556 年 3 月］（CS, V, 1212）。

35　Pastor VI, p. 491.

36　巴乔·马尔泰利写给皮耶罗·斯特罗齐的信，马赛，1556 年 4 月 8 日（CS, V, 1213）。

37　邦詹尼·詹菲利亚齐写给科西莫·德·美第奇的信，罗马，1556 年 5 月 15 日（MdP, 3275, 290）。

38　参见 Romier II, pp. 70–71。

39　皮耶罗·斯特罗齐写给帕利亚诺公爵的信，巴黎，1556 年 6 月 30 日（MdP, 657, 244），信件被拦截。

40　皮耶罗·斯特罗齐写给亨利二世的信，马切拉塔，1556 年 8 月 12 日（BnF, Fr. 3117, 28）。

41　邦詹尼·詹菲利亚齐写给科西莫·德·美第奇的信，罗马，1556 年 9 月 13 日（MdP, 3276, 284）。

42　P. Nores, *Storia della guerra di Paolo IV contro gli Spagnoli*, Firenze 1847, p. 361.

43　*Ibid.*

44　邦詹尼·詹菲利亚齐写给科西莫·德·美第奇的信，罗马，1556 年 9 月 23 日（MdP, 3276, 299）。

45　迪奥尼吉·阿塔纳吉写给主教费利切·蒂兰尼的信，罗马，1556 年 9 月 19 日（BAV, Vat. lat. 6327, 114r）。

46　皮耶罗·斯特罗齐写给亨利二世的信，菲乌米奇诺，1556 年 11 月 19 日（BnF, Fr. 3117, 36）。

47　红衣主教卡拉法写给驻法国大使切萨雷·布兰卡蒂奥（Cesare Brancatio），1556 年 10 月 26 日（ASV, Misc. Arm. II, 122, 113v–114v）。

48　邦詹尼·詹菲利亚齐写给科西莫·德·美第奇的信，罗马，1557 年 1 月 22 日（MdP, 3276, 425）。

49　贝尔纳多·纳瓦杰罗写给总督的信，罗马，1557 年 3 月 6 日和 3 月 12 日（Santarelli nn. 229 e 230；参见 Pastor VI, pp. 407–408）。

50　凯瑟琳·德·美第奇写给让·杜贝莱的信，尚蒂伊，1557 年 3 月 15 日（*Corr.* VII, p. 242）。

51　凯瑟琳·德·美第奇写给洛伦佐·斯特罗齐的信，圣日耳曼昂莱，1557 年 10 月（BnF, Fr. 3898, 23; *Lettres de Catherine*, p. 109）。

52　关于画像的日期，见马里奥·圭杜奇（Mario Guiducci）写给罗伯托·斯特罗齐的信，罗马，1555 年 4 月 28 日（CS, V, 1211, 83）。

53　邦詹尼·詹菲利亚齐写给科西莫·德·美第奇的信，罗马，1557 年 4 月 10 日（MdP, 3284, ins. 8, n. 16）。

54　皮耶罗·斯特罗齐写给吉斯公爵的信（可能是在罗马），1557 年 6 月 12 日（BnF, Fr. 20512, 99）。

55　奥代·德·塞尔夫写给蒙莫朗西的信，罗马，1557 年 6 月 15 日（Ribier II, pp. 693-696）。

56　贝尔纳多·纳瓦杰罗写给威尼斯元老院的信，罗马，1557 年 6 月 19 日（Santarelli n. 278）

57　贝尔纳多·纳瓦杰罗写给威尼斯元老院的信，罗马，1557 年 7 月 31 日（Santarelli n. 296）

58　奥代·德·塞尔夫写给吉斯公爵的信，罗马，1557 年 8 月 21 日（*Mémoires-journaux de François de Lorraine, duc d'Aumale et de Guise 1547 à 1563, in Nouvelle collection des mémoires pour servir à l'histoire de France*, Paris 1839, p. 379）。

59　Knecht, *op. cit.*, p. 49；参见 Luzzatti, *op. cit.*, p. 135，其中提到了贾科莫·索兰佐（Giacomo Soranzo）。

60 奥代·德·塞尔夫写给亨利二世的信，罗马，1558 年 2 月 1 日（Ribier II, p. 725）。此处引自《埃涅阿斯纪》（*Eneide* IV, 47–48）。

61 阿方索·贡迪写给罗伯托·斯特罗齐的信，蒂永维尔，1558 年 6 月 25 日（CS, V, 1213, 77）。

62 亨利二世写给红衣主教图尔农的信，［维莱科特雷］，1558 年 6 月 25 日（Ribier II, p. 748）。

63 加布里埃莱·西梅奥尼写给皮耶罗·斯特罗齐的信，里昂，1555 年 7 月 8 日（CS, III, 96, 148r–149v in V. Bramanti, *Uomini e libri del Cinquecento fiorentino*, Manziana 2017, p. 475，但原文有不同之处，见 CS, V, 1212）。

64 BAV, Boncompagni D 10, 23v.

65 Romier I, p. 150.

66 阿方索·贡迪写给罗伯托·斯特罗齐的信，蒂永维尔，1558 年 6 月 29 日（CS, V, 1213, 79）。

67 焦万巴蒂斯塔·贡迪写给罗伯托·斯特罗齐的信，巴黎，1558 年 10 月 4 日（CS, V, 1213, 84–86）。

68 Brantôme, *Œuvres*, t. II, p. 241.

69 雅各布·科尔比内利写给吉安·文森佐·皮内利（Gian Vincenzo Pinelli）的信，日期不详，应该在 1568 年 10 月 23 日之前（Amb, B 9 inf, f. 1r–v）；感谢玛丽亚·格拉齐亚·比安基（Maria Grazia Bianchi）指出这一点。

70 菲利波·迪·皮耶罗·斯特罗齐写给罗伯托·斯特罗齐的信，巴黎，1559 年 1 月 13 日（CS, V, 1213, 30）。

71 感谢萨尔瓦托雷·洛·雷（Salvatore Lo Re）指出这个教堂的重要意义。

72 我们就这样又回到起点，回到了克莱门特七世和切利尼相继被囚之地，之后，在虚构的时间和空间的转移下，轮到了《帕尔马修道院》（*Certosa di Parma*）中的法布里齐奥·德尔·东戈（Fabrizio del Dongo）。相较于历史中的监狱，逃离虚幻的监狱更加容易，因为在历史中，黑色才是主导。

73 朱利奥·阿尔瓦罗蒂通过弗朗切斯科·诺韦利写给埃尔科莱二世·德斯特的信，巴黎，1559 年 7 月 13 日（BnF, It. 2340, 67v）。

74 埃米利奥·拉维廖（Emilio Raviglio）写给埃尔科莱二世·德斯特的信，巴黎，1559 年 7 月 14 日（BnF, It. 2340, 69v）。参见 Le Fur, *Diane de Poitiers*, cit., p. 192。

75 埃米利奥·拉维廖写给埃尔科莱二世·德斯特的信，巴黎，1559 年 7 月 14 日（BnF, It. 2340, 70v）

76 达妮埃莱·达·沃尔泰拉的合同副本，1559 年末（CS, V, 1207, Lettere e documenti, 1, 31）。据合同，马匹应该和"米开朗琪罗阁下所规定的尺寸相当，即比坎皮多利奥的尺寸更大一些"，需要在两年内完工，工钱为四千斯库多。

77　Cellini, *Vita* (I, 112).

78　朱利奥·阿尔瓦罗蒂写给埃尔科莱二世·德斯特的信，[可能是圣日耳曼昂莱]，1558 年 11 月 18 日，载于 Romier I, p. 314；参见 Knecht, *op. cit.*, p. 55。

79　L. Capodieci, *Caterina de' Medici e la leggenda della regina nera: veleni, incantesimi e negromanzia*, in G. Calvi-R. Spinelli（a cura di）, *Le donne Medici nel sistema europeo delle corti, XVI–XVIII secolo*, Firenze 2008, pp. 195–215.

80　P. Giovio-G. Simeoni, *Le sententiose imprese di monsignor Paolo Giovio et del signor Gabriele Symeoni, ridotte in rima per il detto Symeoni*, Lione 1561, p. 17. Capodieci, *Medicæa Medæa*, cit., pp. 190–192，没有引用西梅奥尼的话，但提到了维吉尔的诗句；焦维奥在他的两封信中引用"命运并没有那么审慎"作为自己的座右铭。1547 年之后，西梅奥尼在宫廷展示了名为《法国王后凯瑟琳·德·美第奇的家族史》（*Genealogia di Madama Caterina dei Medici Reina di Francia*）的八行诗，这首诗带有阿里奥斯托的风格。这是一首短诗重新加工后的作品，在这首诗中，乔瓦尼·德莱·班德·内雷"迷失在一座迷人的宫殿里，透过一面神奇的镜子看到了她的家族史和佛罗伦萨的历史"。这份精美的手稿，辅以水彩画装饰，现存于 BnF, It.729。

主要人物简介

（根据人物出场顺序排列）

本书开头遵循慢电影的步伐，主角缓缓登场。凯瑟琳最多不过扮演着一个次要角色，而她也屡次沦为受害者，遭到来自佛罗伦萨共和党人、教皇、她的家人、丈夫、丈夫的情人以及法国宫廷的伤害。她的身边环绕着无数人物，但在这里读者能够便捷地找到这些人物的名字。

克莱门特七世（1523 年—1534 年在位，原名朱利奥·德·美第奇） 一个臭名昭著的教皇

查理五世 西班牙国王，英国统治者

朱利奥·罗马诺 圣天使堡中克莱门特七世私人浴室的画家和壁画师

阿方索·彼得鲁奇 红衣主教，他的老师马尔坎托尼奥·尼尼、外科医生巴蒂斯塔·达·维尔切利，以及红衣主教本迪内洛·绍利都被教皇利奥十世所迫害

乔瓦尼·鲁切拉伊 圣天使堡的城主，失踪的红衣主教

吉安·马泰奥·吉贝蒂 红衣主教朱利奥·德·美第奇的秘书，教皇身边管理薪俸的主教

尼科洛·马基雅维利 献给克莱门特七世的《佛罗伦萨史》的作者

朱利亚诺·德·美第奇 克莱门特七世的生父，在帕齐阴谋中被杀

洛伦佐·德·美第奇　被称为"豪华者"，美第奇家族的杰出祖先

菲利波·斯特罗齐　银行家和嫖客，马基雅维利的朋友

弗朗切斯科·圭契阿迪尼　教皇身边的官员，极端保守派，意大利史学家

弗朗切斯科·韦托里　菲利波·斯特罗齐和马基雅维利的朋友，怀疑论者和实用主义者

弗朗切斯科·德尔·内罗　菲利波·斯特罗齐的商业伙伴、马基雅维利的姐夫

伊波利托·德·美第奇　朱利亚诺的私生子，缺乏信仰的红衣主教

亚历山德罗·德·美第奇　洛伦佐二世的私生子（一说为克莱门特七世的私生子），凯瑟琳同父异母的兄弟，第一任佛罗伦萨公爵，品德败坏

凯瑟琳·德·美第奇　洛伦佐二世·德·美第奇和马德莱娜·德·拉图尔·多韦涅的遗孤，多人的准新娘，未来的王储夫人，法国王后和王太后

克拉丽斯·德·美第奇　阿方西娜·奥尔西尼的女儿，菲利波·斯特罗齐坚强隐忍的妻子

蓬佩奥·科隆纳　红衣主教，克莱门特七世的死敌，未来的那不勒斯总督

约翰·斯图亚特　奥尔巴尼公爵，凯瑟琳贪婪的舅舅、掌管其母亲遗产的监护人

本韦努托·切利尼　独立经营的雕塑家，爱嚼舌根的自传作家

夏尔三世·德·波旁　帝国军队的总司令，在罗马之劫前被杀害

菲利贝尔·德·沙隆　奥兰治亲王，那不勒斯总督，法国的叛徒，渴望成为凯瑟琳的丈夫

弗朗索瓦一世 慷慨好战的法国国王，热衷于女人和艺术

雅各布·萨尔维亚蒂 卢克雷齐娅·德·美第奇的丈夫，银行家，雇佣兵的人质

尼科洛·卡波尼 菲利波·斯特罗齐和弗朗切斯科·韦托里的妹夫，正义旗手

巴尔达萨雷·卡斯蒂廖内 教廷驻马德里（查理五世统治之下）大使

克劳德·多迪厄·德·韦利 法国驻佛罗伦萨共和国大使

卢卡·西尼奥雷利 奥尔维耶托主教座堂的画家和壁画师

奥代·德·弗瓦 洛特雷克子爵，倒霉的法国雇佣兵队长

弗朗索瓦·德·拉图尔·多韦涅 蒂雷纳子爵，凯瑟琳的远亲

弗朗索瓦·德·图尔农 未来的红衣主教，凯瑟琳的远亲

乔瓦尼·卢多维科·迪·萨鲁佐 侯爵，在那不勒斯的瘟疫中幸存的法国雇佣兵队长

焦万·巴蒂斯塔·桑加 优秀的人文主义者，克莱门特七世博学多识的秘书

加斯帕罗·孔塔里尼 威尼斯驻罗马大使，未来的红衣主教，拥有强大的精神力量

巴尔达萨雷·卡尔杜奇 新任正义旗手的兄弟，佛罗伦萨驻法国大使

罗索·里多尔菲 凯瑟琳幼年时关系亲密的仆人

巴蒂斯塔·德拉·帕拉 斯特罗齐家族在法国的代理人，马基雅维利的朋友

米开朗琪罗·博纳罗蒂　雕塑家、画家、共和主义者，不甘为美第奇家族服务

皮耶罗·斯特罗齐　菲利波的长子，"未受封的"红衣主教，后为法国元帅

格雷戈里奥·卡萨莱　博洛尼亚骑士，英国国王亨利八世的代理人

阿拉贡的凯瑟琳　查理五世的姑姑，被亨利八世残暴休弃的妻子

昂·德·蒙莫朗西　法国元帅和未来的王室统帅，对斯特罗齐家族怀有敌意。

哈布斯堡的埃莱奥诺拉　查理五世的姐姐，法国国王弗朗索瓦一世未来的妻子

弗朗切斯科·卡尔杜奇　易怒的佛罗伦萨共和国新任正义旗手

马拉泰斯塔·巴廖尼　佩鲁贾人，为佛罗伦萨共和国服务的雇佣兵队长，后来成为叛徒

加布里埃尔·德·格拉蒙　塔布主教，教皇的大使和未来的红衣主教

西尔韦斯特罗·阿尔多布兰迪尼　佛罗伦萨共和国官员，未来一位教皇的父亲

凯瑟琳·斯福尔扎·里亚里奥·德·美第奇　凯瑟琳的远亲，科西莫的祖母

弗朗切斯科·费鲁奇　共和国军队雇佣兵队长，被视作民族英雄

法布里奇奥·马拉马尔多　意大利雇佣兵队长，刺杀了费鲁奇的著名刺客

菲利波·德·内利　佛罗伦萨历史学家，科西莫未来的间谍，马基雅维利的朋友

拉法埃洛·吉罗拉米　佛罗伦萨人，热爱祖国，马基雅维利的同僚，结局悲惨

尼古拉·兰斯　法国驻罗马大使馆的八卦秘书，焦维奥的朋友

瓦卢瓦的亨利　奥尔良公爵，弗朗索瓦一世的次子，凯瑟琳未来的丈夫，法国国王亨利二世

贝内代托·达·福亚诺　"过激派"的领袖，被活活饿死的教士

安东尼奥·索里亚诺　威尼斯派到教皇克莱门特七世身边的大使，对教皇的心情很是关注

朱莉娅·贡扎加　红衣主教伊波利托·德·美第奇喜爱的俏佳人

洛伦佐·本奇文尼　奥尔西尼家族（布拉恰诺的领主、法尔法修道院院长）的管家

弗朗索瓦·德·丁特维尔　欧塞尔主教，法国驻罗马大使

让·杜贝莱　巴黎大主教，未来的红衣主教，雄辩家和酒徒

路易莎·迪·萨伏依　弗朗索瓦一世的母亲，她和查理五世的姨妈——哈布斯堡的玛格丽特——是"两位女士的和平"（《康布雷西和约》）的推动者。

拉扎尔·德·巴伊夫　博学的法国驻威尼斯大使

贝内代托·瓦尔基　佛罗伦萨历史学家，斯特罗齐家族的门客和诋毁者

阿拉贡的图利娅　彼时最著名的妓女，菲利波·斯特罗齐的红颜知己

奥地利的玛格丽特　查理五世的私生女，亚历山德罗·德·美第奇未来的妻子

莱奥纳尔多·托尔纳博尼　圣塞波尔克罗的主教，凯瑟琳在罗马的监护人

玛丽亚·萨尔维亚蒂 凯瑟琳在佛罗伦萨的监护人，科西莫·德·美第奇的母亲

科西莫·德·美第奇 乔瓦尼·德莱·班德·内雷的遗孤，未来的佛罗伦萨公爵

乔治·瓦萨里 画家，为美第奇家族画肖像画，也曾为凯瑟琳作画

巴巴罗萨 别名海雷丁，令人闻风丧胆的海盗，来自巴尔干半岛

焦万·马里亚·德拉·波尔塔 乌尔比诺的德拉·罗韦雷家族驻罗马大使

埃莱奥诺拉·贡扎加 乌尔比诺公爵弗朗切斯科·马里亚·德拉·罗韦雷的妻子

彼得罗·阿雷蒂诺 被称为"王公贵族的毒瘤"，善于歌功颂德者，热衷于讽刺权贵

吉罗拉莫·奥尔西尼 刺杀其同父异母的兄弟——前法尔法修道院院长纳波莱奥内——的凶手

马泰奥·达·科尔特和保罗·焦维奥 教皇十分糟糕的医生、机敏的教廷观察员

亚历山德罗·法尔内塞 未来的教皇保罗三世（1534年—1549年在位），性格强硬、果断、十分暴力

朱利亚诺·萨尔维亚蒂 道德败坏之人，亚历山德罗·德·美第奇最好的朋友

路易莎·斯特罗齐 菲利波美丽的女儿、路易吉·卡波尼的妻子，中毒身亡

苏莱曼一世 奥斯曼帝国的长命苏丹

埃尔科莱·贡扎加　红衣主教，费兰特的兄弟，消息十分灵通

乔瓦尼·萨尔维亚蒂　红衣主教，雅各布之子，爱搞阴谋诡计

罗伯托·斯特罗齐　菲利波的第三个儿子，热衷于金融活动

莱昂内·斯特罗齐　菲利波的次子，马耳他骑士，卡普阿的执政官，胆大妄为的海盗

吉安·巴蒂斯塔·奇博　马赛主教，拙劣地企图谋杀佛罗伦萨公爵

乔瓦尼·安德烈亚·达·博尔戈·圣塞波尔克罗　红衣主教伊波利托的厨师及下毒者

马里诺·朱斯蒂尼亚尼　威尼斯驻法国大使，凯瑟琳的崇拜者

弗朗索瓦·拉伯雷　讽刺作家，红衣主教杜贝莱在罗马的陪同者

弗朗索瓦三世　法国王储，身体羸弱，他的死尚存疑

塞巴斯蒂亚诺·蒙特库科利　涉嫌毒害王储的嫌疑人，被残酷处决

洛伦齐诺·德·美第奇　亚历山德罗公爵的远房亲戚，也是杀害他的凶手

劳多米亚和玛达莱娜　洛伦齐诺的姐妹，皮耶罗·斯特罗齐和罗伯托·斯特罗齐的妻子

因诺琴佐·奇博　红衣主教，美第奇家族的忠实追随者，科西莫公爵的拥护者

亚历山德罗·维泰利　效忠于佛罗伦萨公爵的雇佣兵队长

吉安·巴蒂斯塔·斯特罗齐　诗人，菲利波的亲戚，"托斯卡纳的布鲁托"的崇拜者

瓦卢瓦的玛格丽特　弗朗索瓦一世的姐姐，纳瓦拉王后，学识渊博

雅各布·纳尔迪　佛罗伦萨历史学家和流亡者，菲利波·斯特罗齐的朋友

巴乔·瓦洛里　佛罗伦萨贵族，塞巴斯蒂亚诺·德尔·皮翁博曾为其绘制过肖像，后被科西莫斩首

贝尔纳多·塔索　诗人托尔夸托的父亲，代表斯特罗齐家族被派往西班牙

阿韦拉多·塞里斯特里　科西莫在查理五世宫廷忠诚的大使，后被派驻罗马

乔瓦尼·班迪尼　科西莫在查理五世宫廷不忠的大使，后被囚禁

安妮·德·皮塞留　埃唐普夫人，弗朗索瓦一世权势滔天的情人

迪亚娜·德·普瓦捷　大管家，后为瓦伦蒂诺公爵夫人，亨利二世的情妇

胡安·德·卢纳　驻扎在佛罗伦萨的西班牙雇佣兵队长，娶了萨尔维亚蒂家族的一名女子为妻

贝尔纳迪诺·杜雷蒂　受命于科西莫·德·美第奇，在威尼斯做间谍监督流亡者

皮罗·贡扎加　驻扎在佛罗伦萨的意大利雇佣兵队长，后被科西莫免职

菲莉帕·杜克　蒙卡列里的贵族妇女，亨利二世的情妇，法国的迪亚娜之母

奥塔维奥·法尔内塞　皮耶尔·路易吉的长子，奥地利的玛格丽特的第二任丈夫

小亚历山德罗·法尔内塞　保罗三世的侄子，年纪很小时就被任命为红衣主教，著名的放荡少爷

维多利亚·法尔内塞　教皇的侄女，与一位法国贵族订婚，后来成为乌尔比

诺公爵夫人

洛伦佐·孔塔里尼　威尼斯驻法国大使，情况观察员

罗索·菲奥伦蒂诺　枫丹白露宫的画家和壁画师

安东尼奥·林孔　受命于法国国王，是法国国王在君士坦丁堡苏丹身边的秘密代理人

阿方索·达瓦洛斯　瓦斯托侯爵，帝国官员，米兰总督

波利诺　雇佣兵队长，又名安托万·埃斯卡林，拉加尔德男爵，法国驻君士坦丁堡机智的代理人

纪尧姆·佩里西耶　文化修养极高的法国大使，后来逃离了威尼斯

马泰奥·丹多洛　威尼斯驻法国大使，报告的讲述者

吉罗拉莫·丹迪尼　伊莫拉主教，教皇驻法国特使，未来的红衣主教

夏尔二世　弗朗索瓦一世的第三个儿子，王储死后成为奥尔良公爵

伊波利托二世·德斯特　红衣主教，费拉拉公爵埃尔科莱二世的兄弟，皮耶罗·斯特罗齐未来的敌人

克劳迪奥·托洛梅伊　主教、人文主义者，后为锡耶纳驻法国大使

亨利·德·波旁 *　昂吉安伯爵，塞雷索尔战役中的胜利者

多纳托·德·巴尔迪　美第奇家族在威尼斯的代理人，军事专家、外交官

阿尼巴尔·卡罗　知识渊博的学者和书信作家，皮耶尔·路易吉·法尔内塞公爵的秘书

---

* 　此处作者疑有误，应是弗朗索瓦·德·波旁（Francesco di Borbone）。——编者注

贝尔纳多·德·美第奇 弗利主教，科西莫公爵驻法国宫廷大使

瓦卢瓦的玛格丽特 弗朗索瓦一世的女儿，凯瑟琳的朋友，未来的萨伏依公爵夫人

朱利奥·阿尔瓦罗蒂 居住在法国的费拉拉大使，诙谐的道德主义者

加莱奥托·德拉·米兰多拉 伯爵，乔瓦尼·皮科的后裔，雇佣兵队长和冒险家

焦万·吉罗拉莫·德·罗西 帕维亚主教，切利尼的狱友，著作未获出版的历史学家

洛伦佐·斯特罗齐 放荡不羁之人，后在凯瑟琳的强烈要求之下，成为家族的红衣主教

马里诺·卡瓦利 威尼斯驻法国大使，用词委婉的评论家

弗朗切斯科·布拉马奇 卢卡的正义旗手，策划叛变，但被科西莫发现

乔瓦尼·德拉·卡萨 教廷驻威尼斯大使，《礼貌行为准则》的作者，狂热的反美第奇派

让·圣-莫里斯 帝国驻法国宫廷大使，拥有敏锐的判断力

吉安·巴蒂斯塔·里卡索利 科尔托纳主教，美第奇家族的大使，在法国遭到恶劣对待

布吕斯克（让-安托万·隆巴尔） 可能是来自波河流域的移民，宫廷小丑

费兰特·贡扎加 米兰的帝国总督，精明的战略家和狡猾的阴谋家

弗朗切斯科·文塔 沃尔泰拉人，是美第奇家族在米兰的大使，十分狡猾。

皮耶尔·路易吉·法尔内塞　帕尔马和皮亚琴察公爵，被认为是鸡奸者，后遭谋杀

阿波洛尼奥·菲拉雷托　皮耶尔·路易吉的秘书，疑似会死灵法术和招魂术

诺查丹玛斯（米歇尔·德·诺特达姆）　一位因四行预言诗而闻名的医生

乔治·科内格拉尼　曼托瓦驻法国大使，非常讲究礼节

朱利奥·奇博　红衣主教因诺琴佐的侄子，反对多利亚家族的鲁莽阴谋家

雅各布·托尔索利　倾听凯瑟琳忏悔的神甫，被美第奇家族大使收买为间谍

安东尼奥·加泽蒂　流亡者，王后侍女凯瑟琳的哥哥

彼得罗·卡尔内塞基　克莱门特七世的首席书记官，与凯瑟琳关系密切，后被处以火刑，烧死在火刑柱上

路易吉·阿拉曼尼　佛罗伦萨诗人，1522 年和 1530 年后在外流亡，是凯瑟琳的亲信

巴尔托洛梅奥·潘恰蒂奇　佛罗伦萨银行家，后被佛罗伦萨公爵指控为异端分子。

贝尔纳迪诺·奥基诺　在外流亡的意大利锡耶纳改革家和传教士，在欧洲人尽皆知

红衣主教里多尔菲　佛罗伦萨人，出身优渥，在选举教皇的秘密会议期间被毒杀

乔瓦尼·马里亚·乔基·德尔·蒙特　教皇儒略三世（1550 年—1555 年在位），在权贵之间摇摆不定

夏尔·德·吉斯 洛林红衣主教，与他的哥哥弗朗索瓦一起领导吉斯家族

弗朗索瓦·德·吉斯 颇有野心的公爵和军人，洛林红衣主教的哥哥

简·斯图亚特·弗莱明 年轻的苏格兰女王玛丽·斯图亚特的家庭教师，十分美丽

路易吉·卡波尼 佛罗伦萨驻法国大使，路易莎·斯特罗齐的鳏夫

贝尔纳多·朱斯蒂 卡波尼的秘书，科西莫委派在凯瑟琳宫廷中的代理人

吉安·贾科莫·梅迪奇 人称梅迪基诺，马里尼亚诺侯爵，雇佣兵队长

吉安·巴蒂斯塔·科尔索 效忠于莱昂内·斯特罗齐的雇佣兵队长，也被选为刺杀莱昂内·斯特罗齐的刺客

克劳迪奥·迪·萨伏依 腾达伯爵，普罗旺斯总督，蒙莫朗西的亲戚

路易吉·波旁 红衣主教，参与镇压胡格诺派的高级教士，有权势

迭戈·德·门多萨 被赶出锡耶纳共和国的西班牙总督

阿斯卡尼奥·德拉·科尔尼亚 教皇儒略三世的外甥，在战斗中被皮耶罗·斯特罗齐俘虏

巴尔托洛梅奥·孔奇尼 科西莫的大使和秘书，遭到科西莫的严词批评

路易·德·圣格莱·德·兰萨克 法国驻罗马大使，军事回忆录作家

亚历山德罗·索齐尼 锡耶纳法学家，锡耶纳残酷战争的日记作者

托马索·德尔·韦基奥 皮耶罗·斯特罗齐的诸事代理人，他发出的信件遭到截获

马尔切洛·切尔维尼 教皇马尔切洛二世（1555 年在位），处事谨慎、品行端正，早逝

吉安·彼得罗·卡拉法 教皇保罗四世（1555 年—1559 年在位），专横、虚伪、报复心强

卡洛·卡拉法 红衣主教，保罗四世的侄子，罪犯，曾效忠于皮耶罗·斯特罗齐

乔瓦尼·卡拉法 卡洛的哥哥，帕利亚诺公爵，教皇无能的侄子

巴乔·卡瓦尔坎蒂 流亡的人文主义者，他将马基雅维利的言论当作至理名言

邦詹尼·詹菲利亚齐 继塞里斯特里之后，美第奇家族驻罗马的大使，精力充沛

潘多尔福·斯特罗齐 穷亲戚，雇佣兵队长，他的信中充满了污言秽语

巴乔·马尔泰利 莱昂内·斯特罗齐舰队前雇佣兵队长，效忠于法国

西蒙·勒纳尔 帝国的雄辩家，居住在法国，被视为冷酷狡黠之人

费尔南多·阿尔瓦雷斯·德·托莱多 阿尔巴公爵，或称"铁腕公爵"，帝国在意大利的代理长官

莫雷托 皮耶罗·斯特罗齐舰队的一名雇佣兵队长，卡拉布里亚人，被视为叛徒

埃马努埃莱·菲利贝托·迪·萨伏依 圣康坦战役中的获胜者，瓦卢瓦的玛格丽特未来的丈夫

阿方索·贡迪 皮耶罗·斯特罗齐的代理人和朋友，见证了皮耶罗·斯特罗

齐之死

西班牙的腓力二世　查理五世的儿子，英国女王玛丽一世的丈夫

加布里埃莱·西梅奥尼　人文主义者、占星师，曾为皮耶罗·斯特罗齐占卜

希皮奥内·迪·卡斯特罗　通晓军务的文人，皮耶罗在法国的接见者

菲利波·斯特罗齐　皮耶罗的儿子，将来会成为一名战士，书写意大利文时错误连篇

莱昂内·斯特罗齐　银行家罗伯托的儿子，将军，罗马的斯特罗齐家族礼拜堂的赞助人

外科医生安布鲁瓦兹·帕雷和解剖学家安德烈亚·维萨里奥　曾试图挽救亨利二世

参考文献和文献来源

文中提到的一些档案馆和图书馆的缩写

AO	Archivio Capitolino, Archivio Orsini, Roma
AGF	Archivio Guicciardini, Firenze
AGS	Archivo General, Simancas
Amb	Biblioteca Ambrosiana, Milano
AN	Archives Nationales, Paris
ASFi	Archivio di Stato di Firenze
ASMa	Archivio Gonzaga, Archivio di Stato di Mantova
ASMi	Archivio Sforza, Archivio di Stato di Milano
ASMo	Archivio Este, Archivio di Stato di Modena
ASSi	Archivio di Stato di Siena
ASV	Archivio Segreto Vaticano
BAV	Biblioteca Apostolica Vaticana
BL	British Library, London
BnF Bibliothèque	Nationale de France, Paris
BNCF Biblioteca	Nazionale Centrale, Firenze
Chantilly	Musée Condé, Domaine de Chantilly
CS	Carte Strozziane, ASFi
HHST	Haus-, Hof- und Staatsarchiv, Wien
MAP	Archivio Mediceo avanti Principato, ASFi
MdP	Archivio Mediceo del Principato, ASFi
Misc. Med.	Miscellanea Medicea, ASFi
Mosca	Collection Lamoignon, RGADA, Fondo 81, Mosca
Urbino	Sezione Urbino, Classe Prima, ASFi

主要手稿来源

Borgia, *Historiae* = Girolamo Borgia, *Historiae de bellis italicis*, Biblioteca Marciana, Venezia, lat. 3506.

Cornelio De Fine = Cornelio De Fine, *Diarium romanum* (1511-1532）, BnF, lat. 12552, cc. 86r-210v (trascrizione moderna）.

Frammenti = Giovan Girolamo De' Rossi vescovo di Pavia, *Storia generale, Frammenti,* Biblioteca Laurenziana, Firenze, ms. Tempi 4. 正如万尼·布拉曼蒂所说，朱塞佩·蒙塔尼有这本书的原稿，也在发表于 «Antologia, giornale di scienze, lettere e arti», vol. n. 43 (luglio 1831), pp. 90-106 中的 *Lettera sesta* 中有所阐述。遗憾的是，其家族后裔至今拒绝提供原稿以供学者参考，这是历史学界极大的损失。

文中经常出现的文献来源

Adriani = Adriani, Gian Battista, *Istoria dei suoi tempi*, Venezia 1587.

Albertini = Albertini, Rudolf Von, *Firenze dalla repubblica al principato. Storia e coscienza politica*, Torino 1970.

Lettere = Aretino, Pietro, *Lettere*, a cura di P. Procaccioli, 6 voll., Roma 1997-2002.

Lettere a P.A. = *Lettere scritte a Pietro Aretino*, a cura di P. Procaccioli, 2 voll., Roma 2003-2004.

Bosio = Bosio, Giacomo, *Dell'istoria della sacra religione ed illustrissima militia di San Giovanni Gierosolimitano*, vol. III, Roma 1602.

Busini, *Lettere* = Busini, Giovan Battista, *Lettere di Giambattista Busini a Benedetto Varchi sopra l'assedio di Firenze corrette ed accresciute di alcune altre inedite*, a cura di G. Milanesi, Firenze 1861.

Camusat = Camusat, Nicolas, *Meslanges historiques, ou recueil de plusieurs actes, traictez, lettres missives, et autres mémoires qui peuvent servir en la déduction de l'histoire, depuis l'an 1390 jusques à l'an 1580*, Troyes 1619.

Canestrini-Desjardins = Canestrini, Giuseppe-Desjardins, Abel, *Négociations diplomatiques de la France avec la Toscane*, Paris, vol. II, 1861; vol. III, 1865.

Cellini, *Vita* = Cellini, Benvenuto, *Vita*, a cura di E. Camesasca, Milano 1954.

Corr. = *Correspondance du Cardinal Jean du Bellay*, a cura di R. Scheurer, L. Petris et al., 7 voll., Genève 1969-2017.

Correspondance 1 = *Correspondance des nonces en France Carpi et Ferrerio (1535-1540)*, a cura di J. Lestocquoy (Acta nuntiaturae gallicae 1), Roma-Paris 1961.

Correspondance 3 = *Correspondance des nonces en France Capodiferro, Dandino et Guidiccione (1541-1546)*, a cura di J. Lestocquoy (Acta nuntiaturae gallicae 3), Roma-Paris 1963.

Cronaca fiorentina 1537-1555 = [Anonimo], *Cronaca Fiorentina 1537-1555*, a cura di E. Coppi, Firenze 2000.

Giovio, *Lettere* = Giovio, Paolo, *Lettere*, a cura di G.G. Ferrero, 2 voll., Roma 1956-1958.

Lettere di principi = *Lettere di principi*, a cura di G. Ziletti, 3 voll., Venezia 1581.

Lettres de Catherine = *Lettres de Catherine de' Médicis*, a cura di H. de la Ferrière, t. I (1533-1563), Paris 1880; t. X, a cura di G. Baguenault de Puchesse (Supplément 1537-1587), Paris 1909.

Machiavelli, *Lettere* = Machiavelli, Niccolò, *Lettere*, a cura di F. Gaeta, Milano 1981.

Molini = Molini, Giuesppe, *Documenti di storia italiana copiati su gli originali autentici e per lo più autografi esistenti in Parigi*, Firenze, I, 1836 e II, 1837.

Nardi = Nardi, Jacopo, *Istorie fiorentine*, a cura di L. Arbib, 2 voll., Firenze 1838-1841.

Niccolini = Niccolini, Gian Battista, *Filippo Strozzi, Tragedia corredata d'una vita di Filippo e di documenti inediti*, Firenze 1847.

Nunziatura = *Nunziatura in Francia di Rodolfo Pio, 1535-1537*, a cura di P.G. Baroni, Bologna 1962.

Opere inedite = Guicciardini, Francesco, *Opere inedite*, a cura di G. Canestrini, voll. 10, Firenze 1857-1867.

Otetea = Guicciardini, Francesco, *Dall'assedio di Firenze al secondo convegno di Clemente VII e Carlo V. Lettere inedite a Bartolomeo Guicciardini*, a cura di A. Otetea, Firenze 1927.

Pastor = Pastor, Ludwig von, *Storia dei Papi nel periodo del Rinascimento e dello scisma luterano dall'elezione di Leone X alla morte di Clemente VII (1513-1534)*. Vol. IV, Parte I: *Leone X*; Parte II: *Adriano VI e Clemente VII*, Roma 1926 e 1942. Vol. V, *Paolo III (1534-1549)*, vol. VI, *Giulio III,*
Marcello II, Paolo IV (1550-1559), Roma 1943.

Rebecchini = Rebecchini, Guido, *«Un altro Lorenzo»: Ippolito de' Medici tra Firenze e Roma (1511-1535)*, Venezia 2010.

Reumont = Reumont, Alfred von, *La gioventù di Caterina de' Medici*, Firenze 1858; trad. francese di A. Baschet, *La jeunesse de Catherine de Médicis*, Paris 1866 [con cronologia dettagliata] .

Relazioni = *Relazioni degli Ambasciatori Veneti al Senato*, a cura di E. Albèri, serie I, vol. I, Firenze 1839; vol. II, Firenze 1840; vol. IV, Firenze 1860; serie II, vol. II, Firenze 1839; serie II, vol. III, Firenze 1846.

Ribier = *Lettres et Mémoires d'Estat*, a cura di G. Ribier, 2 voll., Paris 1666.

Romier = Romier, Lucien *Les origines politiques des guerres de religion: d'après des documents originaux inédits*, 2 voll., Paris 1913-1914.

Santarelli = Santarelli, Daniele, *Bernardo Navagero. Dispacci al Senato* in https://

www.academia.edu/1024006/Bernardo_Navagero_Dispacci_al_Senato_dal_7_
settembre_1555_al_6_novembre_1557.

Segni = *Storie fiorentine di messer Bernardo Segni*, Augusta 1723.

Simoncelli, *Fuoriuscitismo* = Simoncelli, Paolo, *Fuoriuscitismo repubblicano fiorentino 1530-54 (Volume primo – 1530-37)*, Milano 2006.

Tolomei, *Lettere* = Tolomei, Claudio, *Lettere*, Venezia 1547 o 1558 con nuova aggiunta ristampate, & con somma diligenza ricorrette.

Varchi = Varchi, Benedetto, *Storia fiorentina*, a cura di L. Arbib, 3 voll., Firenze 1843.

Vettori = Vettori, Francesco, *Scritti storici e politici*, a cura di E. Niccolini, Bari 1972.

参考文献

Albicante, Giovanni Alberto, *Occasioni aretiniane (Vita di Pietro Aretino del Berna, Abbattimento, Nuova contentione)*, a cura di P. Procaccioli, Manziana 1999.

[Anonimo], *L'embouchement de notre Saint Père le pape, l'empereur et le roy faict à Nice*, Paris 1538.

Arikha, Noga, *Gli umori. Sangue, flemma, bile*, Milano 2009.

Baldovinetti, Francesco, *Appunti di un fautore dei Medici*, a cura di E. Londi, Firenze 1911.

Banchi, Luciano, *Alcune lettere politiche di Claudio Tolomei vescovo di Tolone scritte alla Repubblica di Siena ora primamente edite da Luciano Banchi*, Siena 1868.

Bardi, Alessandro, *Filippo Strozzi (da nuovi documenti)*, «Archivio storico italiano», ser. V, t. XIV (1894), pp. 3-78.

Bonora, Elena, *Aspettando l'imperatore. Principi italiani tra il papa e Carlo V*, Torino 2014.

Bramanti, Vanni, *Uomini e libri del Cinquecento fiorentino*, Manziana 2017.

Brantôme, *Œuvres complètes*, a cura di L. Lalanne, 11 voll., Paris 1864-1882.

Id., *Dame galanti*, trad. it. di A. Savinio, Milano 1982.

Bullard, Melissa M., *Filippo Strozzi and the Medici: Favor and Finance in Sixteenth-Century Florence and Rome*, Cambridge 1980.

Campana, Lorenzo, *Monsignor Giovanni Della Casa e i suoi tempi*, «Studi storici», XVI (1907), pp. 3-84, 247-269, 349-580; XVII (1908), pp. 145-282, 381-606, e XVIII (1909), pp. 325-511.

Cantagalli, Roberto, *La guerra di Siena (1552-1559)*, Siena 1962.

Id., *Cosimo I de' Medici Granduca di Toscana*, Milano 1985.

Capodieci, Luisa, *Medicæa Medæa. Art, astres et pouvoir à la cour de Catherine de

Médicis, Genève 2011.

Ead., *Caterina de' Medici e la leggenda della regina nera: veleni, incantesimi e negromanzia*, in G. Calvi-R. Spinelli (a cura di), *Le donne Medici nel sistema europeo delle corti, XVI-XVIII secolo*, Firenze 2008, pp. 195-215.

Cardauns, Ludwig, *Paul III., Karl V. und Franz I. in den Jahren 1535 und 1536*, «Quellen und Forschungen aus italienischen Archiven und Bibliotheken», 11 (1908), pp. 147-244.

Caro, Annibal, *Lettere inedite*, a cura di P. Mazzucchelli, Milano 1827.

Charrière, Ernest, *Négociations de la France dans le Levant*, t. I, Paris 1848.

Cooper, Richard, *Rabelais et l'Italie*, Genève 1991.

Dall'Aglio, Stefano, *L'assassino del duca. Esilio e morte di Lorenzino de' Medici*, Firenze 2011.

Decrue, Francis, *Anne de Montmorency Grand Maître et Connétable de France*, Paris 1885.

Delle lettere facete e piacevoli. Libro secondo, a cura di F. Turchi, Venezia 1575.

Dorez, Léon, *Le sac de Rome (1527). Relation inédite de Jean Cave, Orléanais*, «Mélanges de l'école française de Rome», 16 (1896), pp. 355-440.

Elam, Caroline, *Art in the Service of Liberty. Battista della Palla. Art Agent for Francis I*, «I Tatti Studies: Essays in the Renaissance», vol. 5 (1993), pp. 33-109.

Fabbri, Lorenzo, *Alleanza matrimoniale e patriziato nella Firenze del '400. Studio sulla famiglia Strozzi*, Firenze 1991.

Fabretti, Ariodante, *Vita e fatti d'arme di Malatesta Baglioni condottiero dei fiorentini*, Perugia 1846.

Ferrai, Luigi Alberto, *Cosimo de' Medici Duca di Firenze*, Bologna 1882.

Id., *Lorenzino de' Medici e la società cortigiana del Cinquecento*, Milano 1891.

François, Michel, *Le cardinal François de Tournon homme d'État, diplomate, mécène et humaniste (1489-1562)*, Paris 1951.

Galluzzi, Riguccio, *Istoria del Granducato di Toscana sotto il governo della Casa Medici*, 2 voll., Livorno 1820.

Gattoni, Maurizio, *Clemente VII e la geo-politica dello Stato Pontificio (1523-1534)*, Città del Vaticano 2002.

Goselini, Giuliano, *Compendio storico della guerra di Parma e del Piemonte*, «Miscellanea di Storia italiana», t. XVII, Torino 1878, pp. 103-357.

Knecht, Robert J., *Catherine de' Medici*, Harlow 1998.

Lando, Ortensio, *Commentario delle più notabili et mostruose cose d'Italia*, s.l. [Venezia?] 1548.

Larivaille, Paul, *Varia Aretiniana (1972-2004)*, Manziana 2005.

Le Fur, Didier, *Diane de Poitiers*, Paris 2017.

Id., *François Ier*, Paris 2015.

Lepri, Laura, *Del denaro o della gloria. Libri, editori e vanità nella Venezia del Cinquecento*, Milano 2012.

Les Marguerites de la Marguerite des Princesses, Paris 1873, t. III.

Lo Re, Salvatore, *La crisi della libertà fiorentina. Alle origini della formazione politica e intellettuale di Benedetto Varchi e Piero Vettori*, Roma 2006.

Id., *Politica e cultura nella Firenze cosimiana. Studi su Benedetto Varchi*, Manziana 2008.

Luzio, Alessandro, *Un pronostico satirico di Pietro Aretino*, Bergamo 1900.

Luzzatti, Ivo, *Caterina de' Medici (1519-1589)*, Milano 1939.

Mellini, Domenico, *Ricordi intorno ai costumi, azioni e governo del serenissimo Gran Duca Cosimo I*, Firenze 1821.

Mémoires-journaux de François de Lorraine, duc d'Aumale et de Guise 1547 a 1563, in *Nouvelle collection des mémoires pour servir à l'histoire de France*, Paris 1839.

Medici, Lorenzino De', *L'Apologia e l'Aridosio*, con prefazione di M. Bontempelli, Milano s.a.

Monti, Alessandro, *L'assedio di Firenze (1529-1530)*, Pisa 2015.

Nores, Pietro, *Storia della guerra di Paolo IV contro gli Spagnoli*, Firenze 1847.

Pacifici, Vincenzo, *Ippolito d'Este Cardinale di Ferrara*, Tivoli 1920.

Paillard, Charles, *La mort de François Ier*, «Revue historique», t. V (septembre-décembre 1877), pp. 84-120.

Pecci, Giovanni Antonio, *Memorie storico-critiche della città di Siena*, vol. IV, Siena 1760.

Pellegrini, Marco, *Guerra santa contro i Turchi. La crociata impossibile di Carlo V*, Bologna 2015.

Id., *Le guerre d'Italia (1494-1559)*, Bologna 2017.

Pitti, Jacopo, *Istoria fiorentina*, a cura di A. Mauriello, Napoli 2007.

Quando gli dei si spogliano. Il bagno di Clemente VII a Castel Sant'Angelo e le altre stufe romane del primo Cinquecento, Roma 1984.

Rabà, Michele, *Potere e poteri, «Stati», «privati» e comunità nel conflitto per l'egemonia in Italia settentrionale (1536-1558)*, Milano 2016.

Rebecchini, Guido, *After the Medici: The New Rome of Pope Paul III Farnese*, «I Tatti Studies: Essays in the Renaissance», vol. 11 (2007), pp. 147-200.

Ricordi storici di Filippo di Cino Rinuccini dal 1282 al 1460 colla continuazione di

Alamanno e Neri suoi figli fino al 1506, seguiti da altri monumenti inediti di Storia Patria e Continuazione di Ricordi storici a tutto l'Agosto 1530 estratti dal Priorista scritto e compilato da Paolo di Girolamo di Ser Paolo Paoli, autore contemporaneo, Firenze 1840.

Sanesi, Giuseppe, *Un libello e una pasquinata di Pietro Aretino*, «Giornale storico della letteratura italiana», 26 (1895), pp. 176-194.

Santangelo, Andrea-Celi, Lia, *Caterina la Magnifica*, Torino 2017.

Segre, Arturo, *Un registro di lettere del cardinale Ercole Gonzaga (1535-36) con un'appendice di documenti inedita (1520-48)*, Torino 1912.

Sforza, Giovanni, *Un documento sconosciuto sulla congiura di Francesco Burlamacchi*, «Archivio storico italiano», ser. V, t. 5 (1890), pp. 279-282.

Simoncelli, Paolo, *Le comunità fiorentine all'estero nel '500: ideologia e politica finanziaria*, «Bollettino della Società di Studi Valdesi», CLXXXI (1997), pp. 5-12.

Id., *La Repubblica fiorentina in esilio. Una storia segreta*, vol. I: *La speranza della restaurazione della Repubblica*, Roma 2018.

Simonetta, Marcello, *Volpi e leoni. I misteri dei Medici*, Milano 2017.

Sozzini, Alessandro, *Diario delle cose avvenute in Siena (1550-1555)*, «Archivio storico italiano», t. 2 (1842).

Staffetti, Luigi, *Un episodio della vita di Piero Strozzi*, «Archivio storico italiano», ser. V, t. 15 (1895), pp. 63-77.

Stephens, John N., *L'infanzia fiorentina di Caterina de' Medici, Regina di Francia*, «Archivio storico italiano», 142 (1984), pp. 421-436.

Trucchi, Francesco, *Vita e gesta di Piero Strozzi fiorentino Maresciallo di Francia scritta su documenti originali*, Firenze 1847.

Valbelle, Honorat De, *Le mariage de Catherine de Médicis et Henri d'Orléans à Marseille vu par un bourgeois de la ville*, a cura di V.L. Bourrilly, Aix-en-Provence 1985.

Vita di Piero Strozzi scritta da Antonio Albizzi, in Vite di uomini d'arme e d'affari del secolo XVI, a cura di C. Guasti, Firenze 1866, pp. 508-601.

Zucchi, Bartolomeo, *Idea del segretario. Parte I*, Venezia 1606.

致　谢

　　这是美第奇家族三部曲中情节最为丰富也最具欧洲色彩的一部作品。写书的过程中，我给不少亲友、同僚都添了麻烦，他们在各自领域内用自己卓越的专业知识给予我帮助（远远不止我在括号中提及的人物与史料）。我将他们的名字列在下文里，虽然稍显凌乱，但希望借此表达我的诚意。

　　大卫·波特（弗朗索瓦一世和大英图书馆），让·塞尼耶（伊波利托·德斯特和摩德纳档案馆），拉法埃洛·塔马利奥（曼托瓦档案馆），皮耶尔保罗·皮耶尔真蒂利（梵蒂冈秘密档案馆），马可·尤西姆和弗拉迪米尔·马洛夫（莫斯科的拉穆瓦尼翁展览馆），马可·伊亚科维拉（埃尔科莱和弗兰特·贡扎加），加埃塔诺·莱蒂耶里（克莱门特七世和马基雅维利），阿莱西奥·阿索尼蒂斯（美第奇档案研究所），斯特凡诺·达拉利奥（洛伦齐诺·德·美第奇），毛里奇奥·阿尔法约利（马尔恰诺之战），圭多·雷贝基尼（美第奇家族遗产），亚历山德罗·蒙蒂（围攻佛罗伦萨），亚历山德罗·洛·巴尔托洛（亚历山德罗·德·美第奇），萨尔瓦托雷·洛·雷和保罗·西蒙切利（共和主义和流亡主义），保罗·普罗卡乔利和保罗·马里尼（阿雷蒂诺和16世纪的奇闻逸事），克劳迪娅·贝拉（乔瓦尼·德拉·卡萨），恩里科·加拉韦利（阿尼巴尔·卡罗），万尼·布拉曼蒂和弗朗哥·托马西（雅各布·纳尔迪和加布里埃莱·西梅奥尼），达里奥·布兰卡托（贝内代托·瓦尔基），埃莱娜·瓦莱里和克劳迪娅·科菲亚蒂（吉罗拉莫·博尔贾），韦罗妮卡·里科塔和科尔内尔·茨维莱因（克劳迪奥·托洛梅伊），卡罗·坎皮泰利（巴尔托洛梅奥·卡瓦尔坎蒂），玛丽亚·格拉齐亚·比安基和马里萨·加佐蒂（雅各布·科尔比内利），瓦莱里娅·瓜尔纳（迪奥尼吉·阿塔纳吉），保罗·卡尔塔和让—路易·富尔内尔（弗朗切斯科和路易吉·圭契阿迪尼），贾恩卡洛·达米科（查理五世和西曼卡斯档案馆）。卡洛斯·埃尔南多·桑切斯和米娅·罗德里格斯·萨尔加多（西班牙和帝国），米凯莱·拉巴（皮亚琴察阴谋和帕尔马之战），克里斯托弗·拉费尔（费迪南多一世），阿德里安娜—孔辛（维也纳档案馆），安德烈亚·多纳蒂（亚科皮诺·德尔·孔特），妮科尔·莱梅特（乔治·德·塞尔夫和乔治·达马尼亚克），卡罗琳·苏姆·科尔克（法国宫廷），劳拉·马林韦尔尼（占星术），路易莎·卡波迪耶奇（带有魔法色彩的凯瑟琳），达妮埃莱·圣雷利（卡拉法）。

我要由衷感谢弗朗西斯科·卡廖蒂对于本书中有关米开朗琪罗的解读提供的帮助。弗朗切斯科·安布罗贾尼、安德烈亚·曼加诺、吉吉·维斯孔蒂以及我的父母——路易吉和内拉——也给了我十分恳切的建议。我的父母一直是我的第一读者，也是最重要的读者。我也很感谢我的儿子维戈和阿莫斯，他们在家中摆满古代的英雄人物、现代社会的超级英雄、希腊人和高卢人、军团战士和帝国士兵、西部牛仔和印第安人等，营造出了一个栩栩如生的历史场景。我的妻子诺加则一直耐心忍受着我堆积如山的文件和永不停歇的键盘敲击声。

倘若没有编辑部专家路易莎·卡斯特拉尼全力以赴、果断有力的编辑工作，这个故事将会比如今所呈现出得更凌乱，也更缺乏逻辑性。文中出现的任何结构紊乱或是行文错误皆由我本人负责。

我也很感谢萨拉·格拉齐奥里和 Corpo 4 团队的女士们，她们对作品的排版流畅准确，让读者更加享受阅读的过程。

最后一点，但依然是非常重要的一点，我想向保罗·奥斯特表示感谢。在这个书本日渐消亡的世界里（写书很难获得斐然的成果），他始终在鼓励我继续写作。

谨以本书献给马可·佩莱吉尼，他是归尔甫派的朋友，也是研究吉伯林派的历史学家。*他凭借自己的智慧和高雅，超越派系纷争，集所有派别于一身。他对海盗肆虐和遭十字军侵扰的地中海的研究给了我灵感，让我对马耳他骑士莱昂内·斯特罗齐的冒险经历萌生了兴趣。

---

* 归尔甫派和吉伯林派，又称教皇派与皇帝派，是指居住在中世纪意大利中部和北部分别支持教皇和神圣罗马帝国的派别。——编者注

图书在版编目（CIP）数据

凯瑟琳·德·美第奇：黑皇后秘史 /（意）马尔切洛·西莫内塔（Marcello Simonetta）著；周梦雪译.
西安：世界图书出版西安有限公司，2024.7 —（美第奇家族三部曲）.—ISBN 978-7-5232-1333-9

I. K835.460.9

中国国家版本馆 CIP 数据核字第 2024E4L104 号

凯瑟琳·德·美第奇：黑皇后秘史
KAISELIN DE MEIDIQI：HEIHUANGHOU MISHI

作　　者	［意大利］马尔切洛·西莫内塔
译　　者	周梦雪
审　　校	张文斐
责任编辑	王婧殊
书籍设计	鹏飞艺术
出版发行	世界图书出版西安有限公司
地　　址	西安市雁塔区曲江新区汇新路 355 号
邮　　编	710061
电　　话	029-87233647（市场部）　029-87234767（总编室）
网　　址	http://www.wpcxa.com
邮　　箱	xast@wpcxa.com
经　　销	新华书店
印　　刷	北京天恒嘉业印刷有限公司
开　　本	960mm×640mm　1/16
印　　张	19.75
字　　数	193 千字
版　　次	2024 年 7 月第 1 版
印　　次	2024 年 7 月第 1 次印刷
国际书号	ISBN 978-7-5232-1333-9
定　　价	49.80 元

著作权合同登记号　图字：10-2021-108 号